„War das o.k?"
Moralische Konflikte im Alltag Sozialer Arbeit

Forschung, Studium und Praxis

Schriften des Fachbereichs Sozialwesen der
Fachhochschule Münster

Band 11

Waxmann Münster / New York
München / Berlin

Dorothea Kuhrau-Neumärker

„War das o.k.?"
Moralische Konflikte
im Alltag Sozialer Arbeit

Einführung in die Berufsethik

Waxmann Münster / New York
München / Berlin

Bibliografische Informationen Der Deutschen Bibliothek
Die Deutsche Bibliothek verzeichnet diese Publikation in
der Deutschen Nationalbibliografie; detaillierte bibliografische
Daten sind im Internet über http://dnb.ddb.de abrufbar.

Forschung, Studium und Praxis
Schriften des Fachbereichs Sozialwesen
der Fachhochschule Münster, Band 11

ISSN 1435-9839
ISBN 3-8309-1330-3

© Waxmann Verlag GmbH, 2005
Postfach 8603, D-48046 Münster

www.waxmann.com
info@waxmann.com

Umschlag: Matthias Grunert, Münster
Titelbilder: Immanuel Kant, Hippokrates, Micha Brumlik, Interviewpartnerin
Satz: Klaus Ravenberg
Druck: Zeitdruck GmbH, Münster
Gedruckt auf alterungsbeständigem Papier, DIN 6738

Ich danke

Den vielen aufrichtigen Auskunftbereiten
in der Sozialen Arbeit.
Ihre Namen wurden geändert,
Auch die Namen der Städte,
Aber Geschlecht, Alter und vor allem
die Einrichtung oder Behörde,
in der sie arbeiten,
blieben notwendig unverändert.

Die meisten Interviews führte ich in dem dazu gewährten
Forschungs-Freisemester 2000/2001 durch.
Dank sei den Kollegen am Fachbereich dafür,
besonders Gregor Sauerwald,
der meine Arbeit mit getan hat, und Martin Doehlemann,
der die Veröffentlichungen koordiniert.
Von Ulrich Martinis genauer
Innenansicht der „Höhle" wäre Platon selbst begeistert.

Bärbel Zender hat mir beigebracht, in „Word" zu sprechen,
Klaus Ravenberg hat am Schluss die Sache rettend in Form gebracht.

Ich danke meinem Kollegen Norbert Rath
(mit seinen Argusaugen) für das erste positive Echo,
viele Hinweise und mindestens 153 Korrekturen.

Ich danke vor allem meinem Mann für
sorgfältige Kritik,
Kant-Zitate,
kompetente Ermutigung und das
Kochen von Köstlichkeiten.

Und das nicht nur in den letzten vier Jahren.

Inhalt

zwei

nicht schaden

drei
nichts ausplaudern

vier
den anderen als Person achten

fünf
integer sein

Einleitung

Befragung von 38 SozialarbeiterInnen und SozialpädagogInnen über ethische Konflikte in ihrem Berufsalltag

0.1 Wirkungsforschung oder Ohrenbeichte?

„Bei uns in Köln ist jetzt eine Sozialarbeiterin aus dem Kommunalen Sozialen Dienst verurteilt worden, auf Bewährung, weil sie nicht gemerkt hat, dass eine Mutter ihr Baby verhungern ließ."

Meine Kollegin am Fachbereich Sozialwesen der FH Münster, der ich das erzähle, war früher selbst Sozialarbeiterin. Ich beginne zu erklären:

„Das hat mich darauf gebracht, mich umzuhören. Ich habe Sozialpädagoginnen und Sozialarbeiter auf Versagen in ihrem Berufsalltag hin angesprochen."

Die Befragten waren meist ehemalige Studierende von mir. Ob sie einmal den Eindruck hatten, gescheitert zu sein oder in einer moralischen Krise zu stecken, suchte ich zu erfahren. Und wer oder was ihnen da herausgeholfen hat. Schließlich unterrichte ich jetzt dreißig Jahre lang Sozialethik an einem Fachbereich Soziale Arbeit. Ich wollte wissen, ob ich nur dem Fußbodenbelag gepredigt habe die ganzen Jahre. Wirkungsforschung also im engeren Sinne.

47 Fragebögen als Vorbereitung auf Interviews habe ich im Winter 2000/01 versandt. So sahen sie aus:

„Leitfaden für ein Gespräch, das ich mit Ihnen führen möchte:

1.1 Erinnern Sie sich bitte an die Stellen, die Sie seit ihrem Anerkennungs-jahr hatten. Welche waren das?

1.2 Beschreiben Sie Ihre Arbeit jetzt. Wo sehen Sie in ihr Erfolge? Worin finden Sie Befriedigung? Wo liegen im Moment die Schwierigkeiten?

2   Ich möchte Sie nun nach Ihren Konflikten im Beruf fragen. Denken Sie manchmal: Wie mache ich es bloß jetzt richtig – soll ich dieses tun oder das?

3   Können Sie sich an frühere Situationen erinnern, wo Sie nicht wussten, wie Sie richtig handeln sollten, im Interesse des Klienten, aber auch in Ihrem eigenen Interesse? – Wie war das damals?
Beispiel: Sozialarbeiterin B.C. arbeitet im in B. Es entwickelt sich eine gute Beziehung zu einer jungen Frau, die selbstmordgefährdet ist, gerade wieder aus der Psychiatrie entlassen wurde. Die Frau kommt zu Gesprächen zu ihr ins Gesundheitsamt, sie stabilisiert sich, wird „beinahe zur guten Bekannten". Eine ältere Kollegin kritisiert: „Wie können Sie so viel Zeit für diese Frau aufwenden, die ist doch reich und hübsch – da haben wir doch weitaus Kränkere, die uns brauchen!" B.C. steckt in einem c Gewissenskonflikt gibt der Patientin ab sofort keine Termine mehr, zitiert dazu zur Rechtfertigung die Kollegin. Heute sagt sie, sie habe wohl falsch gehandelt.

4   Ist es auch schon einmal vorgekommen, dass Sie dachten: „Wie ich mich auch entscheide, ich mache es auf jeden Fall falsch!"?
Beispiel: Sozialpädagogin F.A. ist Leiterin einer KiTa in einem sozialen Brennpunkt einer Großstadt. Eine der Erzieherinnen geht mit den Kindern meist mürrisch und demütigend um. Gespräche mit ihr fruchten nicht. Soll sie versuchen, sie zu entlassen? Aber sie weiß, dass sie dann laut Sparplan der Stadt keine neue Kraft dafür bekommt. Und die Angestellte, jetzt 54, wird auch anderswo nicht mehr angestellt werden.

5   Als Sie nicht wussten, wie Sie richtig handeln sollten, was hat Ihnen damals geholfen, sich zu entscheiden?
Hier einige Möglichkeiten als Beispiele:
- Ihr Grundsatz: Auf alle Fälle im Interesse der Klienten handeln!
- Ihre Erfahrung, aus der Sie solche Situationen schon kannten
- Ihre völlig unsentimentale, kritische Einstellung
- Ihr Motto: Das lasse ich mit mir nicht machen!
- Ihre Lebensorientierung an einem Leitbild, z.B. Albert Schweitzer, Mutter Teresa, Jesus, Gandhi
- Ihre Solidarität von Frau zu Frau
- Ihre Sorge, Ihre Anstellung nicht zu gefährden
- Ihr Mitleid
- Kernsätze aus Ihrem Studium, z.B. „Soviel Distanz wie nötig – soviel Empathie wie möglich!" Oder: „Jeder kämpft auf seine Weise um Anerkennung!"
- Ihre (kommunal-)politischen Programme und Ziele
- Das Vorbild eines anderen Kollegen, einer anderen Kollegin

- Ihr Supervisor / Ihre Teamkonsultation
- Ihre Geduld, die hofft, dass sich schließlich alles von selbst lösen wird
- Ihre Angst vor Konflikten
- Ihre Phantasie: Wenn ich in der Lage des Klienten wäre, was würde mir helfen?
- Ihre Auffassung, dass hier ein Dauerkonflikt Ihrer Dienststelle vorliegt

Können Sie sich vorstellen, dass Ihnen eine oder einige der genannten Orientierungen morgen in einer vergleichbaren Situation helfen würden, sich zwischen falsch und richtig besser zu entscheiden?"

Auf diesen Fragebogen haben 38 Praktiker aus der Sozialen Arbeit geantwortet, manche sehr knapp, manche länger.
Mit vieren habe ich daraufhin kürzer gesprochen und rückgefragt, etwa 15 Minuten.
Mit 25 Sozialarbeitern und Sozialpädagoginnen habe ich lange Interviews, zwischen 45 Minuten und 2 Stunden, führen können.
3 gründliche Gespräche haben Martin Tack, Christoph Kopp und Marie-Luise Musiol für mich geführt.

Die Befragten waren „normal verteilt":
Etwa 3 Jahre im Beruf, zusätzlich zum Anerkennungsjahr: 4
Zwischen 4 und 15 Jahren in der Sozialen Arbeit tätig: 13
Über 15 Jahre lang tätig: 11
Schon im Ruhestand: 4

28 ausführliche Interviews anhand des oben vorgestellten Gesprächsleitfadens also bei 18 Frauen, 10 Männern, von denen eins sicher ist: Sie kennen sich aus in der Sozialen Arbeit.

Nicht alle Felder wurden allerdings dabei in gleicher Weise sichtbar.
Gut vertreten sind Allgemeiner Sozialer Dienst, Beratungsstellen, Wohnheime und Wohngruppen der Behinderten- und der Jugendhilfe, Sozialdienst im Krankenhaus/Psychiatrie sowie interne Weiterbildung.
Unterrepräsentiert sind einerseits Berufspositionen „ganz oben":
Abteilungsleiter in städtischen Ämtern, Leiter von Alten- und Pflegeheimen, soweit sie Sozialarbeiter sind (von zweien in solchen Positionen kam eine explizite Absage),
und die Berufsangehörigen von „ganz unten":
Streetworker, Sozialarbeiter in Strafanstalten (Ausnahme: Aidshilfe).

0.2 Krisen und Konflikte

Ich hatte nach ethischen Dilemmata gefragt, und so kamen mir in den Gesprächen in der Tat moralische Konflikte und Krisen zu Ohren. Auch Enttäuschungen über eigenes Handeln. Wie oft habe ich gehört:
Sie hatten ihre Macht als SozialpädagogInnen missbraucht – sie wurden zur Unehrlichkeit verlockt – zwei Befragte sagten, sie konnten den Selbstmord eines Menschen, mit dem sie dienstlich zu tun hatten, nicht verhindern – sie waren unaufmerksam gewesen für wichtige Signale des Klienten – sie waren vordringlich damit beschäftigt gewesen, die eigene Stelle zu sichern.

Die Kollegin nun, der ich unlängst von der Befragung erzählte, hörte mir aufmerksam zu und schaute immer kritischer. Vor zwei Jahren war sie katholisch geworden. Sie sagte plötzlich: „Die Protestanten haben so eine traurige Konfession, die sehen immer alles schwarz. In katholischen Kirchen ist es viel fröhlicher."
So hatte sie damals ihren Übertritt in die katholische Kirche begründet. Als wir nun über die Interviews sprachen, die inzwischen hier als Buch vor Ihnen liegen, sah ich ihre Skepsis. Ich fragte mich: Hat mir etwa mein Protestantismus einen Streich gespielt? Dass ich VertreterInnen einer großen Berufsgruppe vorwiegend nach ihren Versäumnissen und moralischen Krisen befragt habe? Bin ich in die Rolle der evangelischen Theologin zurückgeschlüpft, die sich taktvoll Beichtgeheimnisse anhört? Mit welcher Brille habe ich da eigentlich eine ganze Profession betrachtet? „Was für ein Licht werfen diese vertrauensvollen Interviews auf den Berufsstand der Sozialarbeiterinnen und Sozialpädagogen? Das öffentliche Ansehen dieser Berufsgruppe ist ohnehin nicht besonders gut. Und jetzt kommen auch noch, Interview nach Interview, explizit wunde Punkte zur Sprache." –
„Dann musst Du sie eben auch nach ihren Erfolgen fragen, nach dem, worauf sie stolz sind." – „Ja, da würde sicherlich auch einiges zu hören sein."
Ich beschloss, die Gesprächs-Kassetten noch einmal auf die Töne des Erfolgs und der Zufriedenheit hin abzuhören. Und noch einige weitere Interviews zu führen.
Und bei dieser erneuten „Wirkungsforschung" kamen dann doch auch Berichte aus dem Alltag Sozialer Arbeit zu Protokoll, die nicht nach Ratlosigkeit und Scham, sondern nach Gelingen klangen.

Heute habe ich zudem Zweifel, ob es denn wirklich ein Zeichen von Versagen einer Berufsgruppe ist, wenn Fehler offen zugegeben werden.

Das schlechte Image der Berufsgruppe ist meines Erachtens unbegründet. Es ist ein Hauch, der herüber weht vom schlechten Geruch vieler, mit denen die Sozialarbeiter tagtäglich zu tun haben: den Alkoholikern, den Wohnungslosen, den geistig und körperlich Behinderten, den Schwererziehbaren. Wir anderen, wir netten Mittelstandsmenschen, halten uns diese Klienten der Sozialen Arbeit ja in der Regel vom Halse. Und wollen darum auch von denen, die ihnen näher sind, Abstand halten.

Ich entsage an dieser Stelle der "Social Correctness", die aus gutem Grund vornehm von Klienten der Jugendhilfe, von Suchtkranken und von „kindlich gebliebenen Menschen" spricht. Mit den „schlechten Wörtern" will ich vielmehr den schlechten Geruch andeuten, in dessen Dunstkreis die Sozialpädagoginnen selber allzu leicht geraten.

Hätten mein Mann und ich nicht selbst aus einem Waisenhaus der Mutter Teresa in Indien ein Kind adoptiert, das sich später als geistig behindert herausstellte, wären wir in unserem Privatleben vermutlich nie mit einer Sozialarbeiterin zusammengetroffen. Im Unterschied zu Ärztinnen, Lehrerinnen, Polizisten und Pfarrern, mit denen jeder gelegentlich zu tun hat, erleben die Leute, die über Sozialarbeiter mit wenig Anerkennung sprechen, diese selbst fast nie in ihrer Berufsrolle.

0.3 Misstrauen gegenüber Ethik?

Aber warum überhaupt Ethik, d.h. verschiedene Konzepte zur Beurteilung der Maßstäbe für richtiges Handeln, auf die Soziale Arbeit beziehen? Wo doch angeblich die Sozialarbeiter in den von ihnen besuchten Weiterbildungsseminaren meist „Neue Methoden", dann vor allem „Therapiemöglichkeiten", vielleicht noch „Rechtsfragen", aber nur ganz, ganz selten Angebote zur Bearbeitung ethischer Konflikte buchen?

Woher kommt das? Wieso diese Zurückhaltung gegenüber den Fragen nach „Gut und Böse, Falsch und Richtig", wie Johann Schneider seine Studie über Ethik und Moral der sozialen Berufe überschrieben hat?

Ich zitiere vier Vermutungen von Schneider (1999, 13), warum Ethik angeblich nicht interessant für die Praktiker sei. Schon gar nicht gilt, dass etwa im sozialen

Bereich eine „Konjunktur der Ethik" wie z.B. in der Medizin, angebrochen wäre.

1. Schneider begründet die Distanz der Sozialpädagogen und Sozialarbeiterinnen gegenüber ethischen Reflexionen erstens in ihrer Suche nach einem neuen Selbstverständnis als moderne Dienstleister.

In der Tat: Die moralischen Eierschalen, die noch mancher Fürsorgerin der 50er und frühen 60er anklebten, vor allem, wenn sie im Raum der Kirche ausgebildet worden waren, werden lästig. Und sie müffeln auch. Sie riechen einfach zu sehr nach Opfer, Nächstenliebe und – so heißt es unverblümt – nach unbezahlten Überstunden. Man ist schließlich kein christlicher Laienhelfer mehr. Frau ist vielmehr auf dem Weg von dem alten „Anlernberuf mit theologischem Hintergrund" zu einem akademischen Beruf mit sozialwissenschaftlichen Kenntnissen. Dieser Weg wurde z.B. von Alice Salomon geebnet (vgl. die erste große, gründliche Darstellung ihres Werkes von Carola Kuhlmann, 2000).

2. In einer sich politisch verstehenden Interpretation sozialer Arbeit, so Schneider weiter, werden Moral und Ethik als unpolitisch abgelehnt. Es gehe nicht um Normen und Werte, gut und böse, sondern um Interessen, Ausbeutung, Kapitalismus, Macht und Herrschaft.

Das klingt nach der 68er-Sprache meiner ersten Berufsjahre. Zwar stirbt diese Sprache der APO, der außerparlamentarischen Opposition, an der sich viele junge Sozialarbeiter damals durch Gründung von sozialistischen Selbsthilfe-Gruppen, autonomen Jugendhäusern oder Kinderläden beteiligten, immer mehr aus. Was nicht nur zu begrüßen ist. Mit dem Fanatismus ist auch viel Einsatz verschwunden. Aber APO-Diktion oder nicht: „auch eine realpolitische, berufsbezogene Interpretation", meint Schneider, „hält an der Distanz zu Moral und Ethik noch fest oder geht zumindest implizit davon aus, dass die moralischen Grundlagen der Kritik an Herrschaft und Profit bzw. der Einteilung in legitime und illegitime Interessen unstrittig und selbstevident sind." (ebd. 13)

3. Schneiders dritte Vermutung deckt sich mit meinen eigenen Beobachtungen und ich gebe sie mit meinen Worten wieder: Wenn zu genau auf Moral und Ethik geachtet wird, dann fällt es den Profis nach einiger Zeit schwer, gegenüber gütigen Ordensbrüdern, flinken Johannitern, kirchlichen Eheberatern, engagierten Jusos, einsatzbereiten Grauen Panthern oder den lustigen, überall gegenwärtigen Zivis, die allesamt

das Gute nicht nur wollen, sondern auch oft das Richtige tun, ihnen gegenüber also das Besondere ihrer eigenen kompetenten bezahlten Berufsarbeit zu benennen. „Die immer wieder diskutierte Laisierung sozialer Arbeit ... wird nicht zu Unrecht als eine Gefahr für berufliche soziale Arbeit gesehen." (ebd.)

Heute aber muss man nicht nur „sein gutes Herz für den anderen verpfänden", wie Kolping einst sagte, sondern u.a. auch messerscharf rechnen, im BGB zu Hause sein und Sponsoren begeistern können.

4. Die vierte Vermutung Schneiders über die Gründe, warum es in der Fachliteratur der Sozialen Arbeit bisher keine Ethik-Konjunktur gegeben hat, lautet: Ethische Reflexion bringt die Gefahr mit sich, „dass die eigene moralische Position hinterfragt und kritisiert wird. Es könnte sein, dass die Linie von Gut und Böse nicht mit der von Profit und Non-Profit identisch ist, und auch die eigenen Motive und die eigene Praxis sich als moralisch anfechtbar erweisen." (ebd.)

Schneider formuliert damit eine Unterstellung, die ich im Rahmen dieser Untersuchung entkräften möchte. Auf den folgenden Seiten werden Sie Zeuge sein, wie überempfindlich die VertreterInnen der Profession in der Lage sind, das moralisch Anfechtbare ihrer eigenen Praxis zu registrieren.

5. Mir selbst ist zuweilen eine fünfte Abwehr gegen Ethik in den Gesprächen begegnet, die eher in Tonfall, Lächeln und Selbstsicherheit zutage tretende Überzeugung der Sozialpädagogen und der Sozialarbeiterinnen: „Wir haben mit unserem mäßig bezahlten Beruf in diesem Deutschland das Gute ohnehin gepachtet!"

Hiergegen wollte ich nie polemisieren, auch wenn sich Argumente finden ließen. So zeigt das vorliegende Buch zwar einerseits die Tiefen von Missbehagen und Konflikten auf. Es wertet aber die Offenheit, mit der diese genannt werden, als einen Qualitätsaspekt sozialer Arbeit.
Ob die Praktiker vor Ort nun Ethik für überflüssig halten oder ob sich inzwischen z.B. mit dem Band: „Spiritualität in der Sozialen Arbeit" (Lewkowicz 2003) oder mit dem Band: „Soziale Arbeit zwischen Ethik und Ökonomie" (Wilken 2000) doch ein neues Interesse abzeichnet – eins steht jedenfalls fest: Auch wenn sie das Ethos nicht gepachtet haben sollten, so brauchen sie doch ein Werte-Wissen. Und sie sollten etwas über ethische Konflikte gelernt haben. Wie wurde dies bisher vermittelt?

In meiner Lehre als Dozentin für Ethik an einem Fachbereich Sozialwesen bin ich hochschuldidaktisch bisher denselben akademisch bewährten Weg gegangen wie viele meiner Kollegen, Philosophen oder Theologen an Fachhochschulen. Dreißig Jahre lang. Wir schufen unser Curriculum Philosophie und Ethik, das einem Leistungskurs Ethik am Gymnasium entspricht oder einer stark verkürzten kleinen Philsophiegeschichte in Einzeldarstellungen oder einer Übersicht über ethische Richtungen in einem philosophischen Proseminar der Universität. Wolfgang Schlüters „Sozialphilosophie für helfende Berufe" ist hier besonders zu nennen.

In immer neuen Anordnungen und Zusammenhängen habe ich gelehrt: Platon und Aristoteles, Descartes und Kant, Marx und Nietzsche, Sartre und Camus, Peter Singer und Habermas.

Hier ein Beispiel:

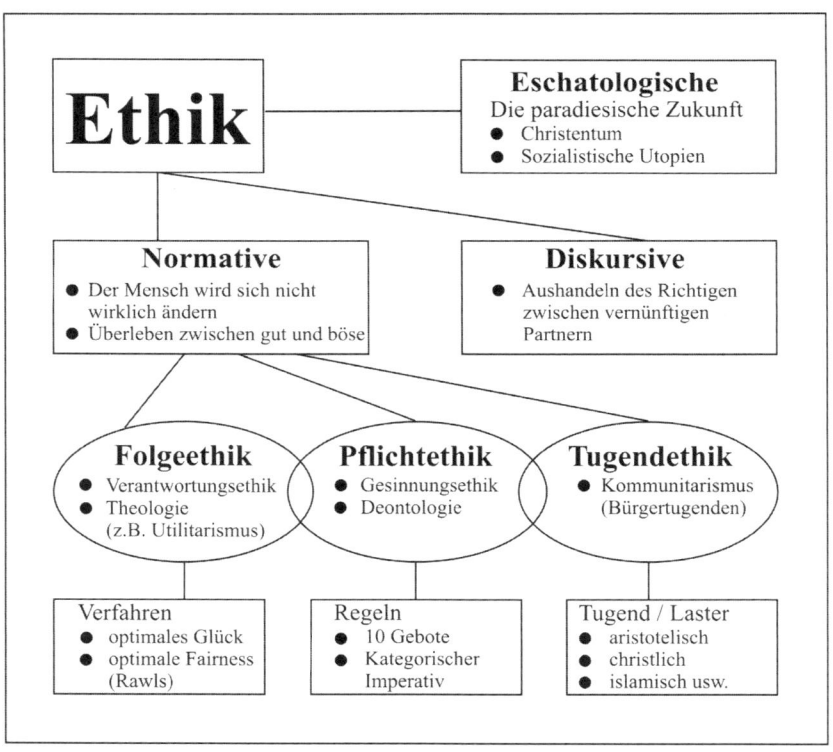

0.4   Krummes Holz und Birkenstock

Nun aber ist alles anders! Infolge einer Studienreform unterrichte ich seit drei Jahren nur noch Erstsemester. Für jeden Studierenden sind vier Wochenstunden Sozialphilosophie/Ethik Pflicht. Die Hörer haben von Sozialer Arbeit als Berufspraxis noch sehr wenig Ahnung. Gedanken fremder längst toter Männer finden nur noch Interesse, wenn irgendein Bezug zu ihrer Berufszukunft, eher noch zu ihrem Privatleben jetzt sichtbar wird.

Diesen Bezug will ich stärker herstellen. Sie sollen, wenn sie am Ende des Semesters ihren hellblauen Leistungsnachweis in den Händen halten, sowohl eine Ahnung haben, welche Art von Problemen in ihrem Berufsalltag später auftreten können, als auch, welche Gedanken der ethischen Tradition schon einmal zu einem oder dem anderen Problem gedacht worden sind. Waren es denn vernünftige, plausible Gedanken? Könnten sie auch heute noch Handeln anleiten?

Hier also das Ziel, das ich im vorliegenden Buch zu erreichen suche:
Von der Praxis, von den tatsächlichen Erfahrungen und Handlungsweisen her, nach der ethischen Grundierung zu schauen, nach dem, was die Sozialarbeiterinnen und Sozialpädagogen in ihrem Berufsalltag leiten könnte. Was für Werte und was für Überzeugungen haben sie? Und welcher Philosoph hätte dazu etwas zu sagen? Könnte vielleicht sogar Entscheidungen beeinflussen?

Entgegen diesen leserfreundlichen Ankündigungen beginne ich das erste Kapitel aber doch mit einem langen und schwierigen Kant-Zitat. Auf Kants realistische Menschen-Beurteilung sollte der ursprünglich von mir gewählte Titel dieses Buches anspielen: „Krummes Holz und Birkenstock" = Ethik für, von, mit Menschen, die im Berufsalltag die praktischen Schuhe tragen. Aber wem immer ich den geplanten Titel vorlas, der kannte entweder das Kant-Zitat (dann war er über fünfzig) oder die Birkenstock Schuhe (dann war er unter fünfzig) – nie beides.

Kant fragt nach einer gerechten Regierung für die Menschen. Er kannte nur das Königreich, war aber ein „überzeugter Republikaner" (Dietzsch 2003, 212), favorisierte also die Regierungsform der Republik. Auf jeden Fall zweifelt er:

Immanuel Kant:
„Jeder ... wird immer seine Freiheit missbrauchen, wenn er keinen über sich hat, der nach den Gesetzen Gewalt über ihn ausübt ... aus so krummem Holze, als woraus der Mensch gemacht ist, kann nichts ganz Gerades gezimmert werden. Nur die Annäherung zu dieser Idee ist uns von der Natur auferlegt." (Kant 1784, 41)

0.5   Wertewissen

Von den 38 Leuten in der Praxis, befragt, welche Konflikte und moralischen Probleme sie in ihrer Arbeit beunruhigen, kamen sehr verschiedene Antworten: vier kürzere, zum Teil schriftlich, 28 längere. Aber alle kreisten um die große Frage: Wie ist der Beruf richtig auszuüben? Wie sieht erfolgreiches Handeln in meinem Beruf aus?
Wir sind also bei der Zentralfrage jeder Berufsethik.
Oben fragten wir: Warum Ethik, wenn die Praktiker daran wenig interessiert sind? Es scheint, dass sie nur so lange wenig an Begriff und Inhalten philosophischer Ethik interessiert sind, solange die Folgen für ihren Arbeitsalltag nicht deutlich sind. Denn wer könnte mit Menschen arbeiten ohne ein Werte-Wissen, so diffus es auch sein mag? Ohne Entscheidungen darüber, was ihm im Umgang mit diesem Menschen, der sich ihm anvertraut hat oder der ihm geschickt wurde, wichtig ist und wohin er mit diesem will? Und ohne dass er sich in der Konflikte-Landschaft auskennte?

Gleich drei Konflikte: einen Wertekonflikt, einen Rollenkonflikt und einen Loyalitätskonflikt erlebte zum Beispiel Johanna Esch (dieser Name und alle folgenden sind grundsätzlich geändert) schon Ende der fünfziger Jahre während ihrer Ausbildung zur Fürsorgerin:

> J.E. Ich kam mit achtzehn von der Schule. Dann zwei Jahre kaufmännischer Beruf und ein Jahr pädagogisches Vorpraktikum. Dann zwei Jahre Ausbildung an der Sozialschule (Höhere Fachschule).
> Im ersten Studienjahr, ich war also 22, machte ich ein Praktikum in einer Jugendpsychiatrie. In einem Schlafsaal liegt eine Siebzehnjährige im Bett mit einem Rückenschaden nach einem Suizid-Versuch. Die weint oft und ich versuche mit ihr zu sprechen. Sie sagt es offen: „Mich besuchen meine Eltern nie. Aber ich weiß auch warum. Ich liege zur Strafe hier, weil ich am Tod meiner kleinen Schwester schuld bin. Ich sollte auf sie aufpassen, aber ich quatschte mit meiner Freundin rum. Da wurde das Kind überfahren.

Seitdem wurde das Klima zwischen meinen Eltern und mir so unerträglich, dass ich in ein Heim kam.

Als ich hörte, dass meine Mutter wieder schwanger war, stürzte ich mich aus dem Fenster. Daraufhin hatte meine Mutter eine Fehlgeburt. Es wäre ein Mädchen gewesen. Nun hatten meine Eltern durch mich zwei Kinder verloren."

Zuerst vergewisserte ich mich bei der Sozialarbeiterin, dass diese Geschichte wahr war. Dann stachelte ich die Sozialarbeiterin auf, Kontakt zu den Eltern aufzunehmen. Sie schrieb ihnen einen Brief. Ob etwas zustande kam, weiß ich nicht. Ich wurde nämlich zur leitenden Medizinalrätin bestellt und nach Strich und Faden fertig gemacht. Wie ich mich erdreisten konnte mit der Patientin überhaupt zu sprechen? „Wir sind hier eine reine Diagnoseklinik, keinerlei Behandlung oder Therapie! Das Mädchen ist eine Hysterikerin! Deren Neurose macht man durch Mitleid und Gespräche nur schlimmer!"

Ich wagte nicht zu widersprechen. Ich habe geweint. Die ganze Wucht der Hierarchie traf mich. Und Sozialarbeiter arbeiten ja immer in einer Hierarchie. Ich hätte mich wehren müssen!

Aber mit welchen Argumenten? Es waren da:

- der Rollenkonflikt zwischen ihr als kleiner Praktikantin und ihr als junger Frau beim Besuch einer Kranken
- der Wertekonflikt zwischen dem Wert „Diskretion/nichts ausplaudern" und dem Wert „auf Notsignale reagieren"
- schließlich der Loyalitätskonflikt zwischen Vorschriften ihrer Chefin und der Stimme ihres eigenen Gewissens:

„Le coeur a ses raisons que la raison ne connait pas" – das Herz hat seine Gründe, die die Vernunft nicht kennt." (Pascal) Oder wie der „Kleine Prinz" sagt: „Man sieht nur mit dem Herzen gut." Aber drei Konflikte auf einmal ließen sich mit diesen Sätzen nicht lösen.

Auch heute, nach über vierzig Jahren, lässt sie die Erinnerung nicht los:

J.E. Nachher hat mir ein Arzt allerdings gesagt, es sei doch wohl richtig gewesen, die Eltern zu kontaktieren zu suchen.

Zurück zur Berufsethik. Die fragt nicht zuletzt, wie sich Herz und Vernunft zur Deckung bringen lassen. Sie ist also ein Sonderfall der Ethik. Sie formuliert die Regeln für gutes und richtiges Verhalten im Beruf. Und sie untersucht kritisch, ob diese Regeln überhaupt berechtigt, durchführbar und menschenfreundlich sind, oder ob sie nur durch Umstände wie Geldknappheit, Fremdbestimmung und Zwänge zustande kamen.

Auch bei Louis Lowy, Professor für Theorie der Sozialen Arbeit, findet sich die Forderung nach einem Werte-Wissen in vielen seiner Bücher und Aufsätze. Lowy (1920–1991) hat als tschechischer Jude das KZ Auschwitz überlebt. Vorher hatte er im Lager Theresienstadt als Gefangener Jugendliche und Kinder betreut. Da Lehren streng verboten war, spielte er mit ihnen Theater auf Englisch und hat dabei, so später ein ehemaliger Mitgefangener, ein „Meisterstück in sozialer Gruppenarbeit vollbracht ... Er half uns dabei, uns selbst wichtig zu nehmen und einen gewissen Stolz zu entwickeln." Nach dem Krieg konnte er in die USA emigrieren und dort mit 31 Jahren seinen Master of Social Work machen. Er lehrte ab 1957 an der Universität Boston Methoden der Sozialen Arbeit. Einer seiner Verdienste war die Einführung der sozialen Gruppenarbeit bei alten Menschen. Ab 1965 hielt er auch Weiterbildungsseminare an der Akademie für Jugendfragen in Münster. (Wieler 1995, 221ff.).

In seinem Buch „Sozialarbeit/Sozialpädagogik als Wissenschaft im angloamerikanischen und deutschsprachigen Raum" formuliert Lowy:

Louis Lowy:
„Die Praxis der Sozialarbeit ist, wie die Praxis anderer Berufe, gekennzeichnet durch eine bestimmte Konstellation aus

Werten

Zielen

Legitimation

Wissen

und

Methode.

Kein Faktor legitimiert allein die Praxis der Sozialarbeit. Es ist klar, daß in der jeweiligen Praxis der Akzent stärker auf der einen oder der anderen Komponente liegt. Es handelt sich jedoch nur dann um Praxis der Sozialarbeit, wenn alle Komponenten bis zu einem gewissen Grad vorhanden sind." (Lowy 1983, 18f.)

Das vor Ihnen liegende Buch beschäftigt sich vor allem mit den Werten, die Sozialarbeiter in ihrer Arbeit leiten, wenn sie versuchen, es richtig zu machen. Es enthält vorwiegend solche Beispiele wie den Bericht von Johanna Esch. Fragen nach dem Richtig und Falsch sind Themen der Ethik, hier in ihrer besonderen Anwendung auf das Handeln im Beruf. Dabei verblüfft nur eines: „Wer sich in seinem eigenen Handeln orientieren will, wer andere in ihrem Handeln beraten will, wer das Handeln anderer kommentieren oder kritisieren, billigen oder missbilligen will: stets wird er feststellen, dass menschliches Handeln immer schon orientiert ist.

Gesellschaften, Kulturen, Milieus, Gruppen – auch Professionen – halten längst schon Antworten bereit auf die Fragen: Was soll ich tun? Wie kann mein Leben gelingen? Was ist gutes oder schlechtes, was richtiges oder falsches Handeln? Den kulturellen ‚Vorrat‘ all dieser Antworten nennt man (deutsch) Sitte, (lateinisch) Moral und ursprünglich (griechisch) Ethos." (Volz 2003, 54)

Was besagen die Begriffe im Einzelnen?

0.6   Ethos – Moral – Sittlichkeit – Ethik

In der Tat: Antworten werden bereit gehalten. Aber ob sie unsere, genau unsere individuellen Fragen beantworten, oder ob es Antworten sind, die wir von unseren Eltern geerbt haben, ohne deren Fragen heute zu stellen und ohne deren Probleme heute zu haben, das zu klären ist eine der Aufgaben der Ethik

„Trau keinem über dreißig!" – „Geld kann man nicht essen" – „Morgenstund hat Gold im Mund" – „Einen fröhlichen Geber hat Gott lieb" –
haben diese Weisheiten heute noch handlungsorientierenden Wert?

Ethik ist die Wissenschaft vom Ethos. Das griechische Wort hat seine Wurzel im indogermanischen Wort *suedhos*: „Eigenheit", „Eigenart". Aus dieser Wurzel formte sich auch das deutsche Wort *sich*. Ethos ist also etwas, das ganz eng zum Menschen dazugehört, nichts Fremdes, Aufgezwungenes. Ein sehr früher Gebrauch des Wortstammes findet sich im altgriechischen *aithiai* = „Weideplätze". Plätze also, auf denen sich unsere Sitten bewährt haben, oder andersherum: Sitten, die sich auf unserem Weideplatz bewährt haben. Daraus wurde die Bedeutung *ethos* = „Sitte", „Brauch" generell. Dann vertiefte sich die Bedeutung. Neben *ethos* bildeten die Griechen das Wort *äthos*, das hieß gute „Sitte", „Charakter".

Ethos gehört also zum Menschen dazu, weil es sich für das Zusammenleben bewährt hat. Es lebt sich leichter, wenn Menschen die Regeln des Miteinander beachten. Diese Regeln waren ursprünglich nicht von außen aufgezwungene Vorschriften, sondern sie entstanden aus der Gemeinschaft selbst heraus, um Leid und Nachteile zu vermindern.

Aber sind Regeln des Ethos zu rigide, so kann der Einzelne daran zugrunde gehen. Vielleicht sind Regeln auch vor allem dazu da, um Privilegien zu sichern? „Gehe nicht zu Deinem

Fürst, wenn du nicht gerufen wirst", bekam ich in meiner Ausbildung von meinem Anleiter zu hören.

Das entsprechende Wortpaar im Deutschen: *Sitte* – und *Sitzen* hängt ähnlich zusammen: Sitte ist das, was am Wohnsitz gilt, was sich dort bewährt hat. Die gute Sitte als umfassende Lebenshaltung aber wird zur *Sittlichkeit*. Ein Wort, das aus unserem Sprachgebrauch verschwunden, höchstens noch in *unsittlich* in der Alltagssprache zu finden ist.

Aus einer etwas anderen Worttradition leitet sich das Wort *Moral* ab. Es kommt aus dem lateinischen mos, moris, was zwar auch Sitte bedeutet, aber nicht von der Wurzel *suedhos* „Eigenart", sondern von der indogermanischen Wurzel *me*-, oder *mo*-, „Wille", „Zorn" herstammt. Diese findet sich z.B. im deutschen Wort *Mut*. Gemeint ist also mehr das mit Willen und Mut getane gute Handeln. Umgangssprachlich bezeichnet „ein moralischer Mensch" einen guten Menschen. Moral bildet Beurteilungskategorien und Bewertungen für das richtige Handeln von Menschen. Da ist von „verlogener Sexualmoral" die Rede, von „schlechter Zahlungsmoral", von einem „un-moralischen Angebot". Alltagssprachlich beklagten ältere Menschen zu jeder Zeit die „schlechtere Moral der Leute heute verglichen mit früher".

E t h i k (griech. *ethiké* = „das das Sittliche Betreffende") ist sprachlich eine Adjektivbildung zu *Ethos*. Verbunden mit dem griechischen Wort *episteme* für „Lehre": *Ethos* – das gute Verhalten, *ethike episteme*, kurz *Ethik*: die Lehre, die Wissenschaft vom guten Verhalten. Parallele Bildungen beobachten wir bei anderen Wissenschaften:

Physis: griech. „die Natur"	Phys<u>ik</u>: die Lehre von den Gesetzen der Natur
Aisthesis: griech. „die Anschauung des Schönen"	Aesthet<u>ik</u>: Die Wissenschaft von den Gesetzen des Schönen

„Ethik" ist der Titel des Buches von Aristoteles (Nikomachische Ethik, seinem Sohn Nikomachos gewidmet, ca. 350 v. Chr.). = Die Philosophie von Tugenden, die Philosophie vom Menschlichen.

Ethnos „Volk" und *Ethos* „Sitte" hängen eng zusammen, beide leiten sich vom Urbegriff „Weideplatz" ab.

„Andere Länder, andere Sitten", sagt das Sprichwort. Oft wird als inhuman verurteilt, was für bestimmte Völker unter schwierigen Naturbedingungen zur Überlebenspraxis geworden ist.

Aufgabe der ethischen Wissenschaft ist es für Aristoteles, zu untersuchen, welche unter den mancherlei im Stadtstaat (Polis) herrschenden Sitten und unter den vielerlei möglichen Haltungen des Menschen gut und welche verwerflich und böse sind. Aber nicht Untersuchung um einer bloßen Analyse willen, sondern Aristoteles sagt, ethische Untersuchungen dienten dazu, „dass wir gut werden", dass wir in unserem Leben die richtigen Entscheidungen treffen, dass wir vor allem glücklich sind. Der höchste Wert seiner Ethik heißt Eudaimonia = Glückseligkeit.

Ethik ist nun die Wissenschaft, die unter anderem zu unterscheiden sucht, wo Menschen wirklich lebensfeindlich und verbrecherisch miteinander umgehen, und wo dies für die Augen von uns Fremden nur durch die Andersartigkeit der Sitten so scheint.

Polyandrie = Vielmännerei herrscht bis heute in armen Gebirgstälern Nepals, wo sich die Menschen von nicht viel mehr als handtuchgroßen Reisfeldern ernähren müssen. Sie gilt als die sicherste Form der Geburtenkontrolle.
Polygamie = Vielweiberei dagegen hat sich in den Steppen Ostafrikas bewährt. Viele eigene Söhne galten als die zuverlässigsten Hirten für die großen Viehherden.
In den meisten anderen Ländern steht das eine wie das andere unter Strafe.

Ethik bedenkt weiter die Fragen:
- Was ist gut, und was ist böse?
- Wie ist Erkenntnis von gut und böse möglich?
- Wie können Menschen dazu ermuntert werden, das Richtige zu wollen und zu tun?
- Warum und wie spricht das Gewissen zum Menschen – oder schweigt?

Das Wort *Ethos* bildet das Adjektiv *ethisch(e)*. Zum Wort *Ethik* gibt es kein Adjektiv, nur Wort-Zusammensetzungen: *Ethik-Bibliothek*, *Ethik-Diskussion*, *Ethik-Fragen*.

0.7   Ethik als Kritik der Moral

Beim (ethischen) Untersuchen des Moral-Begriffs zeigt sich überraschend, dass fast jeder Mensch sich letztlich für moralisch hält bzw. sein eindeutig schlechtes

Handeln immer zu entschuldigen weiß, das Handeln des anderen aber leicht zu verurteilen bereit ist. Deshalb hat der Soziologe Niklas Luhmann vorgeschlagen, die Ethik zu bemühen, um das Urteilen von Moralaposteln und Tugendwächtern zu relativieren (Luhmann 1988). Ethik wäre demnach nicht nur eine wissenschaftliche Moral-Philosophie, die verschiedene moralische Ordnungen vergleicht, sondern die diese auch kritisiert.

Welche Tugenden und Werte z.B. für 40-jährige berufstätige Männer in Japan gelten und welche für 40-jährige berufstätige Frauen dort, dies zu beschreiben wäre Sache der empirischen Sozialforschung.

Sache der Moral wäre, zu beurteilen, ob die Tugenden und Werte dort denn auch wirklich gelebt werden.

Sache der Ethik wäre – nach Luhmann – nun aber, darüber nachzudenken, ob wir überhaupt in der Lage sind, die Wertsysteme fremder Kulturen zu verstehen, ohne sie zu verzeichnen.

Ethik wäre nicht nur ein Vergleich oder eine Beschreibung oder eine Analyse, sondern auch eine Kritik der Moral. Sie wäre nicht möglich ohne die Wissenschaften vom Verstehen (Hermeneutik und Wissenssoziologie).

Ethik in der Ausbildung der Sozialarbeiterinnen taucht also auf in Seminaren, akademischen Diskussionen und leider auch Prüfungen.

Im Hörsaal

Die Gefahr, dass Leute heute die Moral für sich gepachtet zu haben glauben, scheint mir bei den jungen Menschen, den Studierenden, in unseren Breiten z.Zt. gering. Auch Kinder, die ihre Eltern fanatisch auf Umwelt-Sünden hinweisen, und ihre eigene „grüne" Moral vorleben, sind etwas müde geworden. Aber aus dem Morgenland lassen sich die Sittenwächter und Aufpasser vernehmen. Im ethischen Diskurs haben wir im Seminar die Hypothese formuliert: Je ärmer die Menschen sind, je weniger Statussymbole sie haben, desto mehr halten sie sich selbst an den strengen Regeln ihres Zusammenlebens fest. Denn wenn sie ihre Ehrlichkeit, ihre Frömmigkeit, ihre Verantwortung für ihre Familie, nicht zuletzt für ihre alten Eltern, aufgäben, worauf könnten sie dann noch stolz sein? Aber, kam der Einwand, Moralapostel sind ja nicht immer arme Leute.

Wir schauten uns die Begriffe Ethos, Ethik und Moral an, um besser den Sinn des Begriffs „Berufsethik" zu verstehen. Bis Semesterende war es mir oft nicht gelungen, die verschiedenen Bedeutungs-Nuancen in den Köpfen der Studierenden zu platzieren. Soll ich es gar nicht mehr weiter versuchen? Aber die Erkenntnis schimmerte ihnen auf, dass sich ethische Regeln

quasi von selbst aus dem Zusammenleben der Menschen ergeben, wenn
man dem anderen nicht antut, was man selbst nicht erleiden möchte. (Vor
dieser Erkenntnis „schützt" man sich aber, indem man dem anderen das
Menschsein abspricht oder indem man sagt: „Der hat mit dem Streit ange-
fangen". Ersteres geschieht bei der Verfolgung von Minderheiten, letzteres
in den Traditionen der Blutrache.) Bei der Berufsethik kommt dazu noch
eine Zielvorstellung: welche besonderen Werte man in einem bestimmten
Beruf verwirklichen, welche Ziele man erreichen möchte, welche äußere
Ausbildung und innere Haltung dazu nötig sind.

0.8   Der Hippokratische Eid

Eine der ältesten Berufsethiken ist das feierliche Gelöbnis einer Selbstverpflichtung der Ärzte, der Hippokratische Eid. Er soll als erste Orientierung für die
Grundlagen auch einer Berufsethik für Sozialarbeiter dienen, deshalb sei er hier
zitiert und analysiert. Auf die bereits ausgearbeiteten Ethik-Codes für Sozialarbeiter gehe ich später kurz ein. Einen besonders anspruchsvoll formulierten
berufsethischen Code für Erzieher und eine verblüffende Selbstverpflichtung für
Regierungsbeamte drucke ich im Anhang ab.
Hippokrates, der griechische Arzt von der Insel Kos, lebte von 460–380 vor
Christus. Die Medizingeschichte verdankt ihm die ersten Sammlungen medizi-
nisch relevanter Beobachtungen und Fakten aus dem täglichen Leben des Volkes: Protokolle über Krankheiten und Rückschlüsse auf die Gründe ihres Ent-
stehens (Krug 1995, 115ff.).
Welche Tugenden fordert Hippokrates von seinen Kollegen? Welche Kompetenzen hat der Arzt, welche nicht?

Eid des Hippokrates (um 420 v. Chr.)

Ich schwöre, Apollon, den Arzt, und Asklepios und Hygieia und Panakeia und
alle Götter und Göttinnen zu Zeugen anrufend,
dass ich nach bestem Vermögen und Urteil diesen Eid und diese Verpflichtung
erfüllen werde:

den, der mich diese Kunst lehrte, meinen Eltern gleichzuachten,
mit ihm den Lebensunterhalt zu teilen und ihn, wenn er Not leidet,
mitzuversorgen,
seine Nachkommen meinen Brüdern gleichzustellen

---

und, wenn sie es wünschen, sie diese Kunst zu lehren
ohne Entgelt und ohne Vertrag,
Ratschlag und Vorlesung und alle übrige Belehrung meinen und meines Lehrers
Söhnen mitzuteilen,
wie auch den Schülern, die nach ärztlichem Brauch durch den Vertrag gebunden
und durch den Eid verpflichtet sind,
sonst aber niemandem.
Meine Verordnungen werde ich treffen zu Nutz und Frommen der Kranken,
nach bestem Vermögen und Urteil:
ich werde sie schützen vor Schaden und willkürlichem Unrecht.
Ich werde niemandem, auch nicht auf seine Bitte hin, ein tödliches Gift vera-
breichen oder auch nur dazu raten. Auch werde ich nie einer Frau ein Abtreibungsmittel geben.
Heilig und rein werde ich mein Leben und meine Kunst bewahren.

Auch werde ich den Blasenstein nicht operieren,
sondern es denen überlassen, deren Gewerbe dies ist.
Welche Häuser ich betreten werde, ich will zu Nutz und Frommen der Kranken
eintreten,
mich enthalten jedes willkürlichen Unrechtes und jeder anderen Schädigung,
auch aller Werke der Wollust an den Leibern
von Frauen und Männern, Freien und Sklaven.

Was ich bei der Behandlung sehe oder höre
oder auch außerhalb der Behandlung im Leben der Menschen,
werde ich, soweit man es nicht ausplaudern darf,
verschweigen und solches als ein Geheimnis betrachten.
Wenn ich nun diesen Eid erfülle und nicht verletze
möge mir im Leben und in der Kunst Erfolg zuteil werden
und Ruhm bei allen Menschen bis in ewige Zeiten;
wenn ich ihn übertrete und meineidig werde, das Gegenteil.

Im Hörsaal
Die Interpretation dieses Eides im Seminar „Wie Helfen zum Beruf wurde"
stößt jedes Semester auf Hindernisse: Wie sind die vier fremd klingenden
Namen gleich in der ersten Zeile auszusprechen? Ich lege zwei Folien mit
Abbildungen des Paares Äskulap und Hygieia auf. Da stehen sie mit ihren
dicken Schlangen, den Äskulap-Nattern. Aber das Befremden darüber,
dass man sich vor Göttern überhaupt verantworten muss, wird durch die
Bilder nicht kleiner. Der „garstige Graben", der uns vom Denken damals
in Griechenland trennt, scheint unüberwindbar. Auch die Verpflichtung

zur Unterstützung der Familie des Lehrers ist fremd, kann aber verständlich gemacht werden als Akt der Gerechtigkeit. Arzt, das war ein Lernberuf, eine praktische Ausbildung.

Befragen wir nun den hippokratischen Eid darauf hin, welche Tugenden in ihm gefordert werden, welche Haltung vom Arzt verlangt wird, bekommen die Studierenden Boden unter die Füße. Mit größerer Leichtigkeit lassen sich Inhalte herausarbeiten und in Prinzipien umformulieren.
Für die moderne Fassung halten sie manch zynischen Kommentar bereit: „Klar, Religion und Rasse kann dem Arzt egal sein, aber nicht ob die 10 Euro Praxisgebühr bezahlt sind." – „Der antike Arzt erhielt auch Honorar, der Sozialarbeiter auch, was stört Euch also?", sage ich – „Der hohe moralische Anspruch dieses Gelöbnisses!"

Der Arzt verspricht:
1. Zu Nutz und Frommen der Kranken zu wirken
2. Nicht zu schaden: kein Gift, kein Abtreibungsmittel, kein Unrecht, keine sexuelle Gewalt
3. Keine Überschätzung der eigenen Kompetenzen
   Besondere Erklärung erfordert das Versprechen, das Hippokrates dem Arzt abnimmt, den „Blasenstein nicht zu operieren". Der Arzt und Heiler, das war die eine medizinische Fachrichtung, der Chirurg, der Steinschneider, die andere. Zum Steinschneider musste man „überwiesen werden".
4. Achtung vor der Person eines jeden Patienten
5. Verschwiegenheit
6. Heilig und rein Leben und Kunst zu bewahren
   (Die moderne Fassung des Ärztegelöbnisses findet sich im Anhang unter 6.3)

0.9   Ein Hippokratischer Eid für Sozialarbeiter

Die Forderungen ließen sich zusammenfassen: Sorge um das Wohl des Patienten. Und zwar nicht private Sorge um einen Familienangehörigen, sondern professionelle Sorge: Helfen und Heilen ist Beruf und wird bezahlt, aber der Arzt muss es auch sachgemäß tun und muss sich dafür verantworten können.
Helfen – im weitesten Sinne – charakterisiert auch die vielfältigen Berufsbilder der Sozialarbeiterinnen und Sozialpädagogen. Heute wird es ausdifferenziert in „Ressourcen-Orientierung", „Empowerment", „Stabilisierung", „Förderung" oder auch „Mobilisierung" Das Ziel ist immer, Menschen zu stärken, ohne

andere dadurch zu schwächen. Sozialpädagoginnen sind Helfer für das soziale, aber auch nicht selten für das körperliche Wohlergehen. So hat es sich in der Geschichte der Ausbildung des Berufs der Sozialarbeiter wie der Sozialpädagogen ergeben, dass die berufsethischen Gelöbnisse des Hippokrates indirekt auch für sie galten. Sie standen für die Werte, von denen Lowy oben sagte, an ihnen orientiere sich die Praxis eines jeden Berufes.

In der Tat: Alle von den Berufsverbänden der Sozialarbeiterinnen und Sozialpädagogen ausformulierten ethischen Codes verpflichten zu Beseitigung von Nöten, zu Nicht-Schaden, Gerechtigkeit und Verschwiegenheit, zu Respekt und persönlicher Integrität. Das gilt von Kanada bis Singapur. Im Folgenden seien nur zwei Beispiele zitiert: die „12 Prinzipien der Praxis der Sozialarbeit" des BASW (British Association of Social Workers), der Kollegen aus Großbritannien, und die „Ethischen Prinzipien und Standards des DBSH, des „Deutschen Berufsverbandes der Sozialarbeiter/Sozialarbeiterinnen, Sozialpädagogen/ Sozialpädagoginnen, Heilpädagogen/Heilpädagoginnen e.V. in den Fassungen von 1996 und 1997.
Aber im Unterschied zum Arzt muss sich der Sozialarbeiter fast vom ersten Augenblick an überflüssig machen: Stärker als beim Mediziner besteht seine Kunst darin, den Klienten selbst machen zu lassen, ihn darin zu bestärken, eigene Entscheidungen zu treffen, bürokratische Hindernisse zu beseitigen, aber dann zur Seite zu treten und ihn zu begleiten. Eine schwere Aufgabe. Sein „Ich" kann sich nicht aufbauschen.
Der zweite Unterschied: Der Arzt ist oft ein Einzelkämpfer (wenn er nicht im Krankenhaus angestellt ist). Er hat große Selbständigkeit und Entscheidungsbefugnis, kann gutes Geld verdienen und große Macht ausüben. Der Sozialarbeiter arbeitet meist in einer Einrichtung, in einem Team, abhängig von anderen. Das stärkt ihm den Rücken und nimmt ihm Verantwortung ab, mindert aber seine Macht und in der Regel auch seine Einkünfte.
Und drittens: Mit den Kräutern und Pflanzen früher, mit den hochspezialisierten Arzneimitteln heute verfügt der Arzt über so wirksame Instrumente der Hilfe, dass ihn mancher Angehörige eines sozialen Berufes darum beneiden könnte.
Diese drei Einschränkungen vorweg genommen, lassen sich folgende Parallelen zwischen dem Hippokratischen Eid und den berufsethischen Forderungen für Sozialarbeiter ziehen:

Fordert Hippokrates vom Arzt
1. Zu Nutz und Frommen (Wohlsein) der Kranken zu wirken, so lauten von den 12 Prinzipien für die englischen Sozialarbeiter:

Nr. 1 „Kenntnisse, Fähigkeiten und Erfahrung vorteilhaft zum Wohl für alle Bereiche des Gemeinwesens und für alle Individuen einsetzen";

Nr. 5 „Aufrechterhaltung der Fürsorge für Klienten auch dann, wenn ihnen nicht geholfen werden kann oder Selbstschutz notwendig wird".

Und der deutsche Berufsverband fordert von seinen Mitgliedern:

3.2 Sie „verhelfen einzelnen, Gruppen, Gemeinwesen und der Gesellschaft zur Selbstverwirklichung und größtmöglichen Entwicklung ihrer Fähigkeiten" (1996).

3.3.1 Sie „erkennen, respektieren und fördern die individuellen Ziele ... der Klientel und setzen die Ressourcen der Dienststelle dafür ein" (1997).

Fordert Hippokrates vom Arzt

2. Schützen vor Schaden und willkürlichem Unrecht,

so lautet das Postulat für die modernen Sozialarbeiterinnen in Deutschland:

3.9 „Die Zusammenarbeit mit Klient/innen wird weder vorzeitig abgebrochen noch unnötig verlängert"

2.3 „Die Mitglieder des DBSH haben den beruflichen Auftrag, die strukturell bedingten Ursachen sozialer Not zu entdecken, öffentlich zu machen und zu bekämpfen." (1997)

Fordert Hippokrates vom Arzt

3. Keine Überschätzung der eigenen Kompetenzen,

so lautet das Postulat für die Kollegen in Großbritannien:

Nr. 8 „Zusammenarbeit mit anderen im Interesse der Klienten".

Und von seinen deutschen Mitgliedern fordert der Berufsverband DBSH:

4.1 „Interdisziplinäre Zusammenarbeit wird auch dann gewährleistet, wenn Meinungen und Wertvorstellungen auseinandergehen" und

2.9 „regelmäßige Teilnahme an beruflicher Fort- und Weiterbildung". (1996)

5.3 „Die Mitglieder des DBSH schaffen und gestalten das interdisziplinäre Zusammenwirken. Sie wahren die Grenzen, die sich aus der Fachlichkeit und beruflichen Orientierung ergeben." (1997)

Fordert Hippokrates vom Arzt

4. Achtung vor der Person eines jeden Patienten,

so fordert die British Association of Social Workers:

Nr. 2 „Achtung der Klienten als Individuen und Sicherstellung ihrer Würde und ihrer Rechte" und gleichlautend mit den Deutschen:

3.4 „Keinerlei Diskriminierung aufgrund von politischer Überzeugung, nationaler Herkunft, Weltanschauung, Religion, Familienstand, Behinderungen, Alter, Geschlecht, sexueller Orientierung, Rasse, Farbe, oder irgendeiner anderen Neigung oder persönlichen Eigenschaft, eines Zustandes oder Status." 1996 = 1997, 2.1.

Fordert Hippokrates vom Arzt

5. Verschwiegenheit,

so lautet das Postulat für die Briten:

Nr. 11 „Vertrauliche Behandlung von Informationen und Preisgabe dieser Informationen nur aufgrund von Zustimmung oder – als Ausnahme – nur bei offensichtlich ernster Gefahr."

Und der DBSH fordert:

3.12 „Die Verpflichtung zur Geheimhaltung (persönlicher Daten) besteht auch nach Abschluss der beruflichen Beziehung." (1996, ähnlich 1997, 3.6–3.8.

Fordert Hippokrates vom Arzt

6. Heilig und rein zu leben,

so gilt es heute, den religiös-kultischen Aspekt eher in allgemein humaner Weise zu beachten und von persönlicher Integrität zu sprechen.

Der BASW fordert:

Nr. 6 „Berufliche Verantwortung hat Vorrang vor persönlichen Interessen"

und der DBSH versteht darunter:

2.1 „Die Mitglieder fördern durch ihren Habitus und ihr Verhalten die berufliche Glaubwürdigkeit" (1996) und

3.7 „Sie nutzen ihre Beziehungen zu Klienten/innen nicht zum ungerechtfertigten Vorteil. Sie gehen unter keinen Umständen sexuelle Beziehungen zu ihren Klienten/innen ein, solange der berufliche Kontakt besteht." (1996) Diese Forderung lautet in der Fassung von 1997 allgemeiner:

3.4 „Sie gestalten ihre Beziehungen zur Klientel ausschließlich berufsbezogen."

*****

Ausgehend von Hippokrates ließen sich sechs wichtige Forderungen für die Berufsethik in der sozialen Arbeit zusammenstellen. Sie finden sich in den folgenden Kapitelüberschriften dieses Buches wieder. Zum Thema „Realistische Einschätzung der eigenen Kompetenz" gab es zu wenige Problemmeldungen der Praktiker in den Interviews. Dieser Punkt gibt kein eigenes Kapitel her.

Ein sehr großes Problem dagegen, eigentlich das am häufigsten genannte, aus dem Alltag sozialer Arbeit taucht im Eid des Hippokrates gar nicht auf:

„Die Wahrheit sagen oder lügen?"

Diese Frage mit einigen bedrückenden Varianten habe ich darum im ersten Kapitel behandelt, wo es um „nützen und schützen" geht. So erklärt sich der größere Umfang dieses Kapitels.

Es wird schwer fallen, gegen die feierlichen Forderungen auf der Programm-Ebene inhaltlich etwas einzuwenden. Sie sind sehr allgemein formuliert. Welche Konflikte sich aber aus ihnen im Arbeitsalltag der Sozialarbeiterinnen ergeben können, werden wir auf den folgenden Seiten sehen.

Ob und welche Philosophen-Worte anzuhören hier klärend sein könnte, danach habe ich gesucht. Und nicht zuletzt: woher die Praktiker Tag für Tag die Kraft nehmen, die anspruchsvollen ethischen Prinzipien nicht zusammenzuknüllen und in den Papierkorb zu werfen, sondern in ihrem Tun zu verwirklichen, auch danach wurde gefragt.

Fünf Prinzipien der Berufsethik in der Sozialen Arbeit

eins
nützen und schützen

zwei
nicht schaden

drei
nichts ausplaudern

vier
den anderen als Person achten

fünf
integer sein

eins

nützen und schützen

1.1   Erster Konflikt: Helfen aus Pflicht oder Helfen aus Neigung

Im Jahre 1785 schrieb Immanuel Kant in seiner Schrift „Grundlegung zur
Metaphysik der Sitten" das Lob eines kaltherzigen Wohltäters:

„Wohltätig sein, wo man kann, ist Pflicht,
und überdem gibt es manche so teilnehmend gestimmte Seele,
daß sie, auch ohne einen anderen Bewegungsgrund der Eitelkeit oder des
Eigennutzes,
ein inneres Vergnügen daran finden, Freude um sich zu verbreiten, und die
sich an der Zufriedenheit anderer, sofern sie ihr Werk ist, ergötzen können.
Aber ich behaupte, dass in solchem Falle dergleichen Handlung, so
pflichtmäßig, so liebenswürdig sie auch ist, dennoch keinen wahren sittli-
chen Wert habe, sondern mit anderen Neigungen zu gleichen Paaren gehe,
z.E. der Neigung nach Ehre, die, wenn sie glücklicherweise auf das trifft,
was in der Tat gemeinnützig und pflichtmäßig, mithin ehrenwert ist, Lob
und Aufmunterung, aber nicht Hochschätzung verdient;
denn der Maxime fehlt der sittliche Gehalt, nämlich solche Handlungen
nicht aus Neigung, sondern *aus Pflicht* zu tun.
Gesetzt also, das Gemüt jenes Menschenfreundes wäre vom eigenen Gram

umwölkt, der alle Teilnehmung an anderer Schicksal auslöscht,
er hätte immer noch Vermögen, anderen Notleidenden wohlzutun, aber fremde Not rührte ihn nicht, weil er mit seiner eigenen genug beschäftigt ist, und nun, da keine Neigung ihn mehr dazu anreizt, risse er sich doch aus dieser tödlichen Unempfindlichkeit heraus und täte die Handlung ohne alle Neigung, lediglich aus Pflicht,
als dann hat sie allererst ihren echten moralischen Wert.

Noch mehr: Wenn die Natur diesem oder jenem überhaupt wenig Sympathie ins Herz gelegt hätte,
wenn er (übrigens ein ehrlicher Mann) von Temperament kalt und gleichgültig gegen die Leiden anderer wäre, vielleicht weil er, selbst gegen seine eigenen mit der besonderen Gabe der Geduld und aushaltenden Stärke versehen, dergleichen bei jedem anderen auch voraussetzt oder gar fordert;
wenn die Natur einen solchen Mann (welcher wahrlich nicht ihr schlechtestes Produkt sein würde) nicht eigentlich zum Menschenfreunde gebildet hätte, würde er denn nicht noch in sich einen Quell finden, sich selbst einen weit höheren Wert zu geben, als der eines gutartigen Temperaments sein mag?
Allerdings! Gerade da hebt der Wert des Charakters an, der moralisch und ohne alle Vergleichung der höchste ist, nämlich daß er wohltue, nicht aus Neigung, sondern aus Pflicht." (Kant 1785/1956, 24f.)

Kant weist in der „Grundlegung zur Metaphysik der Sitten" nach, dass das Ausleben von Neigungen zu schwankendem und wankelmütigem Verhalten führt, dass aber andererseits die schönsten Formen des Menschseins, etwa die Freundschaft, auf Neigungen und persönlichen Sympathien beruht. Doch lässt sich seines Erachtens kein Ethos, keine wahre Moralität auf beliebigen Neigungen – oder auf Abneigungen – aufbauen, sondern nur auf Pflicht. Sie ist für ihn identisch mit dem Naturgesetz, einem Gesetz also, das die weise Natur sich selber und uns damit gegeben hat.

Es ist eben das Besondere an Kants Ethik, dass er die Moral aus der individuellen Beliebigkeit auf die Ebene des allgemein Gültigen zu heben sucht. Es ist nicht dir und mir in schweren Nachtstunden als quälende Unsicherheit, bittere Entscheidung und persönliches Opfer abgerungen, das Richtige zu tun. Es ist vielmehr relativ schnell klar, was das Richtige sei. Die kategorischen Imperative liefern die Faustregeln. Und mit etwas Vernunft und Disziplin, Charakterstärke und Mut ist es auch zu verwirklichen, das Gute.

Die beiden am häufigsten zitierten Fassungen des kategorischen Imperativs lauten:

> Immanuel Kant:
> „Handle nur nach derjenigen Maxime*, durch die du zugleich wollen kannst, daß sie ein allgemeines Gesetz werde." (1785, 51)
> „Handle so, daß du die Menschheit sowohl in deiner Person als in der Person eines jeden andern, jederzeit zugleich als Zweck, niemals bloß als Mittel brauchest." (1785, 61).
>
> (* Maxime = persönlicher Grundsatz, z.B. Ich verleihe keine Bücher. Ich werde nie ein Kind schlagen u.ä.)

Ich nenne sie hier, ohne schon darauf einzugehen, weil wir noch mit dem Verstehen der obigen Textstelle beschäftigt sind.

1.1.1 Das Willkürliche der Pflicht

Den Studierenden heute ist genau diese Pflicht, die für Kant noch ein Synonym für Vernunft, ja sogar für Freiheit war, in der Regel etwas Unmenschliches, ja, sogar meist Unmoralisches. Zähneknirschend wird sie abgeleistet in der großen Arbeits-Leistungs-Job-Gesellschaft.

Während Kant die Neigungen als blind und unterdrückend empfand, willkürlich und ebenso schnell aufgeflammt wie wieder verlöschend, empfinden die Studierenden ausgerechnet die Pflicht als solche Beliebigkeit. Von außen aufgedrückt durch einen, der andere Pflichten aufbürden würde, wäre er zufällig ein anderer. Dieser Chef macht dieses zur Pflicht, zum Beispiel morgens pünktlich zu erscheinen, jener Chef sieht das lockerer, doch muss man in seinem Werk Sicherheitskleidung tragen.

Nur wenige Vorschriften akzeptieren die Seminarteilnehmer als sinnvoll und vernünftig, z.B. der TÜV beim Auto alle zwei Jahre.

Irgendwie entsteht darum bei den Studierenden rasch der Eindruck, dass dieser Kant-Text nicht mehr greift, veraltet ist.

Sobald sie dann aber an ihren aktuellen Beruf neben dem Studium denken, den sie z.T. jetzt schon ausüben, ist es plötzlich anders. Im laufenden Semester studieren mindestens 20, also ein Sechstel, meiner Seminarteilnehmer quasi nebenberuflich, neben ihrer Festanstellung zum Geldverdienen. Und in ihrem Berufsleben orientieren sie sich fast nur an Pflichten, ohne diese als willkürlich zu hinterfragen. Nur selten dürfen dort Neigungen zur Sprache kommen, gar ausgelebt werden.

Aus Studierenden werden Sozialarbeiter. Ohne mir Illusionen über die Motive junger Leute von heute bei der Berufswahl zu machen, kann ich doch aus ihren Worten hören, dass sie dies Studium nicht immer nur als letzte Notlösung gewählt haben. Nein, nicht wenige fühlen sich zu diesem Beruf hingezogen, sonst hätten sie ihn nicht gewählt. Sie hoffen, dort endlich etwas mehr ihren Neigungen Entsprechendes zu tun zu bekommen. Mit unglaublicher Einförmigkeit benennen freilich viele seit etwa zehn Jahren in Gesprächen zur Studienplanung als ihr Berufziel: Beratung.

Beratung ist die als ideal angesehene Tätigkeit. Phantasien zeigen den Studierenden als Fachmann: „Ich weiß immer mehr als der Hilfesuchende. Ich arbeite in der Beratungsstelle ungestört und unkontrolliert. Ich sitze in angenehm möblierten Räumen vorwiegend leicht depressiven Ratsuchenden entspannt und überlegen gegenüber. Ich gerate nie in Verwirrung oder Stress. Ich habe jedes Wochenende frei."

Vielleicht können sich viele kaum vorstellen, dass sie – wenn sie überhaupt Glück haben und einen Arbeitsplatz finden – sich in der Regel wieder in eine Organisation eingliedern müssen, die Pflichten vorschreibt. Längst nicht jede dieser Pflichten kann als vernünftig und menschenfreundlich angesehen werden. Beispielsweise die Vorschrift in vielen Organisationen, Geld bis zum Ende des Haushaltsjahres unbedingt ausgeben zu müssen, auch wenn gerade kein Bedarf besteht. Dennoch wird die Pflicht, wohltätig zu sein nicht aus Neigung, ihren Alltag bestimmen. Die Studierenden lernen, einen qualifizierten Pflicht-Begriff im Sinne Kants, der identisch ist mit dem Begriff des moralisch Vernünftigen, zu unterscheiden von dem bloß formalen Pflichtbegriff, der oft nur definiert wird durch die Wünsche des Chefs oder einer bestimmten Interessengruppe. Pflicht ist nicht gleich Pflicht.

Im Hörsaal
Die Studierenden lehnen den oben vorgestellten Kant-Text über das Wohltätigsein aus Pflicht ab: Mit den Füßen. Ich bitte sie nämlich in jedem Semester, sich auf die vier Ecken des Seminarraumes aufzuteilen, um sich auf diese Weise selbst einzuschätzen und einen Standpunkt einzunehmen:

Wer sich selbst zum Typ des liebevollen Helfers zählt, versammele sich dort hinten links, wer zum Typ dieses sentimentalen Gutestuers, der aber gerade einen Schock hinter sich hat, hinten rechts,

wer sich zum Typ der integren, charakterfesten Persönlichkeit ohne emotionales Engagement „allein aus Pflicht handelnd" zählt, vorne rechts,

wer nichts von allem für sein zukünftiges Berufs-Engagement in Anspruch nehmen will, hier vorne links.

Die Ecke hinten rechts bleibt meistens leer: Mit einem schweren Schicksalsschlag möchte keiner rechnen. Aber immer öfter bleibt auch die Ecke mit den edlen Pflichtbewussten vorne rechts unausgefüllt. Die wenigen, die dort stehen, argumentieren: „Bei uns gibt es wenigstens kein Burn-out-Syndrom. Wir öffnen morgens um 7.30 Uhr unsere Bürotüre auch wenn wir uns mal schlapp fühlen." – „Aber man kann nicht helfen ohne Herz", klingt es aus der Ecke hinten links. – „Das trifft es alles nicht." sagt die letzte Gruppe vorne rechts, „wir gehen auf einen modernen Dienstleistungsberuf zu, das ist keine Frage von Pflicht oder Neigung."

Letzte Woche freilich bot sich im Seminar des Sommersemesters ein anderes Bild:

Gerade mit jenem, der eigentlich ein fröhlicher Helfer, aber nach einem schweren Schicksalsschlag „vom eigenen Gram umwölkt" ist, identifizierten sich plötzlich fast alle. „Wie?", frage ich, „Ihr könnt doch nicht voraussetzen oder wünschen, dass Euch etwas Schreckliches passiert?"

Da erhalte ich die Antwort: „Anfangs sind wir gutherzig und es macht uns Spaß, Freude um uns herum zu verbreiten. In dieser Haltung werden wir unseren Beruf beginnen. Aber dann kommt als schwerer Schicksalsschlag die Ernüchterung: Die Realität zeigt uns andere Vorgesetzte, andere Kollegen, andere äußere Umstände, andere Arbeitsbedingungen, als wir sie erwartet hatten. Vor allem treffen wir auf andere Klienten. Dann bleiben wir trotzdem dabei. Dann tun wir weiter unsere Pflicht."

Dagegen ist wenig zu sagen.

1.1.2 Die KollegInnen in der Praxis Sozialer Arbeit: Kein Konflikt zwischen Pflicht und Neigung

Das Kantsche Gegeneinander von Pflicht und Neigung im Gedächtnis, höre ich den Berichten der erfahrenen SozialarbeiterInnen über schwierige Situationen in ihrem Arbeitsalltag zu. Hier wird ein Konflikt zwischen Pflicht und Neigung nicht häufig genannt. Das überrascht. Es ist ihnen schon klar, dass man, um

Geld zu verdienen, in ein Pflichtenkorsett eingepresst wird, das hoffentlich vernünftig ist. Einige Berufsfelder erlauben aber auch, die Neigungen auszuleben. Vor allem Sozialpädagoginnen in Jugendzentren laden die jungen BesucherInnen ein zu Gitarrespielen oder Seidenmalerei, Computerkursen oder Foto-Olympiaden. Kindergartenleiterinnen backen mit den Kleinen, zelebrieren Abschiedsnächte, bevor die Kinder in die Schule kommen. Sozialarbeiter turnen als Teufel oder Hexen verkleidet auf dem Karnevalsnachmittag des Sozialpsychiatrischen Zentrums herum. Pflicht und Neigung greifen ineinander.

Eine nun schon pensionierte Sozialarbeiterin, Vera Mosel, erzählte mir von ihrem „Kinderhaus" in Königsfeld. Ich zitiere sie als ein Beispiel dafür, dass Neigung und Pflicht in eines gingen und zu großer Befriedigung in der Arbeit führten:

V.M. Die Kathrin habe ich ihrer schwachsinnigen Mutter im Alter von sieben Monaten wegnehmen müssen als ein völlig verhungertes Äffchen, bedeckt mit Geschwüren und Grind – ganz furchtbar. Ich habe das Kind auf einen Bauernhof gebracht. Die Bäuerin hatte schon drei Pflegekinder. (Mit dieser Kathrin haben wir aus einer normalen Pflegestelle ein Kinderhaus machen müssen, denn mehr als drei Pflegekinder darf man ja nicht haben.)

Die Pflegemutter hat dieses Kind auf den Arm genommen, geküsst – (Küss mal so ein Kind!) und hat gesagt: „Aus dir machen mer wat." Und dann hat sie übermangansaures Kali aufgelöst in ein Badewännchen und erst mal das Kind darin gebadet. Und dieses Kathrinchen ist, als sie drei Jahre alt war, zum ersten Mal zu mir in die Ferien gekommen und von da ab jedes Jahr. Und dann kam noch ein fünftes Kind dazu, die Heidi, die haben wir mit drei Jahren den Großeltern weggenommen, da konnte die schon 'ne Flasche Bier zum Trinken an den Hals setzen. Die hatte dadurch aber schon Schäden. Beide waren Bettnässer bis zum zwölften Lebensjahr. Auch in Holland in den Ferien, wohin wir sie mitnahmen, als sie schwimmen konnten, haben die beiden immer noch Pampers tragen müssen.

Die Großeltern hatten das Recht, von Heidi in bestimmten Abständen besucht zu werden. Aber Heidi musste dann immer Bier holen für die beiden Alten. Und da war die Heidi schon elf, zwölf Jahre alt, da setzte sie sich eines Tages dem Pflegevater auf den Schoß und sagte: „Ich will da nie mehr hin!" Ich war damals gar nicht mehr für sie zuständig, aber die Pflegeeltern riefen mich an: „Frau Mosel, sie müssen das beim Jugendamt durchsetzen. Sie kennen die Heidi, dass die nicht mehr zu ihren Großeltern muss." Dann bekamen die Großeltern einen Brief: „Aus den und den Gründen geht das Besuchen nicht mehr, die Heidi möchte auch nicht mehr" ... Das Kind war von dem Tag an trocken. Die hat nie mehr ins Bett gemacht. Der Druck war weg.

Im November 2000 haben Mosels das Bauernhaus wieder besucht, weil eins ihrer Schützlinge sie zu ihrem 30. Geburtstag eingeladen hatte. Mit Freude erlebten sie, wie sie ihr – und ihrem Mann – um den Hals gefallen sind, stolz ihre netten Männer und Kinder vorgeführt haben.

1.1.3   Der Zusammenprall zweier Pflichten

Nein, das Gegeneinander von Pflicht und Neigung, wie es Kant unnachgiebig positioniert, scheint im Beruf nicht das Schwierige zu sein, auch wenn es immer wieder Seufzer entlocken mag. In der Praxis ist es vielmehr die Kollision, das Gegeneinander von zwei Verpflichtungen, das den von mir Befragten zu schaffen macht. Beide gleich vernünftig, beide gleich einsichtig, beide an Werten und gutem Willen orientiert. Also einen echten ethischen Konflikt bildend.

Die Sozialarbeiterin Christa Maurer ist angestellt worden, um die ambulanten Pflegedienste des Arbeiter-Samariter-Bundes in H. neu zu organisieren. Sie steht vor zwei Zielen:

1. Sie muss einen Mitarbeiter in der Probezeit gerecht beurteilen. (Er ist aber an einem anderen Ort. Sie kann sich also selbst keinen direkten Eindruck von seiner Arbeit verschaffen.)
2. Sie muss ihn beurteilen, ohne hinter ihm her zu spionieren. Beides gleichzeitig macht ihr zu schaffen:

C.M. Ich hatte da neulich eine Situation, dass mir über einen Sozialarbeiter Verschiedenes zugetragen wurde, dass er nicht richtig arbeitet. Der war noch in der Probezeit. Aber dann war es immer so: Hören-Sagen – von da – von dort. Aber immer, wenn ich mit ihm gesprochen habe, sah das etwas anders aus. Das war für mich eine ganz schwierige Situation. Ich war auch etwas unter Zeitdruck, weil die Probezeit ablief. Ich musste mich fragen: „Ist das, was ich jetzt höre, so gravierend, dass ich sagen muss: Nein, das geht mit ihm nicht!? – Oder tut ihm vielleicht jemand Unrecht und das ist gar nicht so, wie ich es jetzt höre? Wem soll ich glauben?"
Wir haben das mehrmals miteinander besprochen. Es war mir selber fast unmöglich, mir selbst einen Eindruck zu verschaffen. Ich habe ihm zuerst gekündigt, dabei auch gesagt, dass mir ganz unwohl dabei ist und dass ich es trotzdem nicht anders sehe. Dann sprach ich mit den anderen und habe fast das Gegenteil gehört. Ich habe dann die Kündigung zurückgenommen. Aber es kamen immer wieder irgendwelche Vorwürfe. Und immer wieder musste ich mit ihm spre-

chen und seine Sicht dazu hören – was dann letztendlich dazu geführt hat, dass e r kürzlich gekündigt hat. Und ich muss sagen: Ich bedaure das. Ich weiß nicht, ob ich ihm gerecht geworden bin, ob ich ihm nicht Unrecht getan habe.

1.1.4   Die wahre Aufgabe der Sozialarbeiter

Und wenn es wirklich doch einmal um einen Widerspruch von Pflicht und Neigung im Dienst geht, dann hat eben die Pflicht Vorrang. Soweit bleibt Kant im Recht.

Aber die Sorte Gerechtigkeit und die Sorte Pflicht, die das Strafrecht und etwa das Sozialrecht zu erfüllen verlangen, die auch Kant vor Augen steht, ist eine andere, als die, welche die Soziale Arbeit vorantreiben will und kann.

Auf dem Sozialamt z.B. wird Armut möglichst gerecht eingeschätzt, bevor Hilfe zum Lebensunterhalt bewilligt wird:

> „Da müssen auch die Geschenke der Kleinen, die Sparbücher der Kinder mit dem Geld von der Konfirmation noch berücksichtigt werden – und die Sparbücher müssen aufgelöst werden",

erklärte schon lange vor Hartz IV bekümmert ein Gruppenleiter bei einem Sozialamt in Westfalen, der auf keinen Fall genannt werden wollte.

Die Träger-Institutionen sozialer Arbeit jedoch laden ihren Angestellten andere Verpflichtungen auf. Ein Sozialarbeiter, angestellt bei der AWO, hat nicht die Pflicht, Gerechtigkeit zu schaffen, sondern er hat die Pflicht zu helfen. Einen Suchtkranken bei seinen Befreiungsversuchen aus der Sucht zu unterstützen, eine Mutter bei ihren Befreiungsversuchen von ihrer egoistischen magersüchtigen Tochter – zwei kleine Beispiele. Und alle „Klienten" dazu zu befähigen, ein menschenwürdiges, selbstbestimmtes Leben zu führen. Wenn es sein muss, durch Anträge auf Sozialhilfe. Das ist seine Pflicht.

Wie sieht das in der Praxis aus? Hier ein Beispiel:

Knut Bergmann, Leiter der Betreuungsstelle/Amtsvormundschaften im Kreis Fürstenstadt.

Für die 14 Erwachsenen, deren Betreuung ihm nach dem neuen Vormundschaftsrecht übertragen worden ist, versucht er, die Leistungen, die ihnen vom Sozialamt zustehen, unbedingt durchzusetzen. Die Klienten selbst werden zuweilen auf dem Sozialamt heruntergeputzt oder abgewimmelt. Aber da Bergmann früher selber einmal Leiter eines Sozialamtes war, weiß er auch heute noch genau, welche Leistungen, welche Beträge ihnen zustehen. Er hilft ihnen, indem er sie zum Widerspruch durch Informationen und Ermutigung fit macht. Und nicht nur da. Er berichtet:

> K.B. Ein von mit betreuter Alkoholiker will auf keinen Fall aus seiner Wohnung. Sie ist so dreckig und riecht so penetrant nach Urin, dass selbst verschiedene Handwerker sich weigern, Reparaturen in der Wohnung auszuführen. Wenn ich diesen Betreuten besuche, gibt es nur einen Besuchersitzplatz, der nicht nass von Urin ist. Dass die von mir für ihn gewünschte Heimunterbringung Kosten zu Lasten der Allgemeinheit verursacht, würde mich nicht interessieren. Aber ich frage mich: Was ist nun das wahre Wohl des Betreuten? Bleiben massiv psychisch Kranke oder auch erheblich Suchtkranke in ihren Wohnungen, machen sie sich im sozialen Umfeld schnell sehr unbeliebt, und es ist schwer für sie ehrenamtliche Betreuer aus dem familiären oder nachbarschaftlichen Umfeld zu finden. So muss ich es selber tun. Denn ich unterstütze sie in ihrem Wunsch, in ihrer Wohnung zu bleiben.

Hier handelt einer aus Neigung zu helfen, indem er die Autonomie seines Schützlings zu sichern sucht – und tut seine Pflicht.

1.2 Zweiter Konflikt: Wahrheit gegen Bequemlichkeit (Lüge)

1.2.1 Die Prüf-Lineale oder Maßstäbe

Schauen wir uns Kants Pflichtethik weiter an. Der erste kategorische Imperativ lautet in einer etwas anderen Formulierung:

> Immanuel Kant:
> „Ich soll niemals anders verfahren als so, daß ich auch wollen könne, meine Maxime solle ein allgemeines Gesetz werden." (1785, 28)

Das Quasi-Logische an dieser Regel weist Kant an vier Prüf-Fällen quasi im Ausschlussverfahren nach, indem er aus Verboten Gebote konstruiert. Was wäre, wenn geboten wäre:

1 ... ein Versprechen in der Not zu geben, aber schon zu wissen, dass man es nicht halten wird? Zum Beispiel: Sich Geld zu leihen, sicher wissend, dass man es nicht zurückgeben wird. So bequem dies dem Menschen im Moment sein mag, so kann er doch nicht wollen, dass es ein allgemeines Gesetz werde: ‚Versprich ruhig, aber löse dein Ver-

sprechen nicht ein. Leih dir Geld, aber zahl nicht zurück.' Er würde ja bald selber keinem Versprechen mehr trauen können.

Und bald würde keiner keinem mehr Geld leihen.

2 ... sich bei Lebensüberdruss im Alter selber umzubringen? Der Mensch hat nicht nur Pflichten gegen andere, sondern auch gegen sich selbst. Eine solche Pflicht ist es, glücklich zu sein. In den späteren Lebensjahren überwiegt oft das Unglück, dann möchte sich einer vielleicht das Leben nehmen. Aber das kann durch kein Naturgesetz gerechtfertigt werden. Denn die Natur will Leben fördern und wachsen lassen. Ein Gesetz: „Bist Du unglücklich, so töte dich selbst, dazu bist Du verpflichtet!", kann es nicht geben.

3 ... eigene Begabungen zu vernachlässigen? „Ein dritter findet in sich ein Talent, welches vermittelst einiger Kultur ihn zu einem in allerlei Absicht brauchbaren Menschen machen könnte. Er sieht sich aber in bequemen Umständen (reicher Erbe) und zieht vor, *lieber* dem Vergnügen nachzuhängen, als seine glücklichen Naturanlagen weiter auszubilden." Natürlich steht es einem solchen Begabten, aber Faulen frei, „seine Talente rosten zu lassen (so wie die Südsee-Einwohner)". Aber richtig gehandelt ist das nicht. Denn ein allgemeines Naturgesetz „Leg dich auf die faule Haut im Leben!", wäre nicht vorstellbar. Talente und Fähigkeiten sind dem Menschen (von der Natur, von Gott?) „gegeben". Sie dürfen nicht brach liegen bleiben.

4 ... einem Notleidenden nicht zu helfen. Das wäre oft angenehmer und bequemer. Kann aber niemand als allgemeines Gesetz wollen, denn er könnte ja selbst einmal der „Liebe und Teilnahme bedürfen" und würde sich durch ein solches Gesetz „selbst alle Hoffnung des Beistandes, den er sich wünscht, rauben." (Kant 1785, 51–54)

Fazit für Kant: Die Vernunft gebietet uns glasklar, ein untadeliges Leben zu führen und sagt uns zugleich, wie dieses Leben jeweils auszusehen hat. Der Mensch muss bloß sein Prüf-Lineal anlegen: Für alle tauglich? Nein, nicht für alle! Also halt! Für alle tauglich? Ja, für alle Menschen und alle Situationen! Dann los!

Es klingt sehr einsichtig.

Um wie viel komplizierter sich die Frage nach dem richtigen Handeln in Krisensituationen sozialer Arbeit stellt, zeigen die beiden Erfahrungen aus dem

Arbeitsalltag von Frank Weiß, 40. Ich habe das Interview mit ihm hier ausnahmsweise einmal in Erzählform wiedergegeben, damit das Dramatische seiner
Entscheidung deutlicher herauskommt:

1.2.2   Frank W.: Auf dem Balkon

„Geschafft!" Der junge Polizist atmet tief durch. Das Messer ist nun in seiner
Hand. Endlich hat er es dem Albaner oben auf dem Balkon abgenommen. Zwei
Stunden fuchtelte der damit herum, drohte und schrie: „Wir nicht weg. Wir
nicht weg!" Hatte abwechselnd die Spitze des Messers dem schreienden Baby in
seinen Armen an die Kehle gehalten, dann wieder auf Frank gerichtet.
Frank ist kein Anfänger mehr. Als Bereitschaftspolizist hat er jede freie Minute
berufsbegleitend Sozialpädagogik studiert. Nicht gerade eine Spielerei, aber es
hatte sich gelohnt. Nun haben ihn seine Vorgesetzten bei der Polizei einer Spe-
zialeinheit zur Entschärfung von Konflikten zugewiesen, für die er sich bewor-
ben hatte.
Mit Selbstmordkandidaten, Geiselnehmern und Durchgeknallten hat er geschickt zu verhandeln gelernt. Oft gelang ihm ein Kompromiss – eher, wenn er
in Zivil gekleidet war, als in Uniform.
Aber dieser Albaner war ein harter Brocken. Doch nun hält Frank die Waffe in
der Hand und das schreiende Kleinkind liegt wieder in den Armen der Mutter.
Der Alarm war gegen elf Uhr gekommen. „In Drespe steht ein Ausländer mit
einem Messer auf dem Balkon und schreit rum. Droht, sich und das Kind in
seinen Armen umzubringen! Soll heute raus. Die Maschine nach Tirana über
Frankfurt geht um 14.00 Uhr von Wahn. 4 Plätze sind gebucht. – Ende."
Die Feuerwehr war ausgerückt, die Polizei hatte über zwei Stunden verhandelt.
Da fiel Frank ein Ausweg ein. Nach zwei längeren Telefonaten kam ein Kollege
von der Ausländerpolizei vorgefahren. Blaulicht, Sirene, Reifenquietschen! Er
rannte mit zwei weißen Zetteln herbei: „Die Rückführung kann um sechs Wochen verschoben werden!"
Nun hatte Frank etwas in der Hand. Ein offizielles Schreiben vom Ausländeramt
mit zwei Stempeln und Unterschriften. Aber er musste weiter mit dem Vater
verhandeln. Er berichtet:

> F.W. Ich versuchte ihm, aber auch der Frau und den beiden älteren Kindern klar
> zu machen: „Die Polizei geht hier nicht weg. Von einem deutschen Vater, der
> mit einem Fleischermesser auf dem Balkon steht, würden wir auch nicht weg-
> gehen. Das hat mit Abschiebung nichts zu tun!" Endlich gab der Mann nach. Ich
> nahm das Messer, die Frau verschwand mit dem Kleinen in der Wohnung.

Geschafft!

Während Frank noch zufrieden dasteht und dem Vater aufmunternd zunickt, fahren plötzlich zwei weitere Streifenwagen vor. Polizisten stürmen auf das Grundstück, auf den Balkon, legen dem Albaner Handschellen an, drängen ihn, die Mutter mit dem Baby und die zwei größeren Kinder in die Autos. Ab zum Flughafen.

> Da hatte dann, erregt sich Frank, irgend jemand hinter meinem Rücken, ohne uns etwas zu sagen, beschlossen: Egal was jetzt passiert, wenn wir den Flieger jetzt noch kriegen, dann machen wir das so. Da habe ich dann lange drüber nachgegrübelt, ob ich da nicht selbst bei dieser beschissenen Situation mitgewirkt habe. Weil ohne dieses Schriftstück, – was ja nicht gefälscht war (so was machen wir auch schon mal, wenn's der Sache dient, aber in diesem Fall war's ja ein echtes Schreiben) – hätte der Albaner ja nicht aufgegeben. Ich war empört. Ich konnte den Druck nicht erkennen, warum jetzt plötzlich die ganze Familie, nur weil der Flieger um 14 Uhr ging ... wenn der weg gewesen wäre, hätte man sich ja sowieso etwas anderes überlegen müssen.

Kompliziert, ja. Aber muss Kant deswegen nun beiseite geschoben werden?

Frank hat ja nicht das grundlegende Problem: „Wie weit darf ich mit Lügen und falschen Versprechen gehen, um Mord oder Selbsttötung zu verhindern?" Für solche Überlegungen war er relativ gut ausgerüstet. Im Ethik-Unterricht hatte er nicht nur Kant, sondern zum Beispiel die Verantwortungsethik, den Utilitarismus vor und rückwärts deklinieren müssen: „Handle stets im Blick auf das Ziel, das größtmögliche Glück für die größtmögliche Zahl von Menschen zu schaffen."

Jede Lüge ließ sich so lange mit dieser Formel vom größtmöglichen Glück rechtfertigen ... so lange, wie sie nicht aufgedeckt wurde. In der Regel konnte man wohl den Versprechungen der Ordnungsmacht Vertrauen schenken. Menschen wollen einander in Notsituationen nicht ungerne glauben. Falls es sich freilich herumgesprochen hätte: „Wenn die Polizei auf deine Forderungen einzugehen verspricht, dann glaub ihnen nicht! Die tun nur schön, um dich von deinen Plänen abzubringen!", dann wären die Beteuerungen und Versprechen bald überflüssig geworden, weil sie wirkungslos gewesen wären.

Aber noch war es nicht so weit. Noch war durch Lügen noch nicht in weitestem Umfang „die Rechtsquelle (der Wahrheit) unbrauchbar gemacht" (Kant). Noch glaubte der Asylbewerber dem Schreiben mit den beiden Stempeln und ließ sein Messer aus der Hand. Und deshalb verunsicherten Frank nicht Zweifel daran, ob er selbst die richtigen Mittel anwandte, um andere zu retten. Da war er sich ziemlich sicher. Ihn schockierte vielmehr die plötzliche Entdeckung, dass er selbst gelinkt worden war. Übers Ohr gehauen, in gutem Glauben gelassen. Und diese Erkenntnis zog ihn mit einem Mal in den Strudel eines ethischen Dilemmas hinein:

Kann er, ob als Polizist, ob als Sozialpädagoge, einer Landesregierung rechtschaffen und Recht schaffend dienen, die blanke Gewalt über die Legalität triumphieren lässt? Kann er als Polizist wie als Sozialpädagoge in einem politischen System rechtschaffen arbeiten, das Familien „rasch mal eben" in die Falle lockt?

Solange es nicht publik wird.

Plötzlich schien ihm das Nicht-Lügen als Rechtsquelle in großer Gefahr, unbrauchbar zu werden.

> F.W. Da kamen mir dann so grundsätzliche Überlegungen: Die steigen jetzt drei Stunden später irgendwo aus, in irgendeinem Land, ohne Gepäck, ohne irgendwas! Was haben wir eigentlich für eine Abschiebepraxis?!
>
> Dann habe ich mit einem Vertreter des Ausländeramtes gesprochen. Ich habe sie gefragt, was das denn sollte. Du weißt, dass mein Job zu 80% aus Lügen besteht. Das macht mir auch nichts, das ist mir auch egal. Nur wenn ich ausnahmsweise mal meinte, nicht lügen zu müssen, mit deren amtlichem Schreiben in der Hand, dann stehe ich doch selbst am Schluss in den Augen der Albaner als Betrüger da.

Frank ist mit seinem Bericht über ein moralisches Problem in seinem Berufsalltag fertig. Und lässt mich mit dem Begriff „Legalität" neu über Sozialethik nachdenken. Mit wie wenig oder wie viel Unrecht, mit wie viel Lüge muss jeder Mensch, jeder Politiker und auch jeder Angehörige eines helfenden Berufes fertig werden, um weiter arbeitsfähig zu sein und nicht zusammenzubrechen? Der Schmerz darüber, belogen worden zu sein, sollte Frank zu einem aufrichtigen Menschen machen. Wir werden sehen, dass das so fix nicht geht. Wie viel Ertragen von Doppeldeutigkeiten, wie viel Aufenthalt in der Grauzone zwischen Lüge und Wahrheit ist erforderlich? Wo beginnt die Aufrichtigkeit zu schmerzen, weil sie plump und verletzend ist? Wo tut die Lüge wohl, weil sie rücksichtsvoll ist?

Darf man auf diese Fragen bei Kant Antwort suchen?

Gewiss, aber wir ahnen schon, dass die Antwort schockierend sein wird.

1.2.3 Immanuel Kant: Das Versiegen der Rechtsquelle Wahrheit

Kants Absage an das Lügen scheint auf den ersten Blick und auch noch auf den 99. Blick kompromisslos. Er geht über Leichen, buchstäblich!

47

Zu den wenigen Sätzen, die Studierende auswendig können müssen und die ich deshalb abfrage, gehört der oben bereits zitierte kategorische Imperativ, eine „Anweisung ohne wenn und aber". Schauen wir ein zweites Mal genauer, was er damit sagen will:

Immanuel Kant:
„Handle nur nach derjenigen Maxime, durch die du zugleich wollen kannst, daß sie ein allgemeines Gesetz werde!"

Als Maxime bezeichnet Kant das „subjektive Prinzip des Wollens", das für uns schwache Normalbürger gilt, bei denen die Vernunft (noch) nicht „die volle Gewalt über das Begehrungsvermögen hat". Für dieses Wollen haben wir bereits sein Prüfmaß kennengelernt: Könnte es für alle verpflichtend sein, könnte es Gesetz für alle werden?

Ein Beispiel: Die Sonne scheint. Ich möchte heute Fahrrad fahren. Im Sonnenschein Fahrradfahren entspringt einer Neigung, einem total beliebigen kleinen Wunsch. Das kann keinesfalls als Maxime, als subjektives Prinzip des Wollens gelten.

Wohl aber meine Entscheidung, kurze Einkaufstrips nicht mehr so oft mit dem Auto zu machen, sondern kleinere Besorgungen per Rad zu erledigen.

Nach Kant darf ich auch nicht stehlen. Denn ich müsste nicht nur befürchten, daraus entstehe das Gesetz „Stehlt alle", und ich würde selbst bestohlen. Das ist zwar unangenehm, aber nur für mich. Es wäre vielmehr das Rechtsgut „Eigentum" als solches in Gefahr. Die Rechtsquelle Vernunft/Pflicht wäre unbrauchbar. Dass dies nicht geschehe, darum geht es Kant letztlich. Absurde Szenen von Erhaschen, Weglaufen, Verstecken oder Konsumieren der Gegenstände, rasch, ehe der andere es mir wegnimmt, wären die Folgen. Eigentum als solches wäre dem Begriffe nach ein Relikt der Vergangenheit. George Orwell hat das in seiner Gegen-Utopie „1984" grausig dargestellt.

Nicht einmal die Maxime „Ich will mich mit großer Sorgfalt um meine Gesundheit kümmern", wäre sinnvoll. Wenn alle nur noch an ihre Gesundheit dächten, gäbe es bald nur Kranke und Neurotiker, und die Gesundheit wäre ausgestorben.

Schon gar nicht aus Menschenliebe darf man nach Kant lügen. Würde die Maxime meines Wollens lauten: „Ich lüge, wann immer es mir passt", dann bin ich nicht nur persönlich ein kleiner Lügner, sondern ich vernichte damit das Rechtsgut der Wahrheit. Denn wenn ich wollen kann, dass alle lügen, dass das

Lügen gar zum Gesetz für alle wird, dann ist die Unterscheidung in Lüge und Wahrheit als solche bald Makulatur, Kommunikation wird unmöglich.

Kant stand damals mit dieser Entscheidung nicht allein. Ich skizziere kurz den Schlagabtausch in der Kontroverse, die ausführlich in der neuen Kant-Biographie von Steffen Dietzsch nachzulesen ist (Dietzsch 2003, 210ff.). Die Frage, ob und wann Lügen erlaubt sein könne, wurde in der zweiten Hälfte des 18. Jh. in Deutschland und Frankreich ausführlich bedacht. So sehr, dass Friedrich der Große, der selbst 1741 entschieden hatte, „dass Lug und Trug sich niemals wird behaupten können", in seinem Urteil schwankte und je erfahrener er als König und Politiker wurde, die Nützlichkeit der Lüge einräumte. Damit freilich nicht zufrieden, wies er 1777 die überraschte Preußische Akademie der Wissenschaften an, einen Preis auszusetzen für die beste schriftliche Arbeit zu diesem Thema. 42 Zusendungen gingen ein. Mehr als je zuvor. Die meisten argumentierten für Aufrichtigkeit.

1773 hatte der Göttinger Theologe Johann David Michaelis die „Verpflichtung des Menschen, die Wahrheit zu sagen" betont und geschrieben, dass

„die Lüge gegen einen Mörder, der uns fragt, ob unser von ihm verfolgter Freund sich nicht in unser Haus geflüchtet, ein Verbrechen sein würde."

Kant hielt es für möglich, dass auch er „an irgend einer Stelle, deren er sich aber itzt nicht mehr besinnen kann" dies so geschrieben habe. Der französische Philosoph Benjamin Constant kritisierte dies 1797:

„Die Wahrheit zu sagen ist also eine Pflicht, aber nur gegen denjenigen, welcher ein Recht auf die Wahrheit hat. Kein Mensch aber hat Recht auf eine Wahrheit, die anderen schadet."

Kant greift nun mit seiner kleinen Schrift „Über ein vermeintes Recht aus Menschenliebe zu lügen" in die Debatte ein. Nein, auch in diesem Falle müsse man dem mordlustigen Verfolger wahrheitsgemäß antworten, der Gesuchte halte sich im Haus versteckt. Wie Kant sich in seiner Argumentation herausredet, ist einfach peinlich:

Immanuel Kant:
„Hast du nämlich einen eben jetzt mit Mordsucht Umgehender durch eine Lüge an der Tat verhindert, so bist du für alle Folgen, die daraus entspringen möchten, auf rechtliche Art verantwortlich. Bist du aber strenge bei der Wahrheit geblieben, so kann dir die öffentliche Gerechtigkeit nichts anhaben; die unvorhergesehene Folge mag sein welche sie wolle. Es ist doch möglich, daß, nachdem du dem Mörder, auf die Frage, ob der von ihm Angefeindete zu Hause sei, ehrlicherweise mit Ja geantwortet hast, dieser doch unbemerkt ausgegangen ist, und so dem Mörder nicht in den Wurf ge-

kommen, die Tat also nicht geschehen wäre; hast du aber gelogen, und gesagt, er sei nicht zu Hause, und er ist auch wirklich (obzwar dir unbewusst) ausgegangen, wo denn der Mörder ihm im Weggehen begegnete und seine Tat an ihm verübte: so kannst du mit Recht als der Urheber des Todes desselben angeklagt werden. Denn hättest du die Wahrheit, so gut du sie wußtest, gesagt: so wäre vielleicht der Mörder über dem Nachsuchen seines Feindes im Hause von herbeigelaufenen Nachbarn ergriffen, und die Tat verhindert worden. Wer also lügt, so gutmütig er dabei auch gesinnt sein mag, muß die Folgen davon, selbst vor dem bürgerlichen Gerichtshofe, verantworten und dafür büßen: so unvorhergesehen sie auch immer sein mögen; weil Wahrhaftigkeit eine Pflicht ist, die als die Basis aller auf Vertrag zu gründenden Pflichten angesehn werden muß, deren Gesetz, wenn man ihr auch nur die geringste Ausnahme einräumt, schwankend und unnütz gemacht wird. Es ist also ein heiliges, unbedingt gebietendes, durch keine Konvenienzen (Bequemlichkeiten) einzuschränkendes Vernunftgebot: in allen Erklärungen w a h r h a f t (ehrlich) zu sein." (Kant 1777, 639)

Im Hörsaal
Semester für Semester drücke ich mich bei der Behandlung des kategorischen Imperativ um diesen Text herum. Freilich nicht um die Problematik. Denn den Studierenden diese Passage vorzustellen, würde meine Versuche, ihnen den ohnehin schwer verständlichen Kant nahezubringen als Philosophen der Mündigkeit und der Selbstbestimmung, sofort entwerten. Die Mädels rollten die Augen gen Himmel und grinsten. Die Männer klinkten sich schweigend aus. Aber lasse ich es in diesem Sommer einmal darauf ankommen!

1.2.4   99+1: Der Feind hat kein Recht auf die Wahrheit

Ich kann es auch darauf ankommen lassen, denn es gibt im Werk des Philosophen einige wenige Versuche zum Kompromiss. Immer die Wahrheit! Das sagt er unbeirrt 99 Mal. Und einmal sagt er, man brauche bei Konflikten nur gegenüber dem aufrichtig zu sein, der die Wahrheit nicht zur Gewalt missbraucht. Nur gegenüber dem, der einen Anspruch, ein Recht auf die Wahrhaftigkeit hat. Notlügen zum mindesten einem Feind gegenüber scheinen Kant nicht gegen die Vernunft.
In drei Mitschriften einer Ethik-Vorlesung durch seine Studenten heißt es übereinstimmend, der Herr Professor habe gesagt:

Immanuel Kant:

„Ich kann aber auch ein Falsiloquium (eine Falschaussage) begehen, wo ich Absicht habe, dem anderen meine Gesinnungen zu verhehlen, und wo der andere auch präsumieren (voraussetzen) kann, daß ich meine Gesinnungen verhehlen werde, indem er Gesinnung (Absicht) hat, von meiner Wahrheit einen Mißbrauch zu machen,

zum Beispiel ein Feind kommt mir auf den Hals und frägt mich, wo ich das Geld habe, so kann ich hier die Gedanken verhehlen, indem er die Wahrheit mißbrauchen will. Das ist noch kein Mendacium (Lüge), denn der andere weiß, daß ich meine Gedanken zurückhalten werde und daß er auch gar nicht Recht hat, von mir die Wahrheit zu fordern ...

Jede Lüge ist was Verwerfliches und Verachtungswürdiges, denn wir deklarieren einmal, unseren Sinn dem anderen zu äußern, und tun es nicht. So haben wir das Pactum gebrochen und wider das Recht der Menschheit gehandelt.

Wenn wir aber in allen Fällen der Pünktlichkeit der Wahrheit möchten treu bleiben, so möchten wir uns oft der Bosheit anderer preisgeben, die aus unserer Wahrheit einen Mißbrauch machen wollten ... Da die Menschen boshaft sind, so ist es wahr, dass man oft durch pünktliche Beobachtung der Wahrheit Gefahr läuft, und daher hat man den Begriff der Notlüge bekommen, welches ein sehr kritischer Punkt für einen Moral-Philosophen ist ... Und da hier der Grund nicht bestimmt ist, wo ein Notfall ist, so sind die moralischen Regeln nicht sicher, z.E. (= zum Beispiel) es frägt mich jemand, der da weiß, daß ich Geld habe: „Hast du denn Geld bei dir?" Schweig ich still, so schließt der andere daraus, daß ich es habe, sage ich „Ja", so nimmt er es mir ab, sage ich „Nein", so lüge ich.

Was ist hierbei zu tun? Sofern ich gezwungen werde durch Gewalt, die gegen mich ausgeübt wird, ein Geständnis von mir zu geben, und von meiner Aussage ein unrechtmäßiger Gebrauch gemacht wird und ich mich durch Stillschweigen nicht retten kann, so ist die Lüge eine Gegenwehr. Die abgenötigte Deklaration, die gemißbraucht wird, erlaubt mir, mich zu verteidigen. Denn ob er mir mein Geständnis oder mein Geld ablockt, das ist einerlei. Also ist kein Fall, wo meine Notlüge stattfinden soll, als wenn die Deklaration abgezwungen wird und ich auch überzeugt bin, daß der andere einen unrechtmäßigen Gebrauch davon machen will." (Kant 1780/1924, 286ff.,Hervorhebungen D.K.)

Kants strenge Mahnung zur Aufrichtigkeit behält ihr Recht. Sie findet sich in den Ethik-Codices der großen Kulturen der Welt. Die Erleichterung, selbst die

Wahrheit sagen zu können, wer kennt sie nicht. Die Verzweiflung, zu sehen, wie eine Lüge fortwährend weitere erzwingt, wer kennt sie nicht. Nur im Kontext eines geplanten Unrechts, so fordert Kant mit aller moralischen Strenge einmal, ist die Lüge als Gegenwehr erlaubt. 99 Mal argumentiert er gegen sie.

Im Hörsaal
> *Was werden die Studierenden sagen? Sie werden sagen: „Aber als sein Freund hilfesuchend an seine Tür klopfte, weil er verfolgt wurde, das war doch auch ein geplantes Unrecht. Warum konnte er denn da nicht lügen? Schützt er nur sein eigenes Geld?"*

1.2.5 Dietrich Bonhoeffer: Lügen um einer tieferen Wahrheit und besseren Ordnung willen

Den Spielraum, in einem konkreten Fall zwischen einer Lüge, einem der Lüge ähnlichen Verschweigen und einem treuherzigen oder brutalen Aufrichtigsein zu wählen, muss der mündige Mensch selbst ausmessen. Das Wagnis, nicht nur bei Lebensgefahr, sondern um einer besseren Zukunft willen einmal zu lügen (einmal!), nach langem Abwägen, nach sorgfältigem Befragen des Gewissens, ist keine Überforderung.

Aber sie ist dennoch den Deutschen durch das Verbot Kants, „aus Menschenliebe zu lügen" erschwert worden. Dietrich Bonhoeffer und viele der Männer vom 20. Juli 1944 litten unter der Last der Pflicht zur Aufrichtigkeit. Die Aufforderung zur Ehrlichkeit waren sie gewöhnt, das hatten ihnen Eltern und Lehrer nicht ohne Strenge eingetrichtert, das war der Stolz der Deutschen, das verlangten sie von sich selbst.

Der Blick auf die Verlogenheit eines ganzen Denksystems, einer ganzen Gesellschaft war damit vielen dennoch verstellt. Etwa im Nationalsozialismus: An das Märchen von der Überlegenheit des arischen, des nordischen Menschen sollten viele glauben. Sie sahen darin das Verlogene nicht. Aber der SS-Helfer, der beim Kleiderzählen der Ermordeten im KZ schwindelte und für die Freundin zu Hause einen Mantel beiseite schaffen wollte, konnte für diese Tat grausam bestraft werden.

Und heute? Dass die Chancengleichheit aller in der freie Marktwirtschaft eine große Lüge ist, hat schon Marx zu entlarven versucht. Wer glaubt ihm? Global Players ziehen unserer Wirtschaft den Boden unter den Füßen weg, vernichten Arbeitsplätze. „Das ist Propaganda der Grünen und sicher übertrieben!", heißt es. Aber wer bei der Steuererklärung irrtümlich einen Unterhaltungsroman als Fachliteratur angibt, provoziert eine Rückfrage des Finanzamtes.

Es war für die Männer des 20. Juli auch der Stolz auf die private Aufrichtigkeit, der das Planen des Attentats auf den Tyrannen erschwerte. „Der deutsche Mensch hasst die Lüge! Er ist gerade und aufrichtig. Im Unterschied zu Polen und Franzosen." Wie schwer war es, diesen Stolz zu missachten! Wie gerne glaubte man Kant! Aber wie wichtig ist es für die Deutschen bis heute, dass es die Männer vom 20. Juli gab, die ihr Gewissen quälten und vor ihrem Gewissen gequält wurden „aus Menschenliebe", aus Sorge um Deutschland.

So ist auch Dietrich Bonhoeffers Text „Was heißt: Die Wahrheit sagen?", von einer Tiefe und Differenziertheit, dass er neben Kant in jedes Ethik-Seminar gehört. Ihm ist das folgende Zitat entnommen:

Dietrich Bonhoeffer:
„Wie das Wort zwischen Eltern und Kindern deren Wesen gemäß ein anderes ist als das zwischen Mann und Frau, zwischen Freund und Freund, zwischen Lehrer und Schüler, zwischen Obrigkeit und Untertan, zwischen Freund und Feind, ebenso ist die in diesen Worten enthaltene Wahrheit eine verschiedene ... Wenn diese verschiedenen Ordnungen des Lebens sich nicht mehr gegenseitig achten, dann werden die Worte unwahr. Ein Beispiel: ein Kind wird von seinem Lehrer vor der Klasse gefragt, ob es wahr sei, daß sein Vater oft betrunken nach Hause komme? Es ist wahr, aber das Kind verneint es. Es ist durch die Frage des Lehrers in eine Situation gebracht, der es noch nicht gewachsen ist. Es empfindet nur, daß hier ein unberechtigter Einbruch in die Ordnung der Familie erfolgt, den es abwehren muß. Was in der Familie vorgeht, gehört nicht vor die Ohren der Schulklasse ... Der Lehrer hat die Wirklichkeit dieser Ordnung mißachtet. Das Kind müßte nun in seiner Antwort einen Weg finden, auf dem die Ordnung der Familie wie der Schule in gleicher Weise gewahrt bliebe. Es kann das noch nicht, es fehlt ihm die Erfahrung, die Erkenntnis und die Fähigkeit des rechten Ausdrucks. Indem es die Frage des Lehrers einfach verneint, wird die Antwort zwar unwahr, aber sie gibt doch zugleich der Wahrheit Ausdruck, daß die Familie eine Ordnung sui generis ist, in die der Lehrer nicht berechtigt war einzudringen. Man kann nun zwar die Antwort des Kindes eine Lüge nennen; trotzdem enthält diese Lüge mehr Wahrheit d.h. sie ist der Wirklichkeit gemäßer, als wenn das Kind die Schwäche seines Vaters vor der Schulklasse preisgegeben hätte." (Bonhoeffer 1943–44/1969, 385–390)

Kann man die formal wahrheitswidrige Aussage stets eine Lüge nennen? Hat nicht der Lehrer hier eigentlich gelogen?, fragt Bonhoeffer weiter.
Wie schwierig ist es, zu sagen, was Lüge eigentlich ist!

Frank, der junge Polizist, so scheint mir, weiß es ziemlich gut. Aber er hat keine Kraft, sich gegen seine Kollegen zu wehren. Hören wir ihn noch einmal:

1.2.6   Frank W.: Vor der Tür

Frank hatte in dem Verhandeln mit dem albanischen Flüchtling auf dem Balkon einmal nicht gelogen, obwohl falsche Versprechen zu seinem Job gehören, wie er sagt. Er war aber von seinen Kollegen belogen worden. Das Schwierige für ihn ist nun, in einer Organisation weiter zu arbeiten trotz erschüttertem Vertrauen.
„Frank", sage ich in dem langen Interview, das er mir gewährte, „danach habe ich eigentlich nicht gefragt. Nicht wo Du gelinkt oder belogen worden bist, sondern wo Du selber etwas getan hast, bei dem Dir nicht wohl ist – bis heute. Im Falle des albanischen Vaters stehst Du vor Dir selber und vor mir als Held da."
Er denkt kurz nach, gibt sich dann einen Ruck und sagt mit Ernst:
F.W. Dann diese Erfahrung hier:
Ein Mann hat bei der Polizei Münster angerufen und ganz wilde Drohungen ausgestoßen. Er wollte irgendwelche Ärzte in irgendeinem Krankenhaus umbringen und danach sich selber. So wollte er sich Zugang erzwingen zu seiner geschiedenen Frau, die auf der Intensivstation angeblich im Koma lag. Aber nicht die Ärzte verwehrten es ihm, sondern wohl seine Tochter. Er hatte seinen Namen nicht gesagt, aber wir fanden heraus, wer es ist. Ratlosigkeit: „Hat er eine Pistole? Wir können doch nicht einfach so klopfen." Er wollte auch einen Psychologen sprechen. Wieso er dazu bei der Polizei angerufen hat, war nicht so klar. Also habe ich bei ihm angerufen, mich als Psychologe ausgegeben: ich betreute die jungen Kollegen in der Ausbildung und hätte jetzt erfahren, dass er bei der Leitstelle angerufen habe. „Aha, da haben Sie also doch meine Nummer rausgekriegt!"
Ich erfuhr dann die haarsträubendsten Geschichten: Da er selbst auch schon in psychiatrischer Behandlung war, hatte man ihm – auf Betreiben der Tochter – verbieten können, das Krankenhaus zu betreten. Sein Nachbar sei gestorben vor seinen Augen in der Wohnung – und lauter solche wilden Geschichten. Er sagte auch, er habe heute Abend noch einen Termin bei seiner Psychologin. Er nannte auch deren Namen, die gab es wohl auch. Warum er dann, wenn er schon psy-

chologisch betreut würde, bei der Polizei angerufen hätte, hin und her, es kam auch nicht richtig raus alles.

Dann habe ich mich mit ihm verabredet: Mir gefällt unser Gespräch am Telefon nicht. Ich denke, ich könnte mal bei Ihnen vorbeikommen. Oder könnten Sie zu mir kommen? Im Laufe des weiteren Gesprächs am Telefon habe ich dann herausgefunden: Das ist ein ganz armes Schwein, gar nicht gefährlich. Der erwartet jetzt, dass der Psychologe Weiß gleich kommt und sich mit ihm unterhält. Unterdessen wurden von den Kollegen aber schon Pläne geschmiedet. Wie man das gleich macht, mit fünf Mann, wie man ihn festnimmt. Dabei war mir doch ganz klar: Das ist eine ganz elende Haut. Das ist überhaupt nicht nötig. Er erwartet, dass gleich Professor Doktor Weiß kommt.

Wir klingelten dann bei ihm. Er fragte durch die Anlage: „Ja??"

Ich sagte: „Ich bin Weiß, ich bin zu einem Gespräch gekommen." Ich hatte ihn noch angesprochen und den Kollegen signalisiert: „Ihr macht dann den Rest."

Und plötzlich standen wir zu fünf Polizisten in seiner Bude. Überfallkommando für Schwerverbrecher. Der Mann war völlig fertig. Drei tödlich quälende Minuten. Ich habe mich für mich geschämt. Dreimal hatte ich mit ihm telefoniert und ihn nun so belogen.

Ich hätte meine eigenen Kollegen mehr bedrängen müssen: „Also Leute, das müssen wir nicht tun!"

Ich habe dann nachher auch noch mit ihm gesprochen, habe ihm erklärt, dass wenn er mit der Pistole droht ... – es ging dann auch noch so einigermaßen. Er hat sich dann beruhigt. Aber diese ersten drei Minuten: Überfallkommando, für Schwerverbrecher gedacht, aber nicht für ihn. Wie gesagt, Lügen ist 80% unseres Jobs, meistens als Mittel zum Zweck, da kann ich auch mit leben. Aber manchmal geht es eben auch schief.

Wie gesagt, das wäre eine solche Geschichte," schließt Frank Weiß seinen Bericht.

Frank hatte vor Jahren nicht aus einer Laune heraus das Studium der Sozialpädagogik begonnen. Es ist ihm neben seinen Einsätzen und Diensten schwer genug gefallen. Aber einige Methoden der Polizei erschienen ihm, selbst für einen „guten Zweck", zu brutal.

Welche Ethik könnte aber im Gespräch mit ihm nun wirklich greifen? Da er vom Weiterleben und dem weiteren Schicksal des Mannes nichts weiß – er ist ja kein Ortspfarrer oder Seelsorger, der seinen Gemeindegliedern auch weiterhin nachgeht –, können wir keine utilitaristische Erfolgsethik zu Rate ziehen, wie sie in Kap. 3 noch vorgestellt wird. Aber die Kantsche Pflichtethik kann es auch nicht sein. Sie ist in seinem Beruf schlicht und einfach nicht zu verwirklichen. Sein Dilemma ist ja, dass er zwar Sozialarbeit und Ethik studiert hat, weil er mit manchen Zuständen in der Polizei unzufrieden ist, aber dann doch weiterhin bei der Polizei einen anspruchsvollen Beruf ausfüllt. Er braucht das sichere Gehalt. Er braucht das Gefühl der eigenen wertvollen Funktion. Nicht zuletzt will er seine Unkündbarkeit als Beamter nicht aufgeben.

1.2.7 Lügen müssen

Zur Lüge gedrängt zu werden, ist die häufigste Form, in der Sozialarbeiter Unrecht erleiden. Aber was ist Unrecht? – Kant hat, so sahen wir, in seiner Ethik der Aufklärung auf dem Wahrheit-Sagen bestanden. Denn er sah darin eine der wichtigsten Voraussetzungen für innere und äußere Freiheit. Wir haben dies nicht im Rahmen einer missverstandenen dürren Pflichtethik zu interpretieren. Aufrichtigkeit schenkt Freiheit. Ich konnte in vielen Interviews hören, dass Aufrichtig-Sein im Arbeitsalltag für SozialarbeiterInnen zu einer Frage von Recht oder Unrecht wurde. Und zu einer schweren Belastung. Lügenmüssen tut weh.

Ob etwas recht oder unrecht sei, ist ja lange, lange Diskussionsgegenstand unter den Studierenden. Aber wenn es weh tut, sind sich plötzlich alle einig. Kein sozialer Unterschied, keine individuelle Sichtweise, kein cultural gap, kein „Das muss doch jeder selbst am besten wissen!" mehr. Mit diesen Relativierungen wollen Studierende ja zuweilen ihre Ablösung von den Normen des Elternhauses signalisieren, ihre Freude über die neue Freiheit als Student, über die neue Phase der Individuation.

Mit dem Gefühl, alles ist richtig, ist gut, ist erlaubt, wenn es mir nur gefällt und ich „ja" dazu sagen kann, betreten sie dann das Ethik-Seminar: Weg mit der Spießer-Moral!

In der ersten Stunde bitte ich sie, in Kleingruppen Verhaltensweisen zusammenzustellen, die alle gleichermaßen als verwerflich verurteilen. Da ist dann weniger von den zehn Geboten die Rede und vom BGB, sondern davon, was sie verletzt hat im Leben.

Manches hat ja schon wehgetan, aber war nicht wirklich verletzend. Hauptsache, man bemühte sich um freundlich-respektvolle Kommunikation:

Wenn der Meister es ablehnte, den Gesellen weiter zu beschäftigen nach der Prüfung. Wenn ein Hüftleiden neun Monate Krankenhaus-Aufenthalt erforderte. Wenn der verheiratete Geliebte sich von der Freundin löst, weil ihm der Gedanke an seine Familie keine Ruhe lässt. Wenn die Partei eines Abgeordneten in der neuen Legislaturperiode nicht mehr in den Bundestag gekommen ist, er sein Büro räumen muss und einen anderen dort einziehen sieht. All das mag Trauer und Tränen bewirken, tut aber nicht so weh wie eine echte Demütigung.

Die Studierenden unterscheiden ganz genau: Wenn es weh getan hat, weil es bedauernswert war und: Wenn es weh getan hat, weil es verletzend war. Und wenn es verletzend war, dann war das nicht gut, sondern schlecht. Dann war das Unrecht. So einfach, aber auch so plausibel.

Im Hörsaal

Eine junge Frau erzählte von einer solchen Demütigung und erntete Kopfnicken von allen:

Offenbar hat sie eine ganz charmante Mutter. Als die Studentin nämlich selbst ihr erstes Kind stillte, bekam es oft Krämpfe und spuckte die Milch wieder aus. Elend lag es da. Ein kurzer Blick ihrer Mutter, der Großmutter also, ins Bettchen: „So, genau so, habe ich mir ein Kind von Dir immer vorgestellt."

Keine Rede mehr im Seminar von: „Ja, das muss der Einzelne doch jeweils selber wissen". Nein, solche verletzenden Mutter-Bemerkungen empfand jeder als Unrecht!

Und als Unrecht eben auch die besonders schlimme Demütigung: das Belogen-werden oder zur Lüge gezwungen zu werden. Unbestritten als sympathisch dagegen beurteilten die Studierenden einen Menschen, der die Wahrheit sagt, auch wenn es gerade nicht bequem ist.

Wandern wir nun aus dem Seminarraum wieder in die praktische Arbeit der Sozialpädagogen und Sozialarbeiterinnen, so berichteten sechs der Interviewten, wie bitter es war, Unwahrheiten sagen oder Wahrheit verschweigen zu müssen oder verleumdet zu werden:

Die Befragten empfanden als bedrückend – um nur einige Stimmen zu zitieren:

„Wenn eine Maßnahme in der Familienhilfe abgebrochen wird gegen den Willen der Klienten, und man nicht sagen darf, dass kein Geld mehr dafür bewilligt wurde, sondern sich herausreden muss."

„Wenn ein Klient ein aufrichtiges Urteil wünscht über Erfolge in einer Therapie, die er bei einem Kollegen angefangen hat ... aber man sieht einfach keine Erfolge und will dem Klienten das nicht sagen."

Christa Maurer war vor fünf Jahren noch Mitarbeiterin bei einem freien Träger der Altenpflege. Am Jahresende legte der Chef ihr eine Aufstellung der erbrachten Leistungen vor, wie alljährlich, zur Unterschrift. Aber diesmal waren die frisierten Zahlen und die Angaben über abzurechnende, aber nicht erbrachte Leistungen extrem hoch:

Das wurde so schlimm, dass ich mit meinem Gewissen nicht mehr klar kam und kündigte. Da hieß es: „Dann sagen Sie mir bitte, wo das Geld herkommen soll!"

„Nicht direkt gelogen", will meine Gesprächspartnerin Veronika Hielsdorf ihre Intervention nennen. Aber sie kommt bis heute doch nicht gut klar damit.

V.H. Ich arbeitete in den 70er Jahren als Sozialpädagogin in Stuttgart. Der Verein „Neue Wege" wollte eine weitere „Verselbständigungsgruppe" aufmachen für acht Jugendliche aus verschiedenen Einrichtungen. Sieben waren schon ausgewählt. Auf den 8. Platz hätte ich gerne den Vinzent gehabt. Er schien zu den anderen zu passen. Er war damals 16, ein netter Kerl, charmant, ein bisschen flippig. Aber mein Kollege, der mit mir auswählte, sagte, der habe wohl ein Hasch-Problem. Er bevorzugte einen anderen Jungen.

Ich habe den Vinzent dann nach Feierabend zu mir eingeladen. Gemeinsam haben wir dem Vorsitzenden des Trägervereins einen bewegenden Brief geschrieben, warum sich Vinzent um diesen Platz bewirbt. Das heißt, ich habe den Brief in seinem Namen geschrieben, als Vinzent, und er hat ihn abgeschrieben. Als mir die Sätze zu gut klangen, habe ich noch ein paar Fehler nachträglich reingemacht, Kommas und falsche Wörter. Er hat ihn ins Reine geschrieben, unterschrieben und abgeschickt. Er hat den Platz bekommen. Aber es war wohl kein Zufall, dass er bald wieder aus der Gruppe verschwunden ist. Ich selbst war vorher schon in Mutterschutz gegangen.

Hätte ich das damals nicht tun sollen?

So fragt sie – und es ist ihr ernst mit der Frage.

Bonhoeffer hätte vielleicht „doch" gesagt. Er hätte argumentiert, dass diese besondere Hilfestellung vielleicht von Vinzent als unerwartete und einzigartige Bestätigung und Parteinahme für ihn erlebt wurde. Unter Umständen habe sie mehr zur seelischen Stärkung des Jugendlichen beigetragen, als ein korrektes Verhalten der Sozialpädagogin. Kant dagegen hätte sicherlich „nein" gesagt: der Schritt von der Unwahrheit zum Unrecht sei nur klein.

Wie rasch Unwahrheit mit Unrecht identisch sein kann, zeigt das zweite Kapitel: „Nicht schaden".

1.3   Woher die Kraft zum Guten? Man wird zum Guten befreit und geführt

Über Konflikte in der Heimerziehung befragte ich im Sommer 2002 Felicitas Flor, 29, die als Sozialpädagogin in einer Wohngruppe der Freien Jugendhilfe mit sieben Mädchen arbeitet. Wie kann sie ihren sozialpädagogischen Bildungsauftrag erfüllen?

Ich schildere zuerst die Grundproblematik. Ich kommentiere sie durch eine der Ursprungslegenden idealistischer Ethik, Platons berühmtesten Text „Das Höhlengleichnis", aus seinem Dialog „Der Staat". Dort legt er Sokrates, seinem weisen Lehrer, ein Gespräch mit einem seiner Schüler, Glaukon, in den Mund.

Im zweiten Teil geht es um die bedeutendste antike Tugend, die Gerechtigkeit. Lässt sie sich im Berufsalltag einer Mädchenwohngruppe verwirklichen?

1.3.1   Der Idealismus: Aus der Höhle ans Licht

Erste Bewegung: Von den Schatten zum Handfesten

> F.F. Ich laviere mich zwar nicht von einer Hoffnungslosigkeit zur anderen, das nicht. Aber was mich mürbe macht, ist die Antriebsarmut und Passivität der Mädchen, ihre Konsumhaltung. Sie sind nicht vom Fernseher wegzudrücken. Besonders jetzt in den Ferien. Da sitzen sie mit krummem Rücken vor dem Fernseher und paffen sich eine Zigarette nach der anderen. Während der Schulzeit dürfen sie ja erst ab 18.00 Uhr fernsehen. Aber jetzt in den Ferien, wann sie wollen. Man sollte ja auch denken, sie sind alt genug, zu wissen, was sie tun. Da kann ich ihnen die tollsten Vorschläge machen. Selbst wenn ich sie auffordere: „Wir gehen ins Kino!", kann ich Pech haben und dann gehen nur ein oder zwei mit. Oder ins Schwimmbad oder in den Heidepark. Nein, zu Hause ist es bequemer und der Kühlschrank ist voll.

„Zu Hause". Aber die Mädchen, über die die junge Sozialpädagogin hier ratlos den Kopf schüttelt, wohnen nicht zu Hause, sondern in einer Wohngruppe der Jugendhilfe. Früher hätte man gesagt, in einem kleinen Wohnheim für Schwererziehbare. Wie festgeklebt starren sie Tag für Tag auf das bunte Gewackel der Figuren, die sich da vor ihnen auf dem Bildschirm bewegen. Die Parallele zu Platons „Gefangenen" drängt sich auf: Ihr Zeitvertreib wurde schon vor 2350 Jahren von ihm ähnlich beschrieben in einem philosophischen Gleichnis von farbiger Anschaulichkeit. In seinem Dialog „Politeia" (Der Staat) heißt es zu Beginn des 7. Buches:

Platons Höhlengleichnis
Vom Schatten der Gegenstände zur Sonne

1 *Schatten der Gegenstände = gemeint: die Bilder in unserer Alltagswelt*
2 *Gegenstände = gemeint: alle Lebewesen und Gegenstände in unserem Leben*
3 *Feuer = gemeint: die Sonne*
4 *Schatten der natürlichen Dinge = gemeint: Zahlen und mathematische Formeln*
5 *Dinge in der Natur = gemeint: Ideen*
6 *Sonne = gemeint: höchste Idee des Guten*

Platon:

„Sokrates: Siehe Menschen in einer unterirdischen höhlenartigen Wohnung, die einen gegen das Licht geöffneten Zugang längs der ganzen Höhle hat. In dieser seien sie von Kindheit an gefesselt an Hals und Schenkeln, so daß sie auf demselben Fleck bleiben und auch nur nach vorne hin sehen; den Kopf können sie wegen der Fessel nicht herumdrehen. Licht aber haben sie von einem Feuer, das von oben und von ferne her hinter ihnen brennt. Zwischen dem Feuer und den Gefangenen geht oben her ein Weg, und an diesem Weg entlang stelle dir eine Mauer vor, ähnlich wie die Schranken, die die Gaukler vor den Zuschauern aufbauen und über die herüber sie ihre Kunststücke zeigen.

Ich stelle es mir vor, sagte er.

Stelle Dir nun weiter vor, daß Leute längs dieser Mauer allerlei Geräte tragen, die über die Mauer herüber ragen ... einige dieser Leute reden dabei, andere schweigen, wie es ganz natürlich ist.

Ein höchst seltsames Bild entwirfst du da, sprach er, und seltsame Gefangene.

Sie sind uns ganz ähnlich, entgegnete ich. Denn zunächst einmal:

meinst Du wohl, daß solche Menschen von sich selbst und von einander je etwas anderes gesehen haben als die Schatten, welche das Feuer auf die ihnen gegenüberstehende Wand der Höhle wirft?

Wie sollten sie, sprach er, wenn sie gezwungen sind, zeitlebens den Kopf unbeweglich zu halten!

Und von den Dingen, die da vorüber getragen werden, nicht ebenfalls nur die Schatten?

Was sonst!

Wenn sie nun miteinander reden könnten, glaubst du nicht, daß sie auch gewohnt wären, das vor ihren Augen Vorhandene zu benennen?

Notwendigerweise wäre das so.

Und wenn der Kerker auch einen Widerhall hätte von der ihnen gegenüberstehenden Wand her und wenn nun einer von den Leuten, die hinter der Mauer in ihrem Rücken vorübergehen, spräche: meinst du, sie würden denken, etwas anderes rede als der eben vorübergehende Schatten?

Nein, beim Zeus, sagte er.

Sie können also in keiner Weise irgend etwas anderes als die Schatten jener Dinge für das Wahre halten?

Ganz unmöglich.

Und jetzt, sprach ich, stelle dir die Lösung ihrer Fesseln und die Heilung von ihrem Unverstand vor und wie es damit natürlich stehen würde, wenn ihnen Folgendes begegnete: Gesetzt den Fall, einer wäre von seinen Fesseln befreit und würde gezwungen sogleich aufzustehen, den Hals herumzudrehen, zu gehen und gegen den Feuerschein zu sehen, und indem er das täte, hätte er immerzu Schmerzen und könnte wegen des flimmernden Glanzes jene Dinge nicht recht erkennen, von denen er vorher die Schatten gesehen hatte. Was meinst du wohl, würde er sagen, wenn ihm jemand versichern würde, damals habe er lauter Nichtiges gesehen, jetzt aber – dem Wirklichen (Seienden) näher und zu dem mehr Wirklichen (Seienden) gewendet – sähe er richtiger; und wenn er ihm jeden Gegenstand, der vorbeigetragen würde, zeigte, ihn sodann fragte, was es sei und zur Antwort zwänge, meinst du nicht, er würde ganz verwirrt sein und glauben, was er vorher gesehen hatte sei doch wirklicher als was ihm jetzt gezeigt werde?

Bei weitem, antwortete er.

Und wenn man ihn sogar in den Feuerschein selbst zu sehen nötigte: Würden ihm nicht die Augen schmerzen und würde er nicht fliehen und zu dem zurückkehren, was er anzusehen im Stande ist, in der festen Überzeugung, dies sei in der Tat deutlicher als das, was man ihm zuletzt zeigte?

Allerdings." (Politeia 7, 514a–515e)

Platons Gefesselte sitzen in einer trüben Scheinwelt. Wie wir Menschen alle. Nicht zuletzt aber die jungen Mädchen, die es zu Hause nicht mehr aushielten oder die man zu Hause nicht mehr haben wollte.

Wer befreit nun die Mädchen in der Wohngruppe „mit ihrem krummen Rücken"? Wer lockt sie vom Fernseher weg? Wer löst ihre Fesseln? Wer lässt sie sich umdrehen, nimmt sie an der Hand und führt sie langsam von dort weg zum Licht? Wer agiert also im echten Sinne pädagogisch, wenn *paid-agogein* heißt „Kinder führen"?

Der einflussreichste deutsche Philosoph, Martin Heidegger (1889–1976), hat in seiner Interpretation des Höhlengleichnisses die drei Bewegungen nachgezeichnet, die Platon beschrieb.

Zuerst: von den Schatten zum Handfesten:

Vom Starren auf die Höhlenrückwand eine vorsichtige Drehung um 180 Grad dem Feuer zu, das hinter den Gauklerschranken brennt. Das Feuer strahlt die Gegenstände an, die dort von Menschen auf ihren Köpfen hin und her getragen werden. Es wirft die Schatten dieser Gegenstände, der Eimer, Amphoren, Krüge, Reisigbüschel und anderen Traglasten, auf die Wand hinten in der Höhle. Die Gefangenen hatten bisher nicht nur ihr Amusement, sondern auch ihren Stolz darin gefunden, die Reihenfolge richtig vorauszusagen, in der die Schatten der Gegenstände, von hinten vom Feuer beleuchtet, jeweils vor ihren Blicken herhuschen werden. Nun muss sich einer zum ersten Mal aufrichten und sich umwenden. Da sieht er die Flammen selbst. Sie sind die Lichtquelle für den ganzen Raum, sind Symbol für die Sonne, die Lichtquelle für die ganze Erde.

Die erste Wendung für einen Gefangenen ist also: den Blick von den Schatten lösen und in das Feuer schauen

= das hieße für den Menschen, so Platon, den Blick vom Tagtäglich-Banalen zu lösen und in die helle Sonne am Himmel hinauf zu schauen

= das hieße für die Mädchen in der Wohngruppe – um den Gedanken noch weiter zu vertiefen –, den Fernsehapparat auszuschalten, hinaus in den Garten zu gehen und in die Sonne zu blinzeln. Und etwas Sinnvolles mit den eigenen Händen in Angriff zu nehmen.

1.3.2   Der Bildungsauftrag der Jugendhilfe

„Mit den eigenen Händen ...", so haben es Reformpädagogen wie Hermann Lietz und Paul Geheeb besonders in der Landerziehungsheimbewegung um 1900 gefordert. Schon damals warfen die Marxisten Karl Liebknecht und Clara Zetkin ihnen „Idealismus" vor.

Im Gleichnis wird der Gefangene dazu gebracht, aufzustehen, sich umzuwenden und die Dinge selbst anzusehen: die Menschen, mit ihren Lasten auf dem Kopf, und das Feuer = die Sonne.

Auf die Wohngruppe angewendet: Es hieße für ein Mädchen, den Blick von der trivialen Fernsehreklame zu lösen und von „Wetten dass ..." und sogar von Jauch: Wettspiele, von anderen organisiert und bestanden, von den Mädchen blind geschaut. Und nun stattdessen die Dinge selbst ansehen: Wie schmutzig das eigene Fahrrad ist, wie strahlend die Blumen in den Kübeln. Also ein Gang in den Fahrradschuppen mit Lappen und Reinigungsöl, um das eigene Fahrrad zu putzen – und vielleicht noch das der Freundin?

Aber es gibt hinter der Wohngruppe keinen Garten, in dem man Handfestes treiben könnte. Da gibt es kein kleines Gewächshaus, da gibt es keinen Fahrrad-schuppen. Und wirkliche Freundschaften versuchen die anderen Mädchen erst einmal kaputtzumachen, bevor es zu sympathischen Gesten wie Fahrradputzen kommen kann. Keine Möglichkeiten, sich vom Fernsehen wegdrehen zu lassen, der Schattenwelt zu entfliehen?

Zu Frau Flor sage ich:

D.K. Aber auch wenn Ihr schlecht ausgestattet seid: die Sozialpädagogen spre-chen doch neuerdings von der „Lebensweltorientierung" und der Begleitung im Alltag. Könnten die Mädchen vielleicht ihre eigene Wäsche nicht nur waschen, sondern auch bügeln, bemalen, dekorative Löcher hineinschneiden? Klamotten ist doch ein Thema. Nur weg von dem illusionären Liebesgeflimmer!?

Frau Flor winkt ab. Alltag? Eine Quelle von Streitereien!
F.F. Das Intrigante gibt es häufig. Da legt ein Mädchen seine Wäsche in die Waschmaschine mit 30 Grad und eine andere schleicht ihr nach und stellt die Maschine auf 95 Grad.
Ihre Stimme klingt ein wenig resigniert, ein wenig empört.

Zweite Bewegung: Aus der Höhle in die Außenwelt = Aus dem Alltag in die geistige Welt

Die zweite Bewegung im Höhlengleichnis ist der Aufbruch aus der Höhle ganz hinaus. Der Gefangene wird ans Licht gezerrt:

Platon:
„Sokrates: Und, sprach ich, wenn ihn einer mit Gewalt von dort durch den unwegsamen und steilen Aufgang schleppte und nicht losließe, bis er ihn ans Licht der Sonne gebracht hätte: wird er nicht viele Schmerzen haben und sich höchst ungern schleppen lassen? Und wenn er nun ans Licht kommt und die Augen voll Strahlen hat, wird er nicht das Geringste sehen können von dem, was ihm nun als die Wahrheit gezeigt wird?
Natürlich nicht, sagte er, wenigstens nicht sofort.
Gewöhnung also braucht er, meine ich, um das, was oberhalb ist, sehen zu können. Und zuerst würde er Schatten am leichtesten erkennen, danach die Spiegelungen von Menschen und anderen Dingen im Wasser, und dann erst diese selbst. Und hierauf würde er das, was am Himmel ist, und den Himmel selbst leichter bei Nacht betrachten und auch leichter in das Mond- und Sternenlicht sehen als bei Tage in die Sonne und ihr Licht.
Wie sollte er nicht!
Zuletzt aber, denke ich, wird er auch die Sonne selbst, nicht Bilder von ihr im Wasser oder sonstwo, sondern sie als sie selbst und an ihrer eigenen Stelle – anzusehen und zu betrachten im Stande sein.
Zwangsläufig, sagte er.
Und dann wird er schon entdecken, daß sie es ist, die sowohl Jahreszeiten wie auch Jahre schafft und alles im sichtbaren Raume, und daß sie auch von allem, was sie dort sahen, gewissermaßen die Ursache ist.
Offenbar, sagte er, würde er nach jenem (Gewöhnungsprozess) auch hierzu kommen.“ (Politeia 515e–516c)

Wieder betont Platon, dass es wehtut, dass sich der Gefangene wehren wird und dass man ihn schleppen muss.

Denn nun geht es nach der Schattenwelt und der Alltagswelt in die geistige Welt. In die Welt der Ideen des Guten, des Gerechten, der Aufrichtigkeit. In die Welt, so würde man für die Mädchen übersetzen können, der Kunst, der Liebe, der Spiritualität, der Wissenschaft und des Ethos. Wollen sie dorthin? Ja. Vom zukünftigen Liebesglück träumen sie alle. Aber der Weg ist zu mühsam. Sie können ihn sich auch letztlich nicht vorstellen. Aber das konnten die Höhlenbewohner auch nicht. Leider aber gibt es, im Unterschied zum Höhlengleichnis, keinen, der sie wirklich dorthin zieht. Dem es wichtig wäre, sie hinauf in eine andere Welt zu führen. Die Sozialpädagogen, die massenweise Überstunden vor sich herschieben, haben ja nicht einmal Zeit, sich selber in der wirklichen Welt des Guten und Schönen aufzuhalten.

Denn Hilfe zu einer gelingenden Lebensorganisation, wie sich die Sozialpädagogik heute mit einiger Bescheidenheit nennt, wäre für jedes einzelne Mädchen angebracht. Aber in einer gesichtslosen, weltanschaulich neutralen Einrichtung gelingt ja nicht einmal die Drehung von den Schatten weg zum realen Alltag. Wie sollte es möglich sein, darüber hinaus den Sinn zu öffnen für das Schöne und Gerechte, für das Gute und Wahrhaftige? Die Mädchen langsam daran zu gewöhnen, dass sie den Kleinen Prinz lesen und die Kalendergeschichten von Brecht und nicht nur „Verbotene Liebe" gucken. Nachtwanderungen mit ihnen zu machen, um die Sinne zu schärfen für die Natur. Wie könnte man sie dazu bewegen, dass sie sich zu Weihnachten ein Spiel ausdenken und es einüben für die Bewohner der „Senioren-Residenz" im selben Stadtteil und dann noch einmal für all die Mitglieder ihrer Familien, die sich dazu einladen lassen? Man kann sie eben nicht zwingen, sondern sie müssten mit hineingenommen werden in belebende, kreative Sitten, die schon vor ihnen in der Wohngruppe geherrscht hätten. Platons Schüler Aristoteles jedenfalls beschreibt so den Fortschritt der Erziehung: durch Gewöhnung.

Die Angebote, die ich mir ausdenken mag, um den Weg aus der Höhle heraus zu markieren, klingen gewiss etwas trivial und altmodisch. Sie sind vermutlich auch nicht der letzte Schrei in der Jugendarbeit. Aber auf jeden Fall kann die Sozialpädagogin nur dann die Herzen und Köpfe der Mädchen mit ihren Vorschlägen erreichen, wenn sie selbst davon so begeistert ist, dass diese sich davon begeistern lassen. Aristoteles hat schon die Binsenweisheit betont, dass Freiwilligkeit die Voraussetzung für Tugend ist.

Frau Flor, die es ja schließlich tagtäglich durchzustehen hat, hört sich meine Vorschläge ohne große Zustimmung an. Dann sagt sie:

> Alles geht bei uns nur über die persönliche Beziehung. Den Mädchen liegt viel an der Beziehung zu den Mitarbeitern. Vanessa schaut jetzt auf Hans, meinen Kollegen, den Sozialpädagogen. Am Anfang konnte sie gar nicht mit ihm. In letzter Zeit ist es eher so, dass er den Eindruck hat, dass sie ein bisschen verliebt in ihn ist.

D.K. Und kann er das ausnutzen für eine pädagogische Leitung und Führung?

> Ich glaube nicht. Er hat, glaube ich, schon Probleme mit seinem Männerbild, mit seiner Rolle als Mann.

Platon würde hier von der Kraft des Eros philosophieren und darauf hinweisen, dass es ja nur einer ist, der von seinem Erretter gepackt, getragen, gezogen wird ans Licht. Nur einer. Zwischen einem Gefangenen und seinem Retter entsteht eine Beziehung. Langsam.

Über die eigenen Probleme dessen, der die Gefangenen befreit, der sich für sie engagiert und dies am Ende unter Umständen mit dem Tod bezahlt, sagt Platon nichts. Die spielen für ihn in diesem idealtypischen Gleichnis keine Rolle. Der Befreier handelt nur für den Gefangenen und mit dem Gefangenen.

Die Sozialpädagogen aber sind keine idealen Helfer-Gestalten. Sie haben Probleme, die stören und wollen bearbeitet werden. Die „Gefangenenbefreier" in der Mädchenwohngruppe sind nicht frei von sich selbst.

Frau Flor nennt ein Beispiel und schont sich dabei selber nicht. Selbstkritisch sagt sie:

> Die Karla, 18, war fast ein Borderline-Fall. Dauernd simulierte sie Unfälle und Verletzungen. Sie hätte wirklich dauernd jemanden um sich gebraucht. So eine Arme, ganz schlimm. Aber man stumpft auch selber dagegen ab als Mitarbeiterin. Vielleicht liegt es auch am 25-Stunden-Rhythmus. Wenn ich kam und sie saß dann da mit ihrem depressiven Gesicht, dann hätte ich am liebsten zu ihr gesagt: „Geh am besten schön auf dein Zimmer, da kannst Du dann in Ruhe depressiv sein!" Aber wir haben ihr ja gerade verboten, auf ihr Zimmer zu gehen. Denn da schneidet sie sich selber und bald ist das ganze Zimmer voll Blut: „Hol mal einen Erzieher, ich sterbe." – Sie ist dann in die Psychiatrie eingeliefert worden.
> Einmal war sie mit einem anderen Mädchen schwimmen und hat so getan, als sei sie ohnmächtig geworden. Und das andere Mädchen rief mich an: „Sie wäre beinahe ertrunken. Sie liegt jetzt hier – der Rettungswagen kommt." Ich war außer mir, dachte, sie läge im Koma. Dann stellte sich alles als getürkt heraus. – Fieserweise hab ich es ihr auch übel genommen. Nach der Geschichte mit dem Als-ob-Ertrinken war mein Adrenalinspiegel arg hoch. Ich habe gedacht: „Es darf

doch nicht sein, dass ich mich hier aufrege, weil sie stirbt – und nachher war gar nichts!" Das war nicht sehr professionell, dass ich ihr das nicht verzeihen konnte.

Karla in ihrem Zimmer mit der Rasierklinge „schnibbelnd" – da wünschte man sie sich ja lieber wieder vor die Höhlenwand stupide Schatten flimmern sehend und Ratespiele spielend. Geht es bei den Mädchen in der Mädchenwohngruppe vielleicht gar nicht um Bildung, sondern um Überleben? Um Schutz vor den Eltern, die zu viele Probleme mit sich selbst haben? Geht es trotz pädagogischem Auftrag, weniger um Führung zum Licht, das heißt: weniger um Anfüllen des Gemüts mit Versen und Gedanken, die auch in Zeiten der Not und Dürre noch Nahrung geben könnten, als vielmehr um Schonraum? Um ebenso einfachste wie schwierigste Seelenheilung? „Man stumpft auch selber dagegen ab, die vielen Probleme sind zu massiv", sagte Frau Flor. Auf ihrer ersten Stelle hatte sie sich noch intensiver verantwortlich gefühlt:

> F.F. Ich erinnere mich an eine Soziale Einzelbetreuung, die ich vorher einmal gemacht hatte. Eine durchaus nicht besonders schwierige Jugendliche war aus dem größeren Wohnheim ausgezogen in eine eigene kleine Wohnung, und ich war für sie zuständig. Sie konnte mich rund um die Uhr anrufen, ich rief dann zurück. Ich fühlte immer die Verpflichtung, sie irgendwie „auf den rechten Weg" zu bringen oder dort zu halten. Ich hatte total die Verantwortung für sie. Dauernd.

Bezweifelt Frau Flor heute, dass sie jemanden „auf den rechten Weg bringen" kann? Und könnte sie es wegen des 25-Stunden-Rhythmus ihrer Dienstzeit auch gar nicht mehr?

Wenn sie allerdings von Olivia erzählt, dann sehe ich sie plötzlich doch wieder in der Rolle der Gefangenenbefreierin. Wie sie sie nämlich aufrichtet, dreht und an ihr zieht, damit sie ans Licht kommt. Auch wenn das Licht in einer Hauptschule scheint.

> Olivia schwänzte die Schule zu oft. Aber da unser Herz an dem Mädchen hing und keiner wollte, dass es ihr schlecht ging und wir gedacht haben: Vielleicht kann man sie erretten! – haben wir ihr immer neu ein Ultimatum gestellt. Z.B. Wenn Du es jetzt schaffst, die letzten vierzehn Tage noch zur Schule zu gehen, dann wirst du vielleicht noch versetzt, dann kannst Du sogar weiter hier in der Wohngruppe bleiben. Aber sie sagte: „Ich hab heute aber keine Lust, in die Schule zu gehen." Meistens waren es solche Gründe. Manchmal hatte sie sich gerade allerdings mit dem einen oder anderen Lehrer überworfen. Dann traute sie sich nicht mehr, dorthin zu gehen. Dann konnte man ja mit ihr zusammen

das regeln. Aber sie hat es immer neu geschafft, nicht zur Schule zu gehen. (Mehr über Olivia auf . S.78)

Frau Flor sagt: „Wir haben gedacht: Vielleicht kann man sie erretten." Hier ist der Gedanke ganz klar: „In Olivia steckt etwas Anderes, mehr als das Banale, etwas Kluges. Vielleicht lässt sie sich ans Licht schleppen und lernt, dem Guten ins Gesicht sehen." Wie viele Idealistinnen wurde auch Frau Flor enttäuscht.

Oben angekommen in der Welt der Ideen

Ein anderes Mädchen aus der Wohngruppe dagegen ließ sich ziehen. Sie wurde Heilerziehungspflegerin. Hat zwar noch ab und zu ein depressives Tief, hat aber den Realschul-Abschluss geschafft. Sie besuchte Frau Flor unlängst, um den Führerschein mit ihr zu feiern. Jeder Schulabschluss wird gefeiert, schön angezogen begleitet man die Mädchen in die Schule, es gibt Geschenke. Diese sind sehr stolz. Vielleicht wirkt das auch für die anderen Bewohnerinnen als Anstoß.

Was mich glücklich macht, sagt Frau Flor, ist nichts ganz Bombastisches, eher so kleine Sachen. Wenn Mädchen ihre Schulabschlüsse schaffen. Oder Laura, die anfangs immer so rappelig war, sich nicht konzentrieren konnte, sie konnte auch keine Bindungen zulassen. Und wenn man das sieht, wie die viel gelassener geworden ist, auch plötzlich regelmäßig zur Schule geht, ohne die Lehrer zu beschimpfen ...

Die „Seele aus größerem Unverstande ins Hellere führen", wie Platon sagt – manchmal gelingt es. Im Höhlengleichnis wird nicht von einem massenhaften Exodus der Gefangenen an die Sonne gesprochen. Nur ein einziger lässt sich ziehen und sieht die Idee des vollkommenen Guten. Nur eine einzige? Frau Flor beurteilt das als Ergebnis ihrer eigenen Arbeit als nicht ausreichend.

Dritte Bewegung: Zurück in die Höhle

Platon:
„Sokrates: Und wie ist es, wenn er nun an seinen früheren Aufenthaltsort denkt, an die dort geltende „Weisheit" und die damaligen Mitgefangenen, meinst du nicht, er würde sich selbst glücklich preisen wegen der Veränderung, jene aber beklagen?
Ganz bestimmt.
Und wenn sie dort in der Höhle unter sich für denjenigen Ehre, Lob und

Belohnung bestimmt hatten, der das Vorüberziehende am schärfsten sah und der am besten behielt, was zuerst zu kommen pflegte und was zuletzt und was gleichzeitig, und der daher die beste Voraussage machen konnte, was nun erscheinen werde, glaubst du, es werde ihn, den aus der Höhle Hinausgegangenen, noch groß danach verlangen, und er werde die bei ihnen Geehrten und Machthabenden beneiden? Oder ... wird er lieber alles über sich ergehen lassen, als wieder solche Vorstellungen zu haben wie dort und so zu leben?

So, sagte er, wird er sich alles eher gefallen lassen, als wieder so (höhlenmäßig) zu leben.

Und jetzt bedenke noch Folgendes, sprach ich: Wenn solch einer nun wieder herunterstiege und sich auf den selben Schemel setzte, würden ihm die Augen nicht ganz voll Dunkelheit sein, da er so plötzlich von der Sonne herkommt?

Ganz bestimmt.

Und wenn er in der Begutachtung jener Schatten wieder wetteifern sollte mit denen, die immer dort gefangen gewesen, während es ihm noch vor den Augen flimmert ... würde man ihn nicht auslachen und von ihm sagen, er sei mit verdorbenen Augen von oben zurückgekommen, und es lohne nicht, daß man auch nur versuche, hinaufzukommen; im Gegenteil, man müsse jeden, der sie entfesseln und hinaufbringen wolle, – wenn man seiner nur habhaft werden und ihn umbringen könnte – auch wirklich umbringen?

So sprächen sie ganz gewiß, sagte er." (Politeia 516c–517a)

Nach der dritten Wendung im Höhlengleichnis geht's zur Sache. Da wird Blut fließen. Jener, der die Welt der Wahrheit und Vernunft erlebt hat, kehrt nun in die Höhle zurück. Er scheitert. Er kann sich am Raten der Abfolge der Schatten auf der Höhlenwand nicht mehr beteiligen. Seine Augen versagen im Dunkeln.

Übertragen in die Höhle der Mädchenwohngruppe könnte das heißen:

Er kann keine SMS schicken, er kennt „Verbotene Liebe" nicht und nicht die Bemessungsgrenze fürs Taschengeld für Siebzehnjährige. Er kann sich auf die Plausibilitäten der Mädchen in ihrem Alltag nicht mehr einlassen. Sie tun ihm leid – deshalb ist er zurückgekommen. Er hat – selbst im Heim aufgewachsen – eine gute Ausbildung als Sozialpädagoge absolviert. Aber er bekommt in der Höhle kein Bein mehr auf die Erde. Nach kurzer Zeit ist er Gegenstand von Mobbing und Provokationen. Er geht in die Falle. Er lässt sich von den Mädchen die Einrichtung von drei Hobby- und Neigungsgruppen aufschwatzen: Gitarrespielen, Filmen mit der Video-Kamera und Nähen von Patchwork-Quilts. Scheinbar begeistert beteiligen sich alle beim Einkaufen der Materialien. Er streckt das Geld vor. Und dann ... sitzt er alleine da.

Wie hatte Platon geschrieben: „... und es lohne nicht, dass man versuche hinaufzukommen, sondern man müsse jeden (der ihnen mit solch anstrengenden Frei-
zeitgestaltungs-Angeboten käme), wenn man seiner nur habhaft werden und ihn
umbringen könnte, auch wirklich umbringen?"

„Nein", würde Frau Flor sagen, „hier hat die Übertragung des Höhlengleichnisses ihr Ende. Die Mädchen würden niemanden rausekeln, der sie zu begeistern
versuchte. Es würde kein Blut fließen."

Ich fragte sie:
D.K. Hast Du selbst einmal ein Zimmer verwüstet vorgefunden oder ein Handy
zerstört?

> F.F. Nein, ich hatte zwar schon mal mit der einen oder der anderen Stress, aber
> dass sich die ganze Gruppe gegen mich gewendet hätte, das nicht. Da sähe ich
> dann echt alt aus.

D.K. Warum mobben sie Dich nicht? Weil sie zu wenige sind oder zu klein
sind?

> F.F. Es ist ja auch so etwas wie ihr Zuhause. Es liegt ihnen auch daran, es sich auf
> Dauer nicht mit uns zu verscherzen. Und es liegt ihnen auch viel an der Bezie-
> hung zu den Mitarbeitern. Ich will nicht sagen, dass es ein Familienersatz ist,
> aber es ist etwas Ähnliches. Und darum legen sie schon Wert auf unser Urteil
> und es nicht mit uns zu verscherzen, wenigstens nicht auf Dauer. Natürlich ma-
> chen sie alle mal Mist, aber möglichst wollen sie es alle auch wieder ins Lot krie-
> gen.

Und wenn es eine schaffte, einen Schulabschluss, dann ein Diplom zu machen
und in die Wohngruppe zurückzukommen, um dort zu arbeiten, das wäre toll. In
manchen Therapie-Einrichtungen von Drogenkranken arbeiten Ehemalige
ehrenamtlich mit. Die kennen ja die ganze Wahrheit des Lebens, aber sie haben
auch vom Guten etwas gesehen. Die examinierte Heilerziehungspflegerin käme
in die Wohngruppe zurück und würde dort arbeiten. Das Problem wären dann
weniger die Mädchen, als das Team, die anderen Mitarbeiter. Vielleicht ist
deren Motivation schon erloschen.
Denn nur gemeinsam könnte man sie vom Fernseher weglocken.
Aber die Mitarbeiter, die Frau Flor zurzeit hat, so lieb und nett sie sind, holen
keinen aus der Höhle heraus, sondern sie erschweren ihr ihre Arbeit zusätzlich.
Besonders einer. Mit Platons opferbereiter Lichtgestalt, mit Jesus, Gandhi oder
Martin-Luther-King, die Menschen erlösen wollten und dafür sterben mussten,
haben sie wenig Ähnlichkeit:

> F.F. Das Betriebsklima ist ganz gut.

Hier kann ich nach Dienstschluss zu meinen Kollegen sagen Das und das ist los – kümmert Ihr Euch nun. Und das lässt die Verantwortung nicht so drückend sein.

Nur einmal bin ich reingeflogen. Es war am 1. April. Wir wollten einen Scherz machen. Ich rief einen Kollegen an und flunkerte ihn an: „Wir sind alle krank hier, Magen- Darm- Grippe, und auch mir selbst geht es totschlecht." Den Telefon-Lautsprecher hatte ich angestellt, die Mädchen lachten sehr. Er versprach sofort zu kommen, seinen Dienst zu verlegen: „Ich bringe Euch Cola und Salzstangen mit!"

Das erwartete ich nun auch von dem anderen Kollegen, rief ihn an, klagte, stellte den Lautsprecher wieder an. Das habe ich dann bereut, denn er machte gar keine Anstalten zu kommen. Es war mir den Mädchen gegenüber fast peinlich, wie er sagte: „Dann bring sie doch alle ins Krankenhaus! Oder ruf die Heimleitung an, ob die Ersatz hat."

Ich habe ihm das in der Supervision dann vorgeworfen.

Frau Flor würde zum Thema „Sozialpädagogik: Herausführen aus der Höhle" abschließend sagen: Nein, die Mädchen sind sehr träge. Ich alleine jedoch, ohne Kollegen im Team, die mich unterstützen, bin zu schwach, sie vom Fernsehapparat weg zu ziehen ans Licht, z.B. zu einer guten von Klugheit geleiteten Schul- oder Berufsausbildung. Nur ausnahmsweise gelingt mir das.

Aber von selten und ausnahmsweise spricht Platon auch.

Ein Erlöser ist übrigens inzwischen von oben in die Höhle gekommen:

F.F. Eine Supervisorin hat sich vorgestellt, das scheint eine fitte Frau zu sein, die hat mir auch zu Karla schon ein paar kluge Sachen gesagt.

So verleiht Frau Flor ihrer Hoffnung Ausdruck.

Zusammenfassende Thesen

Der Idealismus geht von den folgenden Voraussetzungen aus, die Platon im „Höhlengleichnis" als Erster ausdrücken wollte:

- Das Sichtbare ist das Täuschende, das Dunkle, in dem wir gefesselt verharren.
- Das Unsichtbare ist das ewig Wahre, das Reich der Freiheit, des Lichtes, des Guten.
- Manchmal kommen Boten aus dem Reich des Guten, aber nicht selten werden sie getötet: Sokrates, Jesus, Martin Luther King, Dag Hammarskjöld und – wenige – andere.

- Idealistische Pädagogik heißt: Jemanden ans Licht führen, aus der Unwissenheit zur Vernunft und Selbstentfaltung.
- Idealistische Sozialarbeit heißt: An das Gute in der Welt glauben. Hinter dem elenden Gesicht eines Klienten seine besseren Möglichkeiten in der Zukunft sehen. Ihn zu sehen versuchen, wie Gottes Idee von ihm war, als er ihn schuf.
- Ein Idealist wirkt darum oft naiv und „blauäugig". Er ist enttäuschbar, aber nie gelangweilt.
- Weil er das Böse nur als Täuschung für möglich hält, erkennt er es oft nicht und wehrt sich nicht rechtzeitig dagegen.

1.4 Dritter Konflikt: Gerechtigkeit gegen Barmherzigkeit

1.4.1 Aristoteles: Zwei Begriffe von Gerechtigkeit in der antiken Tugendethik

Der erste Teil des Gesprächs mit Frau Flor führte in eine Welt der trüben Täuschungen, aus der zu befreien sehr mühsam, fast unmöglich ist. Wie viel daran die Herkunft der Mädchen schuld ist, wie viel eine Gesellschaft, die von „Chancengleichheit" spricht, ohne wirklich Chancen einzuräumen, wie viel nicht zuletzt der einzelne Mitarbeiter, der zu wenig Erfolge sieht und schlecht bezahlt wird, ist hier nicht zu diskutieren. Dagegen gestellt wurde als idealistisches Gegenbild Platons Vision von der schrittweisen Befreiung der an sich lernfähigen Menschen.

Über das Atmosphärische hinaus spiegelt das Interview aber auch einen Konflikt, einen handfesten ethischen Konflikt, uralt wie die Menschheit selber: Wo haben Geduld und Barmherzigkeit ein Ende, wo muss Gerechtigkeit herrschen? Wo kommt Gerechtigkeit an ihre Grenzen und wird zur Lieblosigkeit, aus der nur Mitgefühl und Barmherzigkeit wieder herausführen können?

> Friedrich von Bodelschwingh hat es einmal so formuliert:
> „Gerechtigkeit ohne Barmherzigkeit ist lieblos,
> Barmherzigkeit ohne Gerechtigkeit ist entehrend."

Im Sinne der einfachen Iustitia distributiva, der Verteilungsgerechtigkeit, herrscht Gerechtigkeit, wenn niemandem das streitig gemacht wird, was ihm zusteht und niemand beansprucht, was ihm nicht zusteht. Welche Konsequenzen das haben kann, dazu hat sich Immanuel Kant unmissverständlich und in großer Härte geäußert: Gerechtigkeit ist, wenn die beiden Waagschalen gleich voll und gleich schwer sind, die die Göttin Iustitita in der Hand hält. Gerechtigkeit ist Gleichheit im tiefsten Sinne: Auge um Auge, Zahn um Zahn! Ius Talionis: Hat einer gemordet, so soll um der Gerechtigkeit willen sein Leben ebenfalls beendet werden. Nicht, um die Gesellschaft in Zukunft vor ihm zu schützen. Nicht, um anderen als Abschreckung zu dienen. Sondern, damit Gleichheit herrsche. Ein Leben wurde genommen, eine Waagschale der Göttin Iustitia ist plötzlich leer. Dann ist die andere Waagschale ebenfalls zu leeren, ist ein zweites Leben zu nehmen. Der Mörder muss mit dem Tode bestraft werden. Zuchthausstrafe (Kant nennt sie „Karrenarbeit") so mühselig sie auch sein würde, wäre kein Ersatz für die Todesstrafe. Der Idee der Gerechtigkeit ist zu entsprechen. Und dann kommt wieder eine dieser harten Forderungen:

> Immanuel Kant:
> „Selbst, wenn sich die bürgerliche Gesellschaft mit aller Glieder Einstimmung auflöste (z.B. das eine Insel bewohnende Volk beschlösse, auseinander zu gehen, und sich in alle Welt zu zerstreuen), müßte der letzte im Gefängnis befindliche Mörder vorher hingerichtet werden, damit jedermann das widerfahre, was seine Taten wert sind, und die Blutschuld nicht auf dem Volke hafte, das auf diese Bestrafung nicht gedrungen hat." (Kant 1785, 455)

Die MitarbeiterInnen der Mädchenwohngruppe versuchen mit größerem Feingefühl gerecht zu sein: Wer gerade viel braucht, bekommt viel, bis er wieder stabil ist, wer zurzeit weniger braucht, bekommt zurzeit weniger. Das ist nicht so sehr am Staat, am Gemeinwesen, als am Bild der Familie orientiert. Hier beanspruchen die einzelnen Mitglieder nie gleichviel und erhalten auch nie dasselbe. Hauptsache, es kommt am Ende des Jahres unterm Strich nicht zu viel Verwöhnung für den einen und nicht zu viel Verzicht für den anderen dabei heraus.

Auch diese Form der Gerechtigkeit ist aber durch antike Weisheit legitimiert: Aristoteles (384–322 v. Chr.), der Schüler Platons, nannte sie Iustitia commutativa, ausgleichende Gerechtigkeit, neben der berechnenden, austeilenden Iustitia distributiva.

In seiner zehnbändigen Ethik, die er seinem Sohn Nikomachos gewidmet hat (Nikomachische Ethik), zählt er zehn lebenswichtige Tugenden auf, die sich dadurch auszeichnen, dass sie weder zu sehr und zu extrem noch zu wenig und zu spärlich gelebt werden, sondern in einem guten Mittelmaß:

Aristoteles:

Zum Beispiel hält

- die Tugend der Tapferkeit die Mitte zwischen Feigheit und Tollkühnheit,
- die Tugend der Tatkraft die Mitte zwischen zu viel und zu wenig Ehrgeiz,
- die Tugend der Keuschheit die Mitte zwischen Geilheit und Prüderie.

Die 11. Tugend ist anders, von ihr kann es kein Zuviel geben:

- Die Gerechtigkeit ist nie zu groß, aber nicht selten zu gering.

1.4.2 Platon: Gerechtigkeit als höchste Tugend

Hier ist Aristoteles von seinem Lehrer Platon beeinflusst, der jeden Menschen zu drei Tugenden fähig sah: zur Weisheit, zur Tapferkeit und zur Besonnenheit. Erst dieser Mensch aber, der – aus der Höhle entkommen – die drei Tugenden vollkommen lebt, kann Gerecht genannt werden. Gerechtigkeit ist die oberste Kardinaltugend.

1.4.3 Gerechtigkeit als soziale Tugend im Judentum

Die ausgleichende Gerechtigkeit ist die Gerechtigkeit, die das Alte Testaments gottwohlgefällig nennt.

Ein Beispiel aus der Regierungszeit des weisen Königs Salomo zeigt den Unterschied zwischen zuteilender und ausgleichender Gerechtigkeit noch einmal deutlich: Zwei Frauen leben mit ihren Neugeborenen zusammen. Als ein Kind plötzlich stirbt, behaupten beide, die Mutter des Überlebenden zu sein. Der Streit kommt vor den König. Der befiehlt: Schneidet das Kind in der Mitte durch und gebt jeder eine Hälfte (Iustitia distributiva). Eine Mutter findet das gerecht. Der anderen blutet das Herz: „Herr, gebt ihr das Kind, nur lasst es leben!" Daran erkennt der König, dass sie die leibliche Mutter ist und spricht ihr das Kind zu. (1. Kön 3, 16–28)

In dieses Umfeld der gemeinschaftsorientierten Iustitia commutativa gehört auch die spannende Geschichte von der jungen Frau Thamar aus dem Zyklus der Josefsgeschichen.

1. Mose 30:

Thamar war ratlos, wie sie ihrer Pflicht nachkommen sollte, ihrer Großfamilie Kinder zu schenken. Ihr Mann war gestorben. Der Bruder ihres Mannes, den sie dann heiratete, war ebenfalls gestorben, und sie war immer noch kinderlos. Da verkleidete sie sich als Tempelprostituierte, verschleierte ihr Gesicht, setzte sich an den Weg, den ihr Schwiegervater Juda kommen würde, lockte ihn und empfing, von ihm unerkannt, ein Kind. Es würde das Fortleben der Sippe sichern. Als sie schwanger wurde, wurde ihr Verhalten vom Volk als unsittlich getadelt, aber vom alttestamentlichen Erzähler ausdrücklich als „hohe Gerechtigkeit" gelobt.

*****

Von den Gerechtigkeitsidealen der Antike und der lebendigen Gerechtigkeit des Alten Testaments ist ein weiter Weg bis zu einer „möglichst nicht ganz ungerechten" Alltagspraxis der Mitarbeiter im Mädchenwohnheim. Sie bemühen sich darum, nicht geradezu „schreiend ungerecht" zu sein. Darin unterscheiden sie sich nicht vom Gros der Menschen, die Gerechtigkeit wollen, aber selten zustande bringen. In der stabilen Demokratie einer reichen Nation stößt man sicher öfter auf gerechte Entscheidungen, als in einem Staat, wo Armut und Willkür „aus dem selben Nasenloch atmen".
Vielleicht ließe sich im Wohnheim, wo Florence Flor arbeitet, Gerechtigkeit unter den Mädchen leichter durchsetzen, wenn diese selbst ihre Hausordnung verfassten und sie von Zeit zu Zeit als noch praktikabel überprüfen dürften. Frau Flor leidet nämlich darunter und bezeichnet dies als einziges ausdrücklich ethisches Problem, dass sie zu oft alleine und unter Zeitdruck bestimmen muss, was die Iustitia commutativa gerade heute fordert:

D.K. Gibt es denn Mädchen, die bei Dir die Überlegung auslösen: Wie mache ich das jetzt richtig? Oder ist das überhaupt keine Frage? Drängt sich der Alltag so vor, das Tischdecken und Tischabräumen und Einkaufen und Kochen, dass ethische Fragen einfach gar nicht auftauchen?
    F.F. Also ethische Fragen kommen schon vor. Es ist natürlich so: tausend Entscheidungen, die jeden Tag getroffen werden, wo man innerhalb von Sekunden Kleinigkeiten entscheiden muss: Kriegt die jetzt Taschengeld? Kriegt die kein Taschengeld? Darf die jetzt 'ne Stunde länger? Darf die nicht 'ne Stunde länger?

Es hört sich nach Lappalie an, aber Frau Flor wirkt in diesem Moment besonders gestresst. Es scheint, als gäbe es für eine sich sozusagen selbst organisierende Gerechtigkeit, die für ein bestimmtes Vergehen eine bestimmte Sanktion fordert, in dieser Mädchengruppe keinen Platz. Sind die Mädchen zu chaotisch, um derlei selbst zu beraten, zu kodifizieren und zu überwachen?

Wenn sie das könnten, müssten sie vermutlich nicht in einer Mädchenwohngruppe leben. Ist die Fluktuation zu groß? So müssen sich Frau Flor und die anderen Mitarbeiter gewissermaßen die Gerechtigkeit jeweils an ihren eigenen Hals hängen, müssen sie individuell erstellen und garantieren, müssen persönlich, von Fall zu Fall sagen, wieviel wer wann jeweils erhält. Dabei handelt es sich oft nur um die wenigen Euro einer Iustitia distributiva, einer Verteilungsgerechtigkeit. Mit dem Konflikt Gerechtigkeit versus Barmherzigkeit hat das ja noch wenig zu tun.

Frau Flor schränkt denn auch gleich ein: Diese Entscheidungen werden ja nicht unbedingt unter einem ethischen Gesichtspunkt getroffen. Und fährt dann fort: Aber es gibt auch große Entscheidungen: Wie lange ist ein Mädchen tragbar in der Gruppe? Ich erzähle einmal ein paar Beispiele:
Es geht sehr schnell, dass eine ins Abseits gerät. Es reicht schon, wenn eine sagt: „Mein Handy ist weg, das hat bestimmt die und die geklaut." Dann kann es passieren, dass dieses eine Mädchen von allen geächtet wird. Dass dann keiner mehr mit ihr spricht und alle meinen, sie sei die Diebin gewesen. Das geht sehr schnell und es kommt rasch zu fiesen Intrigen. Ein Mädchen hatte zahme Mäuse im Zimmer. Die hat sie selbst getötet und es dem anderen Mädchen angelastet: „Die hat meine Mäuse getötet." Da war die ganze Gruppe in hellster Aufregung. Niemand interessierte, dass die Angeschuldigte vielleicht selbst der größte Tierfreund war, dass die vielleicht zu dem Zeitpunkt gar nicht zu Hause war und es gar nicht gewesen sein konnte. Und eine ganze Meute brach ihre Zimmertür auf, schlug alles kurz und klein – Wir standen hilflos der Gewalt gegenüber. Wir waren gerade einkaufen gewesen, das taten die heimlich. Das Mädchen musste damals gehen. Sie kám später in die Psychiatrie.

Frau Flor gibt zwar Einblick in ihren schwierigen Alltag als Sozialpädagogin, aber auch hier scheint es noch keinen wirklich grundlegenden ethischen Konflikt gegeben zu haben. Dass sich das Gute, das nach Frau Flor und der idealistischen Ethik in jedem Menschen letztlich steckt, sehr schlau verbergen kann und das Böse dreist hervorkommen, lediglich das beweist dieser Fall – und auch der nächste. Von einem ethischen Konflikt im strengen Sinne, also von einem Abwägen zwischen gerecht und barmherzig, höre ich hier weniger als von einer gewissen professionellen Unerfahrenheit.

F.F. Einer wird plötzlich angehängt, sie würde Drogen verkaufen – in der Schule – völlig an den Haaren herbeigezogen. Aber das reicht völlig aus, um alle gegen dies Mädchen aufzubringen. Das ist extrem typisch für Mädchenarbeit.
D.K. Und was tut ihr dagegen? Macht Ihr wunderbare Spiele-Abende: Blau gegen Grau – und jetzt wechseln wir mal die Seiten und alle sind grau, die

vorher blau waren – die Blauen dürfen die Grauen nach Strich und Faden fertig machen – und dann von Neuem, dann dürfen die Grauen die Blauen fertig machen – also ich meine, welche sozialpädagogischen Handwerkzeuge stehen Euch eigentlich zur Verfügung?

F.F. Ja, das ist ein echtes Problem.

1.4.4   Ein Muster ethischer Konflikte

Ich skizziere an dieser Stelle noch einmal, was einen ethischen Konflikt ausmacht, was ihn von einem Rollenkonflikt, einem Dilemma durch unterschiedliche Wahrnehmungen, von einem Loyalitätskonflikt oder von anderen Konflikten unterscheidet:

Ausgehend von einem Sachverhalt S (= Terror im Heim) muss man zu einer Handlungsoption, einer Entscheidung kommen (O). Wird diese Entscheidung primär bestimmt von der Frage:
Was ist hier moralisch gut und richtig
= was ist im Interesse des Wohls der Mädchen? –
so handelt es sich um eine moralische oder ethische Entscheidung. Nun können aber unterschiedliche moralische Wertmaßstäbe und Normen (N) die Entscheidung (O) beeinflussen, so sehr, dass das Handeln je nach Norm am Ende anders aussieht: Lasse ich mich mehr von der Norm „Geduld bis zum letzten" oder der Norm „Mitgefühl" oder der Norm „Gerechtigkeit = gleiches Recht für alle" bestimmen, werde ich unterschiedlich handeln. Bevor die Entscheidung gefallen ist, liegen die verschiedenen Handlungsoptionen im Konflikt miteinander. Die Mitarbeiter haben schlaflose Nächte des Grübelns.

Betrachten wir die folgenden ethischen Konflikte der Frau Flor, die wirklich solche waren, mit Olivia und Elena:

F.F. An einem Mädchen hing damals sehr mein Herz, da ist es mir besonders schwergefallen. Das war Olivia. Eine kleine Freche aus Würzburg, große Klappe, total sympathisch. Jeder mochte sie irgendwie gern. Aber sie hat es nicht geschafft, sich an gewisse Regeln zu halten. Sie ist selten zur Schule gegangen, hat ziemlich oft geschwänzt.

Viele unserer Mädchen gehen auf die Hauptschule, ganz selten jemand aufs Gymnasium, ab und zu jemand auf die Realschule oder ab und zu mal welche auf eine Sonderschule.

Ja, Olivia hat die Schule geschwänzt, ist dann auch ganze Wochenenden nicht nach Hause gekommen. War bei ihrem Freund, auch wenn sie nicht durfte. Sie hat sich nicht mehr an irgendwelche Regeln gehalten, sondern hat dann ihr Leben gemacht, wie sie Lust hatte. Ab und zu ist sie in unsere Gruppe gekommen, aber dann war sie auch wieder tagelang weg. Sie hat auch oft und gerne Drogen genommen, wenn auch keine harten. Bei ihr war es ein schleichender Prozess. Sie hat keinen Tag etwas Gravierendes gemacht, wo man sagen musste: „Das geht jetzt auf keinen Fall!" – Sie hat nicht etwa jemanden verprügelt. Aber wir haben zunehmend gedacht: „Eigentlich müsste die mal irgendwo anders hin!" Auch die anderen Mädchen waren verunsichert. Sie dachten immer: „Wieso müssen wir uns hier an die Regeln halten, zur Schule gehen, die geht ja auch nicht!" Und irgendwann kommt dann der Punkt, wo man sagen muss: „Das geht nicht mehr."

D.K. Ohne dass Du einen Einblick gehabt hättest, woran es liegen könnte? Diagnostisch war mit ihr alles schon hundert mal abgehandelt?

F.F. Ja, die war einfach so: Was kostet die Welt? ... Ich hab heute aber keine Lust, in die Schule zu gehen ... Aber oft war es einfach auch so: „Ach, mein Freund, der ist arbeitslos, der schläft heute aus – und ich bin auch so müde, ich muss mal ein bisschen länger liegen bleiben."

D.K. Schade.

F.F. Ja, echt schade. Mit 17 ist sie dann schwanger geworden und mit dem Kind wieder nach Hause, nach Würzburg. Sie ist an fiese Männer geraten.

Und das war ein ethischer Konflikt: Das Wohl der Gruppe gegen das Wohl des Mädchens.

Es ist besonders schmerzhaft, wenn die nicht einmal zu ihrem Hauptschulabschluss kommen.

1. Im Schaubild wäre dieser Konflikt graphisch so dazustellen:

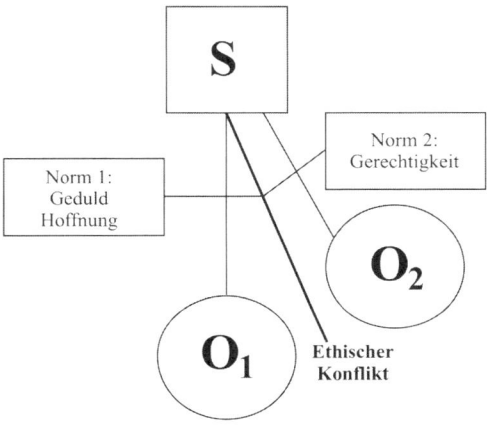

2. Der Konflikt hat sich zugunsten einer der beiden Handlungsoptionen aufgelöst.

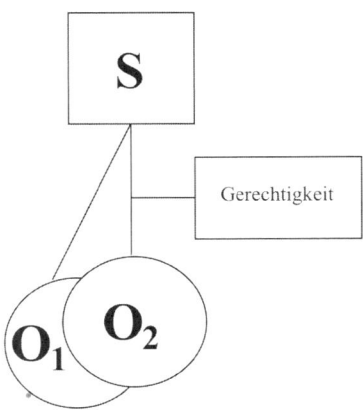

Die beeinflussenden Größen, die die Entscheidung leiten, sind nie nur ethische. Auch gruppendynamische, auch pädagogische, auch finanzielle. Dennoch: als die Ausweisung von Olivia zur Debatte stand, ging es nicht einfach um ihr „Wohl". Es ging vielmehr um die Tugend der Gerechtigkeit (für alle muss dasselbe gelten), die die Entscheidung leitete. Und es ging auch nicht einfach um das Wohl der Mehrzahl der anderen, sondern es ging um die Tugenden „Hoffnung" und „Geduld", Hoffnung nämlich, dass ihr Einfluss auf Olivia eines

Tages doch einmal stark genug wäre, sie „ans Licht zu bringen". Diese Hoffnung wurde enttäuscht.

Etwas andere moralische Werte spielten bei der Entscheidung eine Rolle, ob Elena in der Gruppe bleiben könnte. Einerseits wollte man auch ihr gegenüber Geduld beweisen und ihr eine Chance geben, andererseits ging es um die Tugend der Treue den Kollegen gegenüber, mit denen ja feste Absprachen bestanden, keine Geheimnisse privat mit einzelnen Mädchen zu teilen:

> F.F. Wir hatten ein Mädchen, Elena, die war echt schwierig. Auf den ersten Blick total lieb und nett, es machte Spaß, mit ihr zusammen zu sein, wenn ich Dienst hatte. Man konnte auch klasse mit der auskommen. Aber sie hatte auch ein anderes Gesicht, da guckte der echt der Teufel aus den Augen. Da bekam die so einen „Hass-schub" oder so und ich fürchtete, dass sie mir gleich an die Kehle springt. Sie konnte mir in die Augen gucken und Lügengeschichten erzählen noch und noch. Jeder dritte Satz stimmte nicht. Ich habe zwischendurch einmal überlegt, ob das eigentlich ihre eigene Wahrnehmung ist, ob sie die Wahrheit dessen glaubt, was sie erzählt.
>
> Sie kam aus schwierigen Verhältnissen. Ihre Mutter war gestorben, als sie fünf war. Und ihr Vater, mit allem überfordert, hat sie vielleicht auch missbraucht, vielleicht! Dann ist sie zu einer Tante gekommen und immer ab und zu zum Vater zu Besuch gegangen.

D.K. Obwohl es eigentlich nichts erklärt.

> Sie war essgestört, ist überall angeeckt mit ihren Lügengeschichten.
>
> Eines Tages nun wollte sie mir ein Geheimnis anvertrauen. Es wäre etwas ganz Wichtiges, sie müsste das mal erzählen, sie müsste das mal loswerden. Aber nur, wenn ich das keinem weitererzählte, auch nicht meinem Team. Da habe ich kurz überlegt und gesagt, das könnte ich ihr nicht versprechen, wenn das irgend etwas wäre von Relevanz für die Arbeit, dann könnte ich das nicht für mich behalten. „Dann erzähl es mir lieber nicht. Du kannst es Dir überlegen."
>
> Sie hat es mir dann nicht erzählt. Dabei wusste ich fast sicher, was sie mir erzählen würde: dass ihr Vater sie nicht missbraucht hätte. Dass er sie misshandelt hat. Aber nicht missbraucht. Auch vor Gericht damals hat man ihr das nicht geglaubt.
>
> Aber das ist ja fast schon eine Todsünde in der Jugendhilfe, zu sagen, dass man glaubt, dass eine sich das wirklich bloß ausgedacht hat.
>
> Ich gehe davon aus, dass ein Mensch erst mal einfach gut ist. Natürlich hat der erst mal (auch) ein böses Verhalten. Aber was mich aus Elenas Augen angeguckt hat, da geht's mir kalt den Rücken runter, und da tun sich Abgründe auf, von denen man gar nicht vermutet hatte, dass es die gibt.

Sie hat vorher in einer anderen Wohngruppe gewohnt. Da war ein Erzieher, wenn der zufällig mit ihr alleine im Haus war, die anderen schon in der Schule, ist er schnell rausgegangen und hat sich in sein Auto gesetzt und gewartet, bis auch sie weg ist, weil er sicher war, dass sie ihm sonst etwas anhängen würde. Der hatte richtig Angst vor ihr.

Ich weiß nicht, ob ich es richtig gemacht habe, dass ich es damals nicht angehört habe. Es war natürlich für mich der leichtere Weg, zu sagen: Ich kann das nicht alleine tragen. Ich wollte es nicht alleine tragen!

Noch eine weitere ethische Konflikt-Konstellation zeigt sich hier: Die Tugend „vertrauenswürdig sein, sich Vertrauen schenken lassen" gegen die Tugend der „Gerechtigkeit" in Form der Iustitia distributiva. Diese fordert: „Keine Ausnahmen, keine Bevorzugung einer Person gegenüber den anderen".

Vielleicht hätte aber Frau Flor um den Preis loyaler Kollegenzusammenarbeit zum ersten Mal einen Schlüssel zum Herzen der Elena gefunden. Aus einer tiefer verstandenen Gerechtigkeit heraus, Iustitia commutativa, die versucht, jedem Mädchen genau das zukommen zu lassen, was es gerade braucht. Oder aus der Tugend der „Großmut" heraus, wie Aristoteles sie nennt. Aber wo wäre dann die Grenze zwischen Barmherzigkeit und Gerechtigkeit?

Bei der Frage: Wahrheit oder Schutz der Familienehre durch Lüge? – hat sich einmal die Lüge als die tiefere Wahrheit erweisen können, um mit Bonhoeffer zu sprechen (vgl. oben S. S.78). So könnte sich im Falle Elena die Ungerechtigkeit einer Komplizenschaft einmal in Angenommen-Sein verwandeln.

Aber: „Die sitzt stundenlang bei der im Zimmer und lässt sich von der Geheimnisse erzählen, von denen wir nichts wissen", hätten Mitbewohnerinnen und Kolleginnen getadelt. „Das ist unprofessionell", hätten sie kritisiert. Einen solchen Tadel hat die Sozialpädagogin mit Recht gefürchtet. Denn Elena hatte sie ja in ein Paradox verstricken wollen, das über einen ethischen Konflikt noch hinausgeht. Als wolle sie sagen: „Ich schenke dir Vertrauen um den Preis, dass du der Bezugsgruppe deiner Kollegen das Vertrauensverhältnis brichst. Das Angebot heißt also: Bilde mit mir eine Kleingruppe der Geheimnisträgerschaft. Wir beide wollen uns zusammenschließen über etwas, was sonst keiner wissen darf." Nein, das wäre nicht gegangen.

Aber wo ist Elena jetzt? Was ist aus ihr geworden? Steht sie auf der Verlustliste?

Die Sozialpädagogin weiß es nicht.

*****

Um Nützen und Schützen ging es im ersten Teil des Hippokratischen Eides und um Ermöglichen, Unterstützen, Helfen, Anspornen und Schützen ging es in diesem ersten Kapitel über richtiges Arbeiten im Sozialen Bereich. Beispiele aus der Praxis haben gezeigt, wie das versucht wurde, wie es gelang, aber häufig auch misslang. Auf drei große Konflikte stoßen die Sozialarbeiterinnen und Sozialpädagogen dabei in ihrem Arbeitsalltag:

Sie arbeiten in einer Einrichtung oder Institution, die ihnen Pflichten vorschreibt, Pflichten zum Besten von Menschen. Aber sie zu erfüllen, würde sich zuweilen mit ihren eigenen Wünschen, wie diesen Menschen zu helfen sei, nicht decken:

Helfen aus Pflicht oder Helfen aus Neigung.

Sie halten die Wahrheit für wichtig. Sie möchten gerne aufrichtig sein. Aber sie erkennen, dass es zur Erreichung eines bestimmten Ziels mit ihren Klienten ausnahmsweise einmal besser sein kann, zu täuschen. Sie sind andererseits gekränkt, wenn sie selber belogen oder gar zum Lügen überredet werden. So bleibt der Konflikt bestehen:

Aufrichtig sein oder Lügen.

Sie merken, dass einige Menschen, die sie zu schützen haben, im Moment besonders viel Zeit, Geld, Chancen von ihnen fordern. Aber auf sie einzugehen, wäre das nicht ungerecht gegenüber all den anderen, mit denen sie zu tun haben?

Eine an Barmherzigkeit appellierende ausgleichende Gerechtigkeit muss in der Sozialen Arbeit ins Feld geführt werden gegen eine blinde zuteilende Gerechtigkeit.

Aber wie oft, wie lange, bis zu welchem Grade – da liegt der Konflikt.

Eine Kraft, die den Praktikern in ihrem Handeln hilft, hat Platon beschrieben: Sie selbst sind bereits einmal gebildet worden. Sie sind studierte Profis. Sie sind aus der Höhle der Illusionen zum Guten gezogen worden. Sie haben gelernt, sich andere Bilder von sich selbst zu machen und wollen nun auch gemeinsam mit dem zu beratenden Klienten andere, bessere (Selbst-)Bilder für diesen finden. Auf keinen Fall wollen sie ihm schaden.

Fünf Prinzipien der Berufsethik in der Sozialen Arbeit

eins
nützen und schützen

zwei
nicht schaden

drei
nichts ausplaudern

vier
den anderen als Person achten

fünf
integer sein

zwei

nicht schaden

Nil nocere – Nicht schaden. „Ich werde die Kranken schützen vor Schaden und willkürlichem Unrecht", verspricht Hippokrates – und dann noch einmal einige Zeilen weiter: „Ich werde mich enthalten jedes willkürlichen Unrechtes und jeder anderen Schädigung." Ja, Ärzte können schaden. Falsche Diagnosen, falsche Therapien, falsche Medikamente. Aber ist es nicht selbstverständlich, dass Sozialpädagogen und Sozialarbeiterinnen nicht schaden? Haben sie überhaupt so viel Einfluss, um wirklich schaden zu können? Außerdem gelten sie bei vielen ohnehin als „Gutmenschen". Sie könnten höchstens dadurch verunsichern und abstoßen, dass sie immer wissen, wie es richtig zu sein hat, jedenfalls einige Fürsorger vom alten Schlag.

Wie würde denn schaden aussehen? Was ist schlechtes Handeln im Kontext sozialer Arbeit? Was ist überhaupt „gut" in diesem Kontext? Und was ist dann „schlecht"?

2.1   Philosophische Bestimmungen von Gut und Böse

Es ist die Ethik als philosophisches und theologisches Lehrfach, die solche Themen seit Jahrtausenden bearbeitet. Sie behandelt u.a. die Frage: Was ist

„gut"? Was ist „nützlich"? Was ist „schlecht"? Was ist „schädlich"? Und auch: Was meint der, der fragt „Was ist das Gute"?

Diese Begriffe sind Wertungen und Wortklärungen, zu denen man in der Geschichte der Ethik auf vielerlei Denkwegen gelangt ist. Sieben markante Zugänge werden im Folgenden vorgestellt:

2.1.1 Moralische Basis-Erfahrungen

Gutes

Wir könnten nicht von gut oder schlecht sprechen, wenn wir nicht schon Gutes gefühlt hätten, jeder Einzelne. Nicht als Begriff, nicht als Theorie, sondern als etwas, das körperlich wohl tut oder als das Wort eines Menschen, das seelisch gut tut.

Lotta Schorn, Sozialarbeiterin und Heilpraktikerin aus Ostfriesland, hatte genug Zeit während des Interviews, um mit mir im Lauf des Gesprächs auch ein wenig über „das Gute an sich" zu sinnieren.

> L. Sch. Ich kann nicht ernsthaft fragen, ob sich das Gute erkennen lässt, wo ich es ja schon längst erlebt habe. Hat denn nicht jeder schon einmal etwas Gutes erlebt?
>
> Ich habe etwas erlebt, das mir Freude machte, das mich satt machte, das mich nach Hause holte, als ich mich als kleines Kind verlaufen hatte, und später habe ich gelernt, dafür das Wort „Gutes" zu benutzen. Und noch später, dieses Wort zu differenzieren in „Freundlichkeit" oder gar „Verzeihen".

Und dann erzählt sie ein Beispiel, das sie allerdings nicht selbst erlebt, sondern „irgendwo gelesen" hat:

> L. Sch. Eine studentische Reisegruppe besucht Kreta. Sie haben Zelte dabei. An einem Sonntagmorgen brauchen sie Brot und machen sich in dem Dorf, wo sie übernachtet haben, auf die Suche. Sie fragen einen alten Mann. Der führt sie aber nicht zum Bäcker, sondern zuerst zur Dorfkirche. Die sei von den Deutschen im Krieg zerbombt worden. Dann hätte Aktion Sühnezeichen aus Deutschland sie wieder aufgebaut. Und vor zwei Jahren hätten deutsche Touristen die schönsten Ikonen gestohlen. „Jedenfalls hatten wir jene bestimmten Leute am stärksten im Verdacht." Dann zeigt er ihnen den Bäcker. Als sie mit dem frischen warmen Brot wieder auf den Dorfplatz treten, kommt der Alte ihnen entgegen mit einem Korb voll Pfirsiche. Das war ein guter Mann.

Böses

In einer ersten erfahrungsorientierten Annäherung sagen wir auch vom Bösen, dass es nicht darum zu erkennen ist, weil unsere ethischen Begriffsnetze so fein gesponnen sind, sondern es ist zu erkennen, weil es schmerzt. Und zwar schmerzt es oft geheimnisvoll-heftiger, als das Gute auf uns angenehm wirkt. So prägt es sich der Erkenntnis deutlicher ein. So dass wir manchmal ganz umstellt scheinen von Sinnlosigkeit, Unfreiheit, Bosheit.

Wer würde durch komplizierte Argumente das Böse ableugnen oder entschuldigend als Hilflosigkeit umdefinieren, wenn er es gerade erlitten hat?
Eins von vielen Beispielen, die die Befragten in sozialen Berufen auf Anhieb parat hatten:

Björn Christiansen, 37, Sozialarbeiter, hat beim Betreuten Wohnen für psychisch Kranke in Bonn-Süd eine dreimonatige Krankenvertretung gemacht. Nun wird die erkrankte Mitarbeiterin endgültig in Rente gehen. Christiansen bewirbt sich um ihre Stelle.

B.C. Ich hatte meine Sache in den drei Monaten dort ganz gut gemacht. Man hatte mir Mut gemacht, mich zu bewerben. Aber ich habe die Stelle nicht bekommen und im Nachhinein erfahren, dass das eine ganz abgekartete Sache war. Der Leiter hatte einen Kollegen, dessen Freundin in der Ausbildung war. Die sollte demnächst die Stelle haben.
Um den Schein zu wahren, wurde die Stelle ausgeschrieben. Aber meine Kollegin, mit der ich dort drei Monate zusammengearbeitet hatte, war eigentlich mit meiner Arbeit ganz zufrieden und sagte, es sei im Interesse der Bewohner, dass ich dort bleibe. Sonst müsse ja schon wieder eine dreimonatige Vertretung kommen, an die die Patienten sich gewöhnen müssten. Und das sei für seelisch wenig belastbare Menschen fast eine Katastrophe. Im Nachhinein hat mir diese Kollegin erzählt, die Patienten in der Wohngruppe hätten sich darum auch beim Geschäftsführer beschwert, warum ich denn nicht geblieben sei. Da hat mich der Geschäftsführer verleumdet, ich hätte Geld und andere Sachen unterschlagen.
So ganz einfach aus dem Bauch heraus sage ich: Das war schlecht. Und mein Bauch hat es auch so erlebt. Ich hatte tagelang nachher Durchfall!

2.1.2   Der Bezug auf Höheres

Wertethik
Von Bauch und Herz aufsteigend zur Vernunft entdecken wir, dass gut und schlecht fast immer zuerst gefühlt, dann aber „in Beziehung zu ..." erkannt

werden. Die Wertung gut oder schlecht kann sich ableiten aus etwas Anderem, Hohem oder Wertvollem, Schändlichem oder Zerstörerischem, z.B.:

- Gut ist, was dem Volke nützt.
- Gut ist, was dem größtmöglichen Glück der größtmöglichen Zahl von Menschen dient.
- Gut ist vegetarisches Essen (nicht weil es schmeckt oder nicht schmeckt, das wäre ein sensorischer Genuss) – sondern weil es der Gesundheit dient und das Leben der Tiere verschont.

Gut ist also als Handlung selbst wie auch als Urteil über eine Handlung jeweils abhängig von dem höheren, anderen Wertvollen, das befördert wird, z.B.:

- das geeinte Europa.
- die solidarische Großfamilie usw.

Schlecht handelt entsprechend, wer dieses Größere, Wertvolle behindert. Korruption in Köln schadet dem Ansehen der politischen Parteien. Björn Christiansens missglücktes Bewerbungsverfahren tat ihm nicht nur weh. Es ist vielmehr schlecht, weil es das Vertrauen auch seiner Kollegen in die Objektivität der Chancengleichheit bei Stellenausschreibungen immer weiter erschüttert.
Beziehen sich „gut" und „schlecht" als relationale Adjektive auf Werte, so geht der Streit gleich los. Denn welche Werte nun zu befördern als „gut" gilt, welches Handeln als „schlecht, weil Werte missachtend" hängt in der Regel von der politischen Grundüberzeugung ab, vom Menschenbild, vom sozialen Umfeld, ja vom Land, aus dem man kommt.
Ist der Leitwert für „gut" oder „schlecht" zum Beispiel „Vollbeschäftigung", dann hört man noch heute das Dritte Reich als „gar nicht so übel" rühmen.
Ist der Leitwert „Gerechtigkeit", so müssen selbst Neonazis zugeben, dass die Jahre 1933–1945 eine Katastrophe waren, und nicht nur durch den Krieg.

Im Folgenden zwei extreme Beispiele für die Wertabhängigkeit von Qualitätsurteilen wie „gut" oder „schlecht". Sie stammen aus dem Bereich der Sexualethik.

Im Hörsaal
Ich wähle im Seminar nicht ungern Beispiele aus der Sexualethik. Sie wecken die Studierenden sofort aus dem Halbschlaf, in den ich sie mit Kant und Rawls-Texten versetzt habe.

- Ist der Leitwert „Reifwerden", so sind Initiationsriten afrikanischer Stämme „gut". Die jungen Männer dürfen nicht heiraten, bevor sie sich nicht durch harte Bewährungsproben als männlich und tapfer bewiesen haben. Ein afrikanischer Theologe, John S. Mbiti, beschreibt diese Initiations-Isolierung, die „in gewissen Fällen fast zwei Jahre dauert" als sehr hart: auf Steinen oder Dornen schlafen, ... den eigenen Urin trinken, stundenlang auf einem Bein stehen – und verprügelt werden, wenn es nicht gelingt. Mbiti lobt diese Riten, die – neben der Gruppenzugehörigkeit – auch den Wert „charakterliche Festigung" befördern. Was die Mädchen des Stammes angeht, so fährt er fort: „Um sich auf ihre Rolle als Ehefrau und Mutter vorzubereiten und dafür qualifiziert zu sein, ist auch die Klitoris-Beschneidung als Initiations-Ritus der Mädchen gut und selbstverständlich verbreitet ... Vermutlich war die Jungfrau Maria auch bereits beschnitten, als der Engel der Verkündigung zu ihr kam." Soweit der angesehene afrikanische Theologe.
  Dass Beschneidung bei Männern die sexuelle Lust erhöhen kann, bei Mädchen aber fast unmöglich macht, dieser Unterschied ist für ihn bedeutungslos, denn körperliche Erfüllung für Frauen ist ja gerade nicht als Leitwert gefragt. (Mbiti, 1995)

- Die Moso in Yunnan in China sind vermutlich die letzte Kultur auf Erden, in der der leibliche Vater die eigenen Kinder nicht oder kaum kennt und zu ihrer Erziehung und zu ihrem Unterhalt nichts beitragen darf. Diese liegt ganz in der Hand der Mutter und ihrer Brüder. Die Frauen des Stammes binden sich an keinen Mann. Wen sie in ihr Bett lassen, der muss frühmorgens wieder verschwunden sein. Es kann zwar zu lang andauernden Verhältnissen der Frauen mit bestimmten Männern kommen, aber nie zu Vater-Kind-Beziehungen. Ist das nun schlicht seit Jahrhunderten überlieferte Sitte ohne moralischen Wert? Nach dem Motto: Wir machen es halt so, wieso auch nicht? Oder wird hier auch ein Leitwert verteidigt: Autonomie? Geht es um die rigorose Sicherung der Unabhängigkeit der Frauen? Und um die ebenso rigorose Verteidigung der unbeschränkten sexuellen Wahlfreiheit der Männer? Die Sexual- und Familienmoral der Moso führte zu harten Kämpfen gegen Mao Tse-tungs Kulturrevolutionäre in den 1970er Jahren. Diese wollten die Moso zur Einehe zwingen. (Schepp 2003)

Die letzten Beispiele haben uns weit nach Afrika und China geführt. Sie sollten zeigen, welch unterschiedliche Verhaltensweisen zur Beförderung unterschiedlicher Werte zu beobachten sind. Sie zeigen aber auch, dass es offenbar nirgendwo auf der Erde heißen kann: „Wie ich mich verhalte, das ist doch egal, es ist doch alles gleich gut oder schlecht." Das wäre ein ethischer Relativismus, der nicht einmal im schäbigen Alltag derer vorkommt, die bei uns marginalisiert werden. Der abgestumpfte, ständig Halbbetrunkene, die verkalkte Tablettensüchtige mögen sagen: „Ist doch alles egal!" Aber wenn sie es auch vorbringen sollten, so sind sie doch empört und verletzt, wenn ihnen etwas geklaut und ihnen selbst geschadet wird. Plötzlich ist dann nichts mehr egal. Dann wissen sie haarscharf zwischen fair und ungerecht, zwischen liebevoll oder gemein zu unterscheiden. Weil auch ihnen, wie oben Björn Christiansen, weh tut, sinnlich spürbar, was sie erlitten haben.

Der Grundsatz: „Ob gut oder böse, ist doch irrelevant, es kommt doch nicht darauf an!" – ist also eine reine Kopfgeburt. Konsequenten ethischen Relativismus gibt es in der Realität nicht. Sobald wir selbst im Spiel sind, bleibt er eine Gedankenkonstruktion.

Gut = gut? Ideologien

Wie aber steht es mit den Sätzen, die „schlecht" und „gut" sagen, es aber gar nicht ernsthaft meinen? Etwa in Ideologien, den lügenhaften Begründungen für „gut" oder „schlecht. Sie proklamieren im Namen der Gesellschaft Tugenden, die in Wirklichkeit nur dem Interesse der Eliten und Herrschenden dienen. Und das gilt nicht nur für so großartige Polit-Fassaden wie Faschismus oder Kommunismus, sondern auch für unseren gewöhnlichen kapitalistischen Alltag. Zum Schein wird etwas als „gut" für den anderen oder für das große Ganze proklamiert.

Zum Beispiel ist der Kleinwagen „Bonny" besonders gut für Frauen geeignet, geradezu ein Segen für ihre Mobilität (Leitwert 1) und ihre Unabhängigkeit (Leitwert 2). In Wirklichkeit ist dem Hersteller das Wohlergehen der Frauen ziemlich egal, nicht aber deren Zahlungsmoral und seine eigenen Verkaufs-Bilanzen, das Gute für den eigenen Weideplatz also. Er wirbt mit einer Ideologie, einer Pseudophilosophie.

Aber nicht nur immer die anderen:

„Es ist gut, sich mit ethischen Fragen zu beschäftigen und Ethiken auszuformulieren", sagt der FH-Kollege und Sozialwissenschaftler Fritz Rüdiger Volz

ironisch. „Denn Ethik wird in der Regel dazu benutzt, die jeweils eigenen Überzeugungen zu legitimieren und das eigene Tun zu rechtfertigen."
Also auch in diesem Buche Ideologie?

Der Verweis auf Höheres, Wertvolleres, Werte-volleres, entscheidet bei diesem
ethischen Zugang darüber, ob etwas als „gut" oder „schlecht" gelten kann. Gut
und schlecht sind dann Ableitungen von Werten. Von solchen Werten haben wir
einige genannt. Bei Platons Schüler Aristoteles werden wir noch weitere ken-
nenlernen, freilich in ihrer Ausformung als Tugenden.

2.1.3   Die Tugendethik

Aristoteles, ein großer Sozialphilosoph der Athener Demokratie um 350 v. Chr.,
benennt menschliche Verhaltensweisen d i r e k t als gut oder schlecht. Gut sind
die Tugenden, weil sie nämlich stets zu einem erfreulichen Zusammenleben
t(a)ugen: Bescheidenheit ist eine solche Tugend, und wer bescheiden ist, wer
diese Tugend lebt, ist gut. Gerecht sein, mutig sein, anständig sein, das ist gut.
Da gibt es nichts zu zweifeln und nichts zu diskutieren.

Die Wertethik ließ diese Eindeutigkeit vermissen. Wer sich auf Werte wie
Friede und Sicherheit, Mobilität und Gesundheit, Mutterliebe und Kinderglück
bezieht und diese zu befördern versucht, handelt nicht notwendig gut und richtig. Die direkt benannten Tugenden dagegen, wie Großmütigkeit, Wahrhaftigkeit, Besonnenheit, Keuschheit, gelten als unentbehrliche Wegweiser in der
Ethik. Freilich alle in gesundem Mittelmaß verwirklicht und ohne in Extreme
abzugleiten, warnt Aristoteles. „Edel sei der Mensch, hilfreich und gut" dichtete
der deutsche Idealismus. Marion Gräfin Dönhoff hielt von allen Tugenden die
Toleranz für die wichtigste, sie schütze das Leben Andersdenkender, Anders-
farbiger. Albert Schweitzer entwickelte eine ganze Kulturphilosophie aus der
Tugend „Ehrfurcht vor dem Leben".

Dass der Mensch dennoch zuweilen lieber einen anderen Weg geht, das steht
auf dem Blatt der Realitätsbeschreibung, nicht dem der ethischen Konzepte. Die
aufputschende Lust an Schlägereien und Körperverletzungen oder der Kick
eines Einbruchs – mancher kann sie nicht missen. Nicht einmal eine Tugend wie
Geduld, die für Erziehende als eine unerlässliche und unkorrumpierbare

menschliche Haltung gilt, hindert daran, anderen zu schaden – indem nämlich das Falsche aus Schwäche zu lange geduldet wird.

Sind wir also im Kreis gelaufen, haben Werte und Tugenden gefunden, von denen nun am Ende doch nicht garantiert werden kann, dass sie menschliches Handeln entscheidend als richtig prägen?

2.1.4   Die Berufung auf Menschenrechte

Silvia Staub-Bernasconi, Professorin für Sozialarbeitswissenschaft, hat einen Ausweg formuliert. Als Sozialarbeiterin hatte sie noch einmal studieren können und in Soziologie promoviert. Sie leitete bis zum Ende des Sommersemesters 2003 als Gastdozentin an der Technischen Universität Berlin einen MA (Master of Arts)-Kurs: Human Rights and Social Work. Sie erläutert:
Nicht die Benennung von Tugenden oder der Hinweis auf Werte bürgt für „gut" oder „schlecht", sondern die Achtung der Rechte, die Menschen beanspruchen und die ihnen (hoffentlich) zugebilligt werden. Schutz der Menschenrechte und der Sozialrechte: Das gehört zur Selbstverpflichtung eines demokratischen Staates. Ausführlich legt sie dies in ihrem Buch „Systemtheorie, soziale Probleme und Soziale Arbeit. Lokal – national – international. Oder: Wege aus der Bescheidenheit" dar.
Werden diese humanen Rechte geschützt, wird z.B. laut Artikel 14 der Menschenrechte- Konvention einem politisch verfolgten Ausländer bei uns Asyl gewährt, dann ist das „richtig" und damit „gut". Werden die Rechte mit Füßen getreten, werden Menschen etwa willkürlich daran gehindert, ihre Religion auszuüben (Artikel 18) oder sich auf dem Marktplatz zu versammeln, dann ist das schädlich und schlecht. Nicht die Rechtsprechung oder die Politik, sondern die Soziale Arbeit nennt Frau Staub-Bernasconi die „Menschenrechtsprofession". Denn die Ausübenden sozialer Berufe treffen am ehesten mit Opfern zusammen und merken, wo Menschenrechte bedroht sind.

Manfred Weingarten, 33, Grundschullehrer, berichtet aus einer Arbeit, die auch seinen privaten Geldbeutel nicht ungeschoren ließ, dem Kirchenasyl:
> M.W. Es war gut, dass unser Verein „Pro Asyl" am Ende, als nichts mehr ging, den Petitionsausschuss des Landtags angerufen hat.
> So konnte Frau Kaplan schließlich doch in Deutschland Bleiberecht erhalten. Die 67-jährige Kurdin sollte 2002 zurückgeschickt werden. Alle Rechtsmittel waren ausgeschöpft. Sie lebte seit drei Jahren illegal bei ihren Kindern in Deutschland,

weil sie in Ostanatolien verfolgt worden war. Ihre Söhne und Töchter waren schon länger in Deutschland und waren als Flüchtlinge anerkannt. Alle. Alle neun.

Die Mutter wollte aus ihrer Heimat nicht weg. Aber als sie später nach dem Tod des alten Vaters doch nachkam, illegal nach Deutschland, durfte sie nicht bleiben. Sie hatte aber keinen einzigen Verwandten mehr dort im kurdischen Dorf, der sie hätte versorgen können. So tauchte sie in der Versöhnungskirche im Kirchenasyl unter und wir wandten uns an den Vermittlungsausschuss. Nun ist es gut ausgegangen. Allerdings erst, als wir eine Dolmetscherin gefunden hatten, der sie glaubwürdig von ihren Quälereien durch die Geheimpolizei erzählen konnte. Die hatten von ihr genau wissen wollen, wo und wovon ihre Kinder in Deutschland lebten. Bei den ersten Anhörungen hatte sie immer männliche Dolmetscher, bei denen hat sie sich geniert, alles zu erzählen. Ja, sie hat ein Recht auf Asyl.

Da die Charta der Menschenrechte 1948 als eine gültige Übereinkunft formuliert wurde, war es gut (und ausnahmsweise auch einmal erfolgreich) sich im Fall der Frau Kaplan auf diese zu berufen.

„Ausnahmsweise"?

Nach einer Rückschau und Auswertung der Ergebnisse des „Kirchenasyls" für Nordrhein-Westfalen ruft mich Manfred Weingarten im Januar 2004 noch einmal an:

Von 468 Flüchtlingen in der Halb-Illegalität der verschiedenen Kirchenräume sind durch den Einsatz vieler Deutscher, vor allem durch ihre Begleitung zu Behörden und Ämtern, über vierhundert nun mit einem legalen Status in Deutschland.

2.1.5   Universal: Utilitarismus und Verfahrensethik

„Gut, wenn schon wieder eine alte Ausländerin nach Deutschland kommt? Was soll daran gut sein? Haben wir bei uns nicht schon Greisinnen genug?", mag einer denken. Der Verweis auf die Tugend „Sorge für die alten Eltern" oder auf das Grundrecht auf politisches Asyl würde bei ihm ungehört verhallen. Wir sahen eben: Durch den Bezug auf Inhalte, es seien Tugenden, Werte, Ideale, übergeordnete Größen wie „Volk" – „Familie" – „Gerechtigkeit" – „Gesundheit" lässt sich „gut" und „schlecht" niemals ganz eindeutig festlegen. Darum gingen Immanuel Kant (siehe oben S.34), John Stuart Mill (siehe unten S.161) und so unterschiedliche Denker wie Jürgen Habermas (siehe unten S.182) und

John Rawls (S. 96/7) dazu über, nicht richtig und falsch, gut und schlecht als Inhalte zu beschreiben: Etwa „Honig ist süß und schmeckt mir gut", oder „Es ist gut, wenn mein Leben von der Polizei geschützt wird, denn ich lebe gerne". Sie entwickelten vielmehr, um Unsicherheiten und endlose Kämpfe zu vermeiden, ethische Prüf-Verfahren. Anhand dieser Denkverfahren lässt sich kontrollieren, ob etwas zum Leben taugt oder nicht. Mithilfe der ethischen Prüfverfahren ist es der Beliebigkeit entnommen, etwas „gut" oder „schlecht" zu nennen.

Für Kant tritt das Tribunal, der Gerichtshof, der über „gut" oder „schlecht" urteilt, allein in der Vernunft zusammen. Jedes einzelne Ich muss projizieren: Wenn das, was ich tun will, Grundlage einer Gesetzgebung für alle werden könnte, dann wird es gut sein. Prüfformel für „gut" oder „schlecht" also: Könnte es für alle verpflichtend gemacht werden? Wir sahen oben, wie er aufgrund dieses Verfahrens strikteste Aufrichtigkeit fordert. (Vgl. S. 47.)

Letztlich ist freilich für Kant nur eines gut:

Immanuel Kant:
„Es ist überall nichts in der Welt, ja überhaupt auch außerhalb derselben zu denken möglich, was ohne Einschränkung für gut könnte gehalten werden, als allein ein guter Wille. Verstand, Witz, Urteilskraft und wie die Talente des Geistes sonst heißen mögen, oder Mut, Entschlossenheit, Beharrlichkeit im Vorsatze als Eigenschaften des Temperaments, sind ohne Zweifel in mancher Absicht gut und wünschenswert; aber sie können auch äußerst böse und schädlich werden, wenn der Wille, der von diesen Naturgaben Gebrauch machen soll und dessen eigentümliche Beschaffenheit darum Charakter heißt, nicht gut ist." (Kant 1785, 18)

Schon fünfzig Jahre vor Kant war in England ein Denkverfahren aufgekommen, das sich nicht am Handlungsursprung, dem guten Willen, orientierte, sondern am Handlungsziel. „Wenn das, was ich tue, das Glück der größtmöglichen Zahl von Menschen befördert, dann wird es gut sein," formulierte der erste utilitaristische Philosoph Francis Hutcheson um 1725. Dabei wird Glück nicht einfach als Späßchen verstanden, sondern von ihm wie von späteren Utilitaristen auch im tieferen Sinne einer rein intellektuellen Befriedigung: Glück = Klugheit.

„Es ist besser, ein unzufriedener Mensch zu sein, als ein zufrieden gestelltes Schwein, besser ein unzufriedener Sokrates als ein zufriedener Narr", schrieb John Stuart Mill in „Der Utilitarismus" (1863/2002, 18).

Die Prüfformel für „gut" lautet also: Ist das, was ich tun will, nützlich (utilis) für ein solch differenziertes Glück mehrerer Menschen?

Nein, sagte der amerikanische Politologe und Philosoph John Rawls (geb. 1921). Man muss es individueller sehen. Er entwarf sein komplizierteres Prüfverfahren für eine gerechte Staatsverfassung, in der keiner Schaden nimmt, gerade als Kritik am oben beschriebenen Utilitarismus: Im Utilitarismus sah er die Interessen jedes einzelnen kleinen Menschen nicht gebührend berücksichtigt. Er entwickelte dagegen in den Jahren vor 1971 eine Verfahrensethik, die ein wenig von modernen Spieltheorien beeinflusst ist. Seine „Theorie der Gerechtigkeit" erschien 1975 zum ersten Mal auf Deutsch. Ich gebe sein Prüfverfahren stark vereinfacht mit meinen Worten wieder. Rawls regt an:

John Rawls:
Stellen wir uns vor, wir würden nach unserem Tod wiedergeboren. Aber wir wüssten nicht, als wer oder was. Der „Schleier des Nichtwissens" verbirgt uns die genaue Zukunft. Wir wüssten nicht, welche soziale Stellung wir in unserem nächsten Leben einnehmen würden, ob wir intelligent und muskulös oder dumm und schwächlich sein werden, ob Frau oder Mann, Kind eines Arbeitslosen oder eines Fabrikbesitzers. Die Staatsverfassung, die wir nun – noch in diesem unserem Leben hier – für unser zukünftiges Dasein auf dem Papier entwerfen, muss also gut sein. Rawls nennt sie „fair". Denn wir werden für uns selbst, als möglicherweise „Schwächste" in diesem Verfassungsentwurf eine optimale Güterverteilung und höchste Gerechtigkeit planen. Gleiche Grundeinkommen, gleiche Chancen am Arbeitsmarkt, gleiche Vermögen.
Das bedeutet keine graue Gleichheit. Privilegien wird es geben. Aber nur für den, „der besonders hart im Interesse der am wenigsten Bevorzugten" arbeitet. Zum Beispiel sind die beiden einzigen Autos auf einer Insel für den Doktor und für die Feuerwehr. Die sozialethische Prüfformel für „gut" wäre hier: Gerecht für mich sorgend, selbst wenn ich im nächsten Leben als geistig beschränkt oder körperbehindert geboren werden sollte. Rawls nennt dieses Verfahren zur Prüfung von gut oder schlecht „Suche nach Gerechtigkeit als Fairness – Justice as Fairness". (Rawls 1975/1994, 159 und passim)

2.1.6 Diskursethik

Die Frankfurter Philosophen Jürgen Habermas (geb. 1929) und Karl-Otto Apel (geb. 1923) gehen noch einen Schritt weiter. Das Verfahren wird radikaler, die Prüfmaßstäbe für das Gute werden genauer, das Richtige wird damit beinahe unerreichbar. Gut nennen Apel und Habermas ausschließlich das, was im vernünftigen Gespräch, in ruhigen Diskussionen zwischen gleichberechtigten und gleichbefähigten mündigen Gesprächsteilnehmern herausgearbeitet und entschieden wurde. Dabei müssen alle den gleichen Zugang zu Informationen haben und die gleiche Macht zu Entscheidungen. „Gut" ist der „herrschaftsfreie Diskurs" als solcher, in dem keiner einem anderen seinen Willen aufzwingt. Ob bei diesem Versuch, „gut" und „schlecht" nicht inhaltlich zu füllen, sondern das vernünftigste Verfahren zu finden, um ein solches Werturteil gemeinsam in der Gruppe zu finden, am Ende alle zufrieden sind, ist nicht garantiert. Ob dabei dann der gerechte Friede oder der gerechte Kampf herauskommt, ist nicht von vorneherein klar. Aber unbestritten ist, dass die menschliche Würde aller bei diesem Suchen nach dem Guten sehr weit respektiert wird. Bei der unten S.182 entworfenen Szene: „Familienkonferenz in einem SOS-Kinderdorf" werden wir sehen, wie so etwas in der Praxis sozialer Arbeit aussehen kann. Hier könnte Jürgen Habermas Pate gestanden haben.

2.1.7 Das absolute Gute

Zu noch größerer Abstraktion von Inhaltsbestimmungen können wir auf diesem Weg von dem „guten" Bleiberecht in Deutschland bis zu dem „guten" Prüfverfahren für politische Gerechtigkeit eines John Rawls und dem Konzept des herrschaftsfreien Diskurses eines Jürgen Habermas nicht gelangen. „Gut" und „schädlich" lässt sich nicht noch weiter formal bestimmen.

Werfen wir am Schluss einen Seitenblick von der philosophischen auf die theologische Ethik:
Schon Platon hatte im quasi religiösen Ansatz seiner idealistischen Ethik das Gute ganz heraus aus dieser Welt verwiesen, nicht einmal in diese hineinwirkend. Das Gute ist die höchste Idee. Es ist die Sonne. Es ist nicht von dieser Welt, es ist göttlich. In die Höhle fällt kein Licht. Aber man kann sich dem Guten annähern.
Jesus ging in einigen seiner Worte noch weiter: Nur Gott ist gut
Der Evangelist Matthäus überliefert Jesu Gespräch mit einem reichen jungen Mann:

Matthäus 19, 16–19:
„Er fragte ihn: Guter Meister, was soll ich Gutes tun, damit ich das ewige Leben habe? Jesus sprach zu ihm: Was fragst Du mich nach dem, was gut ist? Allein Gott ist gut. Wenn du aber das ewige Leben erstrebst, so halte die Gebote. Da fragte er ihn: Welche? Jesus sprach: Du sollst nicht töten;

> du sollst nicht ehebrechen; du sollst nicht stehlen. Leg nicht falsches Zeugnis ab! Ehre deine Eltern! Liebe deinen Nächsten wie dich selbst."

Auffallend ist hier der Gegensatz, auf dem Jesus besteht: Er verspricht für die Basisregeln eines humanen, gelingenden Umgangs der Menschen miteinander bereits das ewige Leben im Paradies. Dafür bedarf es keiner extra-besonderen Leistungen. „Nur" dass dem Nächsten nicht geschadet wird. Aber „gut" kann er dieses Sozialverhalten nicht nennen. Allein Gott ist gut.

Dass ich mit dieser neutestamentlichen Gleichnisrede die Ebene philosophischer Ethik-Theorien verlassen habe und eine Schlüsselstelle theologischer Ethik zitiere, wird dem Leser deutlich sein. Denn auch die biblische Ethik, nicht allein Aristoteles und Kant, sind eine Quelle für moralisches Verhalten in unserer abendländischen Kultur geworden. Das Neue Testament ist weniger daran interessiert, dass Menschen moralisch richtig handeln. Die zehn Gebote hält jeder Vernünftige ohnehin tunlichst ein. Nachdrücklich gefordert wird vielmehr, dass Menschen einander lieben und Schuld vergeben, sich nicht ganz im banalen Alltag verstricken, sondern mit Gottes Gegenwart rechnen. Denn jeden Tag kann das Paradies anbrechen:

Entsprechend wehrt der Reiche die Gegenfrage Jesu ab. Richtig gehandelt hat er ohnehin:

> Matthäus 19, 20–22:
> „Da sprach der junge Mann zu ihm: Das habe ich alles gehalten von meiner Jugend auf. Was fehlt mir noch?"
> Jesus verspricht ihm einen „Schatz im Himmel", wenn er all sein Geld den Armen gibt und mit ihm weiter durchs Land zieht. Dies kann er nicht und geht „betrübt" davon.

Im Hörsaal

> *würde ich in der Vorlesung „Geschichte der Sozialen Arbeit" diesen Text neutestamentlicher Ethik zur Erklärung der frühen Armutsgelübde der Mönchsorden heranziehen. Würde von Franz von Assisi erzählen, dem reichen jungen Mann, der sich vor seinem Bischof bis aufs Hemd entkleidete, um seine Zustimmung zu erhalten, Gott in den Armen zu dienen. Würde vom Zusammenhang zwischen Ordensgründungen und organisierter Kranken- und Armenpflege sprechen als einer Vorstufe moderner sozialer Arbeit. Für all dies ist an dieser Stelle in unserem Zusammenhang kein Platz. In den Seminaren über Ethik geht es um das Kennenlernen vieler Richtun-*

gen, um Differenzierung. Denn die ersten Antworten auf meine Frage: „Wer ist ein guter Mensch?", kommen meist aus dem Bauch heraus und erinnern an den Mann auf Kreta, der Pfirsiche verscherkt. Die Studierenden sagen spontan: „Gut ist, wer nicht stiehlt und nicht tötet und einer alten Frau über die Straße hilft." Dabei sollte das in unseren Breiten zurzeit doch selbstverständlich sein und keiner besonderen Gutheit bedürfen. Es mag wieder schlimmer kommen!

Die Skizzen zur Bestimmung des Guten in diesem Kapitel sollen den Hintergrund abgeben für das Versprechen in der Sozialen Arbeit, den Menschen nicht zu schaden. Ein solches Versprechen wäre überflüssig, wenn es unter Menschen nicht so viele Verletzungen gäbe. Denn dass das Nachdenken über „gut" und „schlecht" durch sieben Abschnitte töricht scheinen muss angesichts all des Grausamen in der Welt, ist mir bewusst. Woher kommt das Schädigende, wo so viele das Gute wollen? Welchen Namen trägt die alte Schlange, die dazu verlockt? Welcher Teufel stiftet das Grausame an? Ist es vielleicht der selbe gute Mensch, wenn er böse wird? Der Mensch als „Legierung von Gut und Böse"? Darüber unten in einigen philosophischen Entwürfen über „das Böse". Hören wir zuerst, wie Kolleginnen und Kollegen in der Sozialen Arbeit Schädigungen beschreiben, die sie erlebt haben:

2.2   Schaden und Nicht-schaden in der sozialen Arbeit

„Ich werde die Kranken bewahren vor Schaden und willkürlichem Unrecht", lässt Hippokrates den Arzt geloben. Der berufsethische Code des DBSH hält das „Nicht schaden" für selbstverständlich. Er führt es dennoch für die Angehörigen Sozialer Berufe etwas aus: „Eine Zusammenarbeit mit Klienten weder vorzeitig abbrechen noch unnötig verlängern." – „Klienten nicht privat ausnützen, schon gar nicht sexuell missbrauchen."
Wir hören es oft: Das Ansehen der Angehörigen Sozialer Berufe ist nicht hoch. Im landläufigen Sinne „nützen" Sozialpädagogen oder Sozialarbeiterinnen angeblich wenig. Sie trinken Kaffee aus großen Bechern, werden als „Gutmenschen" und „Berufsbetroffene" diffamiert und reden viel. Nützen sie nicht, so schaden sie vielleicht auch nicht?
Sozialarbeiterinnen sind oft eingebunden in ein Team. Sie werden von der Trägerorganisation kontrolliert. Sie haben selten ein eigenes Budget, also können sie nicht ohne weiteres Haushaltsmittel veruntreuen. Falls sie aber schaden,

ist es nicht leicht zu bemerken, denn ihre Klienten, die Opfer, haben in der Öffentlichkeit ohnehin selten eine Stimme.

Anders als die Lehrerin, die ein Kind dauernd vorzieht – und schon hat sie ein paar eifrige Eltern der anderen Schüler auf dem Hals – anders als der Rechtsanwalt, der für seine Mandantin einen schlampigen Schriftsatz verfasst – und schon profitiert die Gegenseite davon – anders als die Ärztin, die zu viel Morphium spritzt, schon schickt ihr die Krankenkasse die Polizei ins Sprechzimmer – schadet der Sozialarbeiter weitgehend unkontrolliert und unkorrigiert.

Kann er also doch schaden?

2.2.1 Das Team verhindert Schaden

„Nein!", widerspricht mir geradezu begeistert die schon pensionierte, erfahrene Sozialarbeiterin Vera Mosel, die ich interviewte. „Nein, denn du hast ja das Team, das dich kontrolliert und korrigiert."

Und sie berichtet von ihrer Tätigkeit im Oberbergischen in den 1970er Jahren und von der guten Teamarbeit.

> V.M. Wir haben wirklich jede Woche mit der Leiterin des Jugendamtes, der Familienfürsorge, unsere schwierigsten Fälle durchgesprochen. Du hast niemals eine große Entscheidung selbst getroffen, niemals. Und das ist eine große Hilfe. Denn es kann ja durchaus sein, dass Du etwas übersiehst, dass Du auf die Frage einer Kollegin hin auf einmal denkst: „Ja, ist ja wahr, daran habe ich ja gar nicht gedacht!"
>
> Niemals eine Adoptionsbewilligung, die nicht im Team besprochen war, niemals eine Pflegeerlaubnis ohne Team. Das ist auch deine Rückendeckung, das ist auch deine Stärke.

D.K. Was war mit den schwächeren Mitgliedern, die im Team nicht so glücklich waren? Die sich vielleicht ständig untergebuttert fühlten?

> V.M. Ja, die gab's auch. Aber auch der, der nicht so glücklich ist, wird ja auch im Team mitgetragen. Wer z.B. nicht so entscheidungswillig ist, dem hilfst Du ja auch bei der Entscheidung.

Heute jedoch, so entnehme ich den Klagen einiger Gesprächspartner, kann auch das Eingebundensein in ein Team nicht mehr unbedingt schädigendes Tun verhindern. Denn das Team als Arbeitsform, so heißt es, löst sich langsam auf. Gründliche Gespräche in Teamsitzungen dürfen bei vielen Trägern nicht mehr während der Arbeitszeit stattfinden. Sie werden von ihnen nicht mehr auf die Stunden angerechnet und bezahlt.

V.M. Der Träger besteht auf kurzen Übergaben beim Schichtwechsel, bei denen nur das Nötigste besprochen werden kann. Und die Freizeit dafür opfern, das wollen auch nicht alle Kollegen. – Da fährt man rasch nach Hause.

Das Team um Nathalie Ingendahl bildet da eine Ausnahme – und diese Ausnahmen gibt es immer wieder. Nathalie und ihre Kolleginnen arbeiten in einem Wohnheim für geistig behinderte Erwachsene, die oft schon viele Jahre in der Psychiatrie hinter sich haben. (Ausführlich wird es in Kapitel 4 vorgestellt.)

Hier hat sich das Team geduldig immer wieder überlegt: „Schaden wir der Cordula, wenn wir sie hier bei uns wohnen lassen? Bei ihr ist doch mit „Verselbständigung" nicht mehr zu rechnen." Cordula, 47, ist schwer geistig behindert. Würde ihr nicht gezielter geholfen, wenn sie wieder in die Psychiatrie zurück käme, wo sie viele Jahre war und die sie ihr Zuhause, „Hause", nennt?

Nathalie Ingendahl und ihre Mitarbeiterinnen stehen in der Gefahr, sich zuletzt selbst zu schädigen, weil sie Cordula nicht schaden wollen. Denn Cordula schläft schlecht und schreit nächtelang das Haus zusammen. Die Ärzte finden nicht die Ursache, daher auch keine wirksame Therapie und können nicht helfen.

Aber Cordula muss am Ende doch nicht in die Psychiatrie – es ging überraschend gut aus, wie unten S. 201f. zu lesen sein wird. Hier hatte ein Team als Team Schaden verhindern können.

2.2.2 Sozialarbeiter vor Gericht

Köln. Wer einem anderen schadet an Eigentum, an Ehre, an Gesundheit des Leibes und der Seele kann in Deutschland mit einer Strafanzeige rechnen. In den ganz wenigen Fällen, wo Sozialarbeiterinnen vor Gericht stehen, haben sie meist durch Unterlassen geschadet.

So kam es 1997 in Köln zu einem Verfahren gegen eine Sozialarbeiterin, die bei Hausbesuchen im Rahmen des Kommunalen Sozialen Dienstes nicht richtig hingeguckt hatte. Unbemerkt hatte eine junge Mutter ihr Baby verhungern lassen und der getrennt lebende Vater hatte die Stadt Köln angezeigt.

Berlin. Das Problem kenne ich, sagt Johanna Esch, als ich sie in ihrer großen Berliner Wohnung besuche. Ich habe bei solchen Fällen darauf bestanden, dass die Mutter mir das Kind auspackt. Ein Baby hatte schon Falten am Po vor Austrocknung und Hunger. Die Mutter holte Sahne aus dem Eisschrank: „Ich gebe ihm doch immer etwas Gutes." Ich bat sie, mit mir zur Mütterberatung des Gesundheitsamtes zu kommen. Das Kind behielt der Arzt gleich da.

99

In Köln rechtfertigte sich die angeklagte Sozialarbeiterin. „Ja, wenn ich im feinen Marienburg arbeitete. Aber hier in Kalk sind alle arm. Zu viele Haubesuche muss ich während der Dienstzeit machen. Da übersieht man mal was." Sie wurde verurteilt auf Bewährung.

Die schlechten äußeren Arbeitsbedingungen machte sie für ihren Anteil am Schädigen verantwortlich.

Diese Entschuldigung greift gewiss am häufigsten und sie wird auch besonders oft vorgebracht. „Wer wäre nicht ein guter Mensch geworden? Doch die Verhältnisse, die sind nicht so", lässt Bert Brecht seinen Helden in der Dreigroschen-Oper singen. Die Verhältnisse machen böse – marxistische Ethik basiert darauf und besteht darauf. (Vgl. unten S. 143 ff.)

Hamburg. Ihre beiden Kollegen in Hamburg, ein Sozialarbeiter und eine Sozialarbeiterin, können sich mit Arbeitsüberlastung freilich nicht rechtfertigen. Im Jahre 2000 müssen sie sich vor dem Landgericht Hamburg verantworten, „durch Fahrlässigkeit den Tod eines Menschen verursacht zu haben". Sie hatten, glaubt man dem SPIEGEL, ihre „Klienten" im Hamburger Elendsquartier Billbrook als „hoffnungslose Fälle" zwar immer wieder besucht, aber dennoch abgeschrieben:

DER SPIEGEL:
„Eine Siedlung ist das, vom Staat verwaltet und beaufsichtigt, in der die Ausgestoßenen der Wohlstandsgesellschaft leben, eine Art Endlager für Verwirrte und Verwahrloste, Trinker und Tablettensüchtige."
Zusammen mit Flüchtlingen wohnen sie „zwischen Millionen von Kakerlaken ... eine gewisse Hoffnungslosigkeit hat sich in den Köpfen der Bewohner festgesetzt", und die hat wohl auch die beiden Sozialarbeiter angesteckt, die im Frühjahr 2002 vor Gericht stehen.
Vor dem Landgericht Hamburg, nicht nur vor dem Amtsgericht, weil der Staatsanwalt anstrebte, „die Qualität der Sozialarbeit eines Länderministeriums einer kritischen Würdigung zu unterziehen."
Beide sind angeklagt, beim langsamen Sterben des 67 Jahre alten Otto Aschberg nicht eingegriffen und nicht den Arzt gerufen zu haben.

Die Hamburger verfassten Kurzberichte über die Besuche, die sie als Angestellte der städtischen Behörde für „Arbeit, Gesundheit und Soziales" regelmäßig in der großen Obdachlosensiedlung machen mussten. Protokollvermerke und Tagebucheinträge über Aschbergs Zustand, telefonierten über „Maßnahmen" und „Zuständigkeiten", gaben sich damit zufrieden, dass der

Kranke ihre Hilfsangebote immer wieder ablehnte. Und versäumten es so, rechtzeitig den Arzt zu holen.

Der Staatsanwalt protokollierte dies in der Anklageschrift.

„Am Vormittag des 1. April 1999, also keine 24 Stunden vor Aschbergs Tod, besuchten erneut die beiden Sozialarbeiter die Wohnung des Mannes." Sie trafen „einen bereits unter Schmerzen leidenden und zu diesem Zeitpunkt bereits in akuter Lebensgefahr schwebenden Mann", der „stark verkotet und durchnässt in seinem Bett lag". Die Sozialarbeiter entfernten sich dennoch aus der Wohnung – „ohne menschliche Zuwendung und Hilfeleistung". So das Ermittlungsergebnis laut SPIEGEL.

Als der Unterkunftsleiter später am Tag die zuständige Sozialarbeiterin auf die „extreme Notlage" des Otto Aschberg hin ansprach, erwiderte sie entrüstet, er wolle wohl der Sozialarbeit in der Einrichtung „ans Bein pinkeln", er solle sich um seine Arbeit kümmern.

DER SPIEGEL schreibt weiter:

„Für Aschberg hatten unterdessen die letzten Stunden begonnen", er war wohl aus dem Bett gefallen und lag nun „auf dem blanken und kalten Zementboden in einer großen Pfütze aus Fäkalien". Nun beschwerte sich der Unterkunftsleiter bei der Vorgesetzten jener Sozialarbeiterin, die am Morgen noch keine Maßnahme für nötig gehalten hatte. Er selbst wagte aber auch nichts zu tun. „Was mir am meisten zu schaffen machte", sagte er später vor Gericht aus, „war die Frage, ob man mir ein Problem machen könnte, wenn ich den Notarzt rufe" – wegen der Kosten.

Am Nachmittag gegen drei Uhr kam die Vorgesetzte und betrat zusammen mit der eigentlich zuständigen Sozialarbeiterin „das entsetzlich stinkende Haus". Als sie Aschdorf sah, der auf dem Boden lag, rief sie – endlich – per Handy den Rettungshubschrauber. Aber Aschdorf starb noch in derselben Nacht an Wasser in der Lunge, Unterernährung, Herzversagen. (DER SPIEGEL, Heft 10, 2002, 74–78)

Fazit: Schädigen in der sozialen Arbeit geschieht meistens durch Unterlassen. Diese Reportage des SPIEGEL wird hier so ausführlich zitiert, weil sie das Miteinander von persönlicher Gleichgültigkeit der zuständigen Sozialarbeiter und dem allgemein-politischen Desinteresse der Gesellschaft genau „spiegelt". Aber auch, weil sie die Last sichtbar werden lässt, die alle SozialarbeiterInnen tragen. Denn die Bürger der Freien- und Hansestadt Hamburg haben ja indirekt entschieden: „Es ist für jeden einzelnen von uns unmöglich und zu unbequem, uns um die Ärmsten der Armen zu kümmern. So bezahlen wir Steuern, und lassen davon Sozialarbeiter Dienst tun. Die haben das gelernt."

Der Sozialarbeiter ist nicht selten die letzte Hoffnung. Vor seine Füße fällt das, was die Gesellschaft als ihren menschlichen Schrott bezeichnet. „Nun kümmre dich darum – mach was damit – macht gemeinsam etwas – besorg einen Platz in einem erfreulichen Wohnheim – stell wegen des Asylverfahrens die Verbindung her zum Ausländeramt – besorg für das Kind eine nette Pflegefamilie – finde für die albanische Familie einen einfallsreichen Rechtsanwalt ... und ohnehin haben wir im Senat bald kein Geld mehr

für Dich selbst."

2.2.3   Schaden ohne Ende

Eigentlich ein Wunder, dass nicht viel öfter Sozialarbeiter vor Gericht stehen! „Nicht schaden!", das ist leicht gesagt. Aber in der Rückschau erinnerten sich etwa ein Viertel der Befragten an dunkle Stunden im Beruf, die es besser nicht gegeben hätte.

- Sie fragen sich bis heute, wie viel Schaden sie damals wirklich angerichtet haben.
- Sie sind wütend über den Schaden, den Kollegen und Vorgesetzte sich gegenseitig – und ihnen – antaten.
- Sie beklagen die Beschädigung ihres Ansehens, ihre mangelnde Glaubwürdigkeit in der Öffentlichkeit als Schaden, den sie und ihre Kollegen sich zuweilen selber zuzuschreiben haben.
- Aber sie sprechen in der Regel souverän und ohne Bitterkeit von den Verletzungen, die ihnen ihre Klienten zugefügt haben.

Im Folgenden kommen vier SozialpädagogInnen und Sozialarbeiter zu Wort, die kritisch zurückschauen auf ihr Handeln im Rahmen einer Einrichtung. Verfuhren sie dabei

Zu hart?

Rachel Werth, 35 Jahre alt, Erzieherin, dann Studium der Heilpädagogik an der Evangelischen Fachhochschule Bochum, arbeitet zurzeit als Fachberaterin für integrative Tageseinrichtungen für Kinder beim Diakonischen Werk in Düsseldorf. Aber am Anfang ihres Berufslebens ging es ihr schlecht. Sie erzählte mir von ihrer ersten Stelle. In einem Heim mit schwerst-mehrfach-behinderten Kindern und Jugendlichen.

> R.W. Die älteste war 22. Ich war im Gruppendienst und hab es bei Kollegen sehr häufig erlebt, dass sie ihre Macht gegenüber den Kindern teilweise sehr

102

deutlich ausgespielt haben. Aber auch ich musste sehen, dass ich nicht zu Schaden kam. Ich wurde gekratzt und gebissen. Ich habe mich auch gewehrt. War das falsch? Jeden Abend fuhr ich weinend nach Hause.

Dennoch habe ich mich gefragt, ob i c h den Heimbewohnern nicht schade. Nur eins der 13 Kinder dort konnte sprechen. Ich bin speziell von einer jungen Frau angegriffen worden, zu der ich sonst ein sehr gutes Verhältnis hatte. Sie hat nur mich und eine Freundin von mir angegriffen, zu uns beiden hatte sie ein sehr gutes Verhältnis – den beiden anderen Erziehern hat sie nichts gemacht. Was waren das aber für Angriffe! Wie oft stand sie mit einem erhobenen Stuhl uns gegenüber, hat massiv gekratzt und gebissen. Zuerst sind wir dann in ein Zimmer mit ihr gegangen und haben ihr ein Kissen angeboten, damit sie ihre Aggression daran austoben konnte. Aber es kam auch zu Grenzsituationen: Ich war schon mehrfach gekratzt worden, es tat auch richtig weh.

Da hab ich sie auch schon mal länger und härter angefasst. Und dann hab ich plötzlich gedacht: „Mhmh, pass auf Dich auf!" Ich will ihr ja nicht weh tun, ich will mich nur selbst schützen. Hinterher waren meine eigenen Gedanken sehr schwer, das war sehr schwer auszuhalten, meine Überlegung: „War das noch in Ordnung, wie lange und wie fest ich sie gehalten habe?"

D.K. Sie haben Sie ja nicht fixiert.

R.W. Nein, ich habe sie nur festgehalten und sie immer wieder gefragt, ob es jetzt gut sei (und sie aufhören könne) und wenn's nicht gut war, hab ich sie weiter festgehalten, bis sie gesagt hat „ja". – Aber auch dann konnte es wieder losgehen. Das hat mich schon belastet. Es war auch für sie ganz schlimm. Sie hat geschrieen und sie hat getobt – ich hab mich nie bedroht gefühlt, aber es waren Situationen, wo man selbst so wütend war, weil es einem selbst so weh tat. Und da hab ich oft gedacht, diese Situation ist schon grenzwertig. Wieweit schade ich ihr, weil ich sie zu hart anfasse?

D.K. Von einer solchen Situation wissen die wenigsten unserer Studierenden, dass die Arbeit mit Geistigbehinderten z.B. auch richtig weh tun kann.

R.W. Und bei Kollegen habe ich es erlebt, die schon lange in der Arbeit waren, die das ausgenutzt haben. Die auch ihre körperliche Überlegenheit ausgenutzt haben – und das fand ich ganz schlimm. Weil natürlich der Betreuer in einer mächtigeren Position ist, aber die eigentlich nicht ausspielen darf. Das wäre dann ja überhaupt kein partnerschaftliches Verhältnis. Und wenn man so weit ist, dachte ich, dann soll man schon den Beruf wechseln.

D.K. Ist das nicht nur ein Wort, „Partnerschaftlichkeit"?

R.W. Ja, das muss man natürlich jeden Tag wieder hinterfragen, das denke ich auch, aber das ist für mich schon ein Wunsch in der Arbeit mit Menschen, ob es mit Kindern ist oder mit Erwachsenen, mit Behinderten oder Nicht-

Behinderten: Partnerschaftlichkeit. Aber dieses Macht-Ohnmacht-Verhältnis, das ist schon sehr präsent und sehr nah dran an mir.

Trotz Körperkraft, Wildheit, Unbeherrschtheit, der Machtlose ist letztlich immer der Behinderte.

Zu lang?

Drei weitere Interviewte sind bis heute unsicher im Blick auf ihre Arbeit. Sie fürchten, „dem Schützling vielleicht geschadet zu haben". Ihre Berichte liefern Illustrationen zu § 3.9 des DBSH-Ethik-Kodex, der fordert: „Die Zusammenarbeit wird weder vorzeitig abgebrochen noch unnötig verlängert." Hier wird ein Schaden direkt mit dem Zeitfaktor begründet: Zu lang! Zu kurz! Aber wer ist es, der über die unzulässige Dauer urteilen darf?

Bei Birgit Cirebon war „zu lang" ihrer Ansicht nach immer noch „zu kurz". Überstürzt brach sie eine therapie-ähnliche Zusammenarbeit ab.

Die jetzt 40-jährige Sozialarbeiterin hatte 1986 ihre Diplomarbeit bei mir geschrieben, über „Soziale Arbeit mit Krebskranken und ihren Angehörigen auf einer Palliativstation". Nun ist sie beim Gesundheitsamt in L. im sozialpsychiatrischen Außendienst angestellt. Sie fährt zu den besonders schweren Fällen in die Wohnungen. Oft muss sie an verschlossenen Türen umkehren, weil sie z.B. von psychisch kranken Asylbewerbern in panischer Angst nicht hineingelassen wird – trotz Verabredung und Voranmeldung. Aber sie empfängt auch zu Gesprächen in ihrem Büro. Sie hatte mir erlaubt, für die hier veröffentlichte Befragung ihre Enttäuschung als „Musterfall" in meinem Anschreiben zu zitieren (vgl. oben S.8) berichtete:

B.C. Vor zweieinhalb Jahren entwickelte sich eine ganz gute Beziehung zu einer jungen Frau Anfang zwanzig. Sie war selbstmordgefährdet, war schon zweimal auf der Geschlossenen in der Psychiatrie gewesen. Gerade hatte sich ihr Freund von ihr getrennt. 90 Stunden Einzeltherapie bei einer Psychologin lagen hinter ihr. Nach den Sitzungen dort kam sie oft zu mir ins Amt zur „Nachbesprechung". Ihr Vater habe ihr als Kleinkind sexuell Gewalt angetan, zehnmal mindestens.

Nun musste ich ihr sagen, dass die Krankenkasse keine weiteren Therapiestunden mehr bezahlen würde. Aber zum Gesundheitsamt könne sie weiter unentgeltlich zu Gesprächen kommen. So stabilisierte sie sich allmählich. Sie wurde beinahe zur guten Bekannten. Plötzlich – aus heiterem Himmel – erhielt ich von der älteren Kollegin, die am Schreibtisch mir gegenüber sitzt, einen scharfen Verweis: „Sie zögern das Ende des Kontaktes zu lange hinaus. Wie können Sie so viel Zeit für diese Frau aufwenden? Die ist doch so reich und so hübsch! Da haben wir doch weitaus kränkere Patienten, die uns brauchen."

Das saß. Ich fiel in einen Gewissenskonflikt: Es wäre richtig, Zeit aufzuwenden für die anonymen, aber angeblich weitaus kränkeren Klienten, die uns brauchen. Es wäre ebenfalls richtig, weiter Zeit aufzuwenden für diese Frau, die dabei war, sicherer und fröhlicher zu werden. Meine Kollegin machte mir mit ihrem Pflichtbewusstsein ein schlechtes Gewissen, weil ich das, was ich tat, so gerne tat. Und gerne, voll Vorfreude in Klientengespräche zu gehen, das ist angeblich nicht professionell, das ist wohl irgendwie nicht richtig.

Daraufhin kniff ich. Ich sagte der jungen Frau, es würde ihr schaden, wenn sich die Betreuung zu lange hinzöge. Das Gespräch tat mir weh. Und dass ich die Kritik meiner Kollegin dabei auch gleich wörtlich zitierte, machte es für mein Gegenüber nicht leichter.

Zu kurz?

Ob das Abbrechen einer Gesprächsreihe bei einem ihrer Klienten wirklich eine Wunde hinterlassen hat, das will auch Vicky Markula noch einmal telefonisch erfragen. Vielleicht reißt sie die Wunde dann nur neu auf, zweifelt sie. Vicky arbeitet seit vielen Jahren in der Caritas-Erziehungsberatungsstelle. Sie hat zwei Zusatz-Ausbildungen als Therapeutin absolviert: Einmal als Alfred-Adler-Schülerin, dann als Tanztherapeutin. Aber das Schönste, das ich über sie verraten möchte, ist die Geburt ihres kleinen Gero, nachdem ihr Mann und sie schon ein indisches Kind adoptiert und ein deutsches in Pflege genommen haben. Da wir selbst auch ein indisches Mädchen adoptiert hatten, kamen Vicky und ich uns bei den Vorbereitungen zur Adoption des kleinen indischen Jungen damals, 1982, näher. Als Studentin an der FH-Münster war sie verlässliche Mitarbeiterin in meinem Projekt „Aufbau eines Altenbesuchskreises" gewesen. Nun wurden wir Freundinnen. So beschuldigte sie sich selbst mir gegenüber ohne Scheu, als sie zum Thema „Unrecht getan" schrieb:

> V.M. Ein geschiedenes Ehepaar war als Eltern bei mir in der Beratung. Es ging um den Umgang mit den Kindern. Nach etwa zehn Kontakten, in denen wir viel erarbeiten konnten, beendete ich die Beratung in einer für den Mann verletzenden Weise (vermute ich). Meine Situation: Ich stand kurz vor meinem beantragten Sonderurlaub, den ich aus dienstlichen Gründen zwei Monate früher als von mir gewünscht antreten sollte. Ich hatte Mühe, alle Beratungen in angemessener Weise zu beenden bzw. an Kolleginnen zu übergeben.

> Vor dem letzten gemeinsam verabredeten Kontakt rief mich die Mutter an, um mir mitzuteilen, sie hätte zurzeit keine weiteren Fragen mehr und wolle gerne auf das letzte Gespräch verzichten.

> Dem Vater schrieb ich (da mir das zeitlich gut in den Kram passte) einen Brief, in dem ich ihm sinngemäß mitteilte (unterstellte), dass auch für ihn derzeit wohl

keine weiteren Fragen anlägen (was ja nur für seine Ex-Frau zutraf). Dabei sagte ich den Termin (ohne ihn persönlich zu sprechen) ab.

Diese Unverschämtheit von mir begleitete mich oft in diesem Jahr, und ich habe vor, den Vater noch einmal anzurufen, um mich bei ihm zu entschuldigen für diesen fachlichen und menschlichen Fauxpas.

Zu zögernd?

In einer großen psychiatrischen Klinik besuche ich die Sozialarbeiterin Melanie Hans, die sich bereit erklärt hat, sich von mir befragen zu lassen. Ihre Kollegin Dorit hatte für meine „Rechtschaffenheit" gebürgt. Dorit war eine ehemalige Diplomandin von mir.

Ich treffe eine schöne, gesammelte junge Frau, 36 Jahre alt. Sie war ursprünglich Erzieherin, studierte dann Soziale Arbeit, war anschließend ein halbes Jahr Kindergartenleiterin. Jetzt arbeitet sie auf zwei Stationen in der Allgemeinen Psychiatrie einer Klinik, auf denen sowohl psychotische wie persönlichkeitsgestörte Patienten und Menschen in Krisensituationen behandelt werden. Die Stationen können nach Bedarf auch „geschlossen" gehalten werden.

Nein, wie auch bei ihren Vorrednerinnen kann ihr niemand etwas vorwerfen. Sie hat einem anderen Menschen vielleicht geschadet, vielleicht hätte sie ihn retten können, wahrscheinlich nicht. Niemandem würde es einfallen, ihr einen Vorwurf zu machen. Und dennoch wirkt sie so leise und so beschwert auf mich. Als würde sie die Erinnerung an den Samstag im Juni bis heute nicht los:

> M.H. Ich hatte auf der Station einen jungen Mann nach einem Suizid-Versuch betreut, er war in meinem Alter. Als ich an einem Wochenende zu meinen Eltern nach Hause fahren will, sehe ich ihn plötzlich durch das Zugfenster auf dem gegenüberliegenden Bahnsteig. Er hatte zwar genehmigten „Ausgang", aber mich überfiel auf einmal die Ahnung, dass er sterben will. Ich habe ihm aus dem Zug noch zugerufen:
>
> „Wohin wollen Sie denn?" Er: „Nach Calw, zu meinen Eltern!" Einen Moment überlegte ich, ob ich jetzt noch aussteigen soll. Ich war so beunruhigt, dass ich mich beim Schaffner erkundigte, ob von dem Bahnsteig dort auch wirklich ein Zug nach Calw abfährt. Der Schaffner bestätigte das. Als ich am Montag jedoch wieder in den Dienst zurück komme, erfahre ich, dass unser Patient sich noch fünf Stunden auf dem Bahnsteig aufgehalten hat, und sich dann vor einen einfahrenden Zug warf. Diese Katastrophe hat mich lange beschäftigt. Geholfen haben mir Gespräche mit Kollegen und Freunden und mit meinem Supervisor. Hätte ich entschiedener handeln sollen?

(Vier Jahre später, im Juli 2004, höre ich wieder von Frau Hans. Sie schreibt: Dieser Fall begleitet mich bis dato. Sicher nicht mehr so drängend, wie zum Zeitpunkt unseres Gesprächs. Aber in manchen Situationen lebt die Erinnerung wieder auf.)

2.2.4 Einander nicht schädigen in der Einrichtung

Wir haben Stimmen gehört von vier jungen Frauen, die sich noch lange im Nachhinein fragen, ob sie Klienten (Kindern, Behinderten, zu Beratenden) nicht geschadet haben. Manches mag uns als übertrieben vorsichtig und zweifelnd erscheinen. Als ich aber in den Gesprächen fragte, ob sie als Sozialarbeiter selbst von Kollegen oder Chefs geschädigt worden seien, strömten die Erinnerungen rauschend wie Wasser aus der geöffneten Schleuse:

„... Die oben wollten, dass wir uns durch Lügen lächerlich machen – Der Aufstieg wurde mir versaut – Die Stelle, auf die ich mich bewarb, war längst jemandem versprochen – Der Chef hat mich zu einer Entscheidung gedrängt, am Ende gab es eine Tote ...“

Und dann erzählten sie im Einzelnen vom unerfreulichen Zusammenarbeiten Tag für Tag:

Der Druck vom allerhöchsten Chef

Jolanda Imhoff, 59, ist eine der fünf eindrucksvollen Fürsorgerinnen vom alten Schlag, die ich interviewen konnte. Lebenserfahren, aber ohne Zynismus. Sie hat an einer katholischen Höheren Fachschule für Sozialarbeit studiert. Seit 22 Jahren arbeitet sie bei einer Kriseninterventions- und Konfliktberatungsstelle der Caritas.

Im Zuge der päpstlichen Initiative, dass in katholischen Beratungsstellen „nur" noch beraten, aber nicht mehr der nach § 219 Beratungsgesetz vorgeschriebene Schein ausgestellt wird, der zum Abbruch berechtigt, wurde bald auch vom örtlichen Bischof gefordert, dass die Mitarbeiterinnen in den katholischen Beratungsstellen keine Scheine mehr ausstellen dürften. Das war inzwischen bekannt und die Mitarbeiterinnen hatten sich gespalten: ein eigener Verein katholischer Christen und Fachleute, Donum Vitae, stellt unter einigem persönlichen und finanziellen Risiko weiterhin Bescheinigungen über erteilte Beratung aus. Ihr Ziel ist es, Frauen in persönlichen Entscheidungs- und Konfliktsituationen weiterhin innerhalb der katholischen Kirche erreichen zu können. Sie müssen mit der Diskriminierung durch Papst und manche Bischöfe leben und nehmen das auf sich. Andere Mitarbeiterinnen der Caritas führen die Beratungsarbeit weiter unter dem Namen „Esperanza: Beratungs- und Hilfenetz vor, während und nach einer Schwangerschaft". Sie stellen keine Scheine aus.

In dieser Beratungsstelle treffe ich Frau Imhoff. Sie ist empört:

J.I. Im Zuge der Auseinandersetzungen mit den Bischöfen, im Zuge von Druck und Gegendruck hatten die Bischöfe die Phantasien, wir von Esperanza würden sagen:

„Wenn wir schon den Schein nicht ausstellen können, vermitteln wir eben an Donum Vitae". Das waren deren Phantasien und auf Grund dieser Phantasien haben sie bischöfliche Richtlinien für uns entworfen und in diesen Richtlinien, die wir aus der Presse erfuhren (– das war etwas, was mich sehr kränkte, dass wir's nicht mal persönlich bekamen –) stand in ganz scharfer Form: „Es ist den Beraterinnen untersagt, andere Beratungsstellen zu nennen, die die Beratungsbescheinigungen ausstellen." Das sollten wir unterschreiben.

Ich habe in unserem Verein – ich komme mit dem Vorstand sehr gut klar – laut und vernehmlich gesagt: „Ich werde das nicht unterschreiben." Und das hat mich persönlich betroffen gemacht, dass unsere Geschäftsführerin, die sonst eine Power-Frau ist und eigentlich auch recht mutig, uns vier Beraterinnen ... (die anderen arbeiten mit einer geringeren Stundenzahl, sind ein wenig jünger als ich, sind von daher auch noch ungesicherter, aber alle sehr betroffen durch diesen Zusatz) ... in einem mehr als einstündigen Gespräch klar machte, wie die Zusammenhänge sind, wie die Bischöfe empfinden und warum sie so empfinden und dass dieser Passus eigentlich *nicht* in Ordnung ist.

Aber bevor es nun zu Konsequenzen komme ... (wenn wir diese bischöflichen Richtlinien nun nicht unterschrieben) ..., nämlich keine Anerkennung für unsere Arbeit, keine Legitimation, somit auch keine Finanzierung, dass dies solche Auswirkungen auf den Verein hätte, dass wir – das kam fünfmal in diesem Gespräch – Folgendes überlegen müssten: wenn man sich den Luxus erlaubt, dass man bestimmte ethische Werte vor seinem Gewissen vertritt, dann muss man bitte auch die Konsequenzen ziehen.

Beim fünften Mal habe ich gesagt: „Wie würden diese Konsequenzen denn aussehen?" – „Ja, theoretisch könnte es so aussehen: Eine Mitarbeiterin (– alles pauschal gehalten! –) kündigt. Oder in besonderen Härtesituationen wird der Verein versuchen, wenn er der Meinung ist, wir wollen diesen Arbeitsbereich halten, in der Schwangerschaftskonfliktberatung drinzubleiben. Wir wollen uns diese Anerkennung nicht verscherzen. Somit laufen die Beraterinnen, die das nicht unterschreiben, Gefahr, gekündigt zu werden, oder umbesetzt zu werden innerhalb des Vereins."

Und das war so ein Punkt, genau, wo ich so merkte, das war eine ganz persönliche Kränkung. Erstens war das alles noch nicht ausgestanden, sondern der vorauseilende Gehorsam gebot es der Geschäftsführerin, deutlich zu machen: „Also, wagt es nicht!"

Diese Geschäftsführerin hatte selbst Druck, weil sie ein paar mal schon von mir gehört hatte, ich würde das nicht unterschreiben. Ich hatte gesagt: „Wie weit wollen sie denn noch gehen, die Bischöfe? Wie weit wollen sie uns denn noch unter Druck setzen?" Das kann ich nicht verantworten. Den Frauen, die sich bei uns melden, sage ich immer: „Ich berate Sie gerne, aber ich kann Ihnen die Bescheinigung nicht ausstellen, das ist uns von der Kirche verboten worden." Dann kommt natürlich immer die Frage. „Wo gehe ich denn dann hin?" Dann gebe ich ihnen Adressen und Telefonnummern der anderen Beratungsstellen. Das wäre mir verboten worden. Und dann sollte ich stattdessen einer Frau sagen: „Das weiß ich nicht?" – Nein, da wäre ich ja zur Lüge angestiftet worden. Sollte ich etwa sagen: „Das darf ich nicht sagen, da darf ich nicht drüber sprechen"? Können Sie sich das vorstellen? Ich habe gesagt: „Das kann ich nicht unterschreiben."

Ich hatte schon mit meinem Mann überlegt, wenn ich dann eine Abmahnung bekomme oder vielleicht ein halbes Jahr, bevor ich in den Ruhestand gehe, die Kündigung kriege, dann werde ich zum Arbeitsgericht gehen. Dann werde ich die Kirche verklagen, das werde ich tun!

Das war eine ungeheure Kränkung, weil es ohne Not war. Eine andere Mitarbeiterin weinte, die war total betroffen. Eine dritte sagte: „Dann wird uns gar nichts anderes übrig bleiben als zu unterschreiben."

Es wurde jedenfalls im Moment die Unterschrift nicht von uns verlangt. Ich war sicher, dass das so auch nicht kommen würde. Aber das hatte ich beim Ausstieg, als wir keine Scheine über die Beratung mehr ausstellen durften, ja auch gedacht. Mein Optimismus macht mich da sorglos. „Das können die nicht tun!" Vielleicht wollte es auch die Geschäftsführerin los sein, sie war krank, sie fuhr zur Kur, sie wollte es hinter sich haben. Aber gerade weil ich mich in diesem Verein immer sehr getragen gefühlte hatte, gerade dort auch mit meinen ethischen Ansichten und Anschauungen manches durchgestanden habe, hat mir das im kirchlichen Raum meinen letzten Halt weggezogen. Das hat mir ungeheure Probleme gemacht.

Die Geschäftsführerin hat das gemerkt, sie hat am nächsten Tag eine Kollegin gefragt, ob es wichtig sei, mit mir noch einmal zu sprechen, natürlich würde man mir nicht kündigen, das sei doch selbstverständlich, da müsste man gucken, was man mit mir machte. Seitdem ist das Verhältnis abgekühlt. Zwischenzeitlich sind diese Richtlinien vom Tisch, die Interpretation, die inzwischen dazu gegeben wurde, ist so, dass ich das durchaus unterschreiben könnte.

Frau Imhoff ist von dem Schaden, den die unmittelbare Vorgesetzte, aber vor allem der hohe Chef ihr angedroht hatten, noch ganz aufgewühlt. Ihre Stimme klingt je länger je lauter. Dass sie sich so dumm stellen sollte und Informationen verschweigen, die sie doch hatte – dass man ihr das zutraute! Unglaublich! Selbst die noch so dreisten Lügen einer Schwangeren in der Beratungsstelle haben ihr nicht solchen Schaden zugefügt wie dieser Erpressungsversuch vom hohen Chef ihrer eigenen Einrichtung.

„Mir wurde der Aufstieg vermiest ...“

Geschädigt, wenn auch auf andere Weise, fühlt sich auch Heinz Bußmann. Er ist der „ranghöchste“ unter den Sozialarbeitern, die ich interviewte. Er arbeitet als Beamter im sozial-medizinischen Dienst einer Landesregierung in Süddeutschland. Er ist einer von drei Sozialarbeitern dort, 58 Jahre alt. Schwerpunkt: Psychosoziale Beratung, Hilfe bei Alkoholkrankheit, Reha-Maßnahmen aller Art.

> H.B. Früher gab es fünf Sozialarbeiter für alle Landesdienststellen. Heute muss die Sozialberatung von uns dreien bewältigt werden. Jeder Sozialarbeiter betreut Dienststellen mit insgesamt etwa 8.000 Beschäftigten.

Ein Mann spricht da zwischen den Betonblocks der Behörde mit mir, der beim Reiten den Ausgleich zur Arbeit findet (das verrät ein Rundblick auf die Fotos in seinem Büro), ein ruhiger, selbstbewusster, überraschend ehrlicher Mann. Überraschend, weil wir uns vor unserem Gespräch nie gesehen hatten. So konnte er nicht wissen, ob ich mit seinen Informationen, ja, seiner Offenheit, in der Weise verschlüsselt und anonymisiert weiterarbeiten würde, wie ich es ihm vor Beginn des Gespräches zugesichert hatte.

Mit ihm sprach ich über den Schaden, den sich Angehörige helfender Berufe innerhalb ihrer Organisation gegenseitig selbst antun. Denn er war vor seinem Eintritt in die Behörde beim Gesundheitsamt eines ländlichen, sehr ländlichen Landkreises angestellt gewesen, Schwerpunkt: Suchtberatung. Meine Rückfragen zeigen, dass ich Mühe hatte, ihn genau zu verstehen.

> H. B. Ja, ich war einmal gezwungen, mich nach einem anderen Arbeitgeber umzusehen. Als ich im sozialpsychiatrischen Dienst war, habe ich Entwicklungschancen für mich gesehen, habe mich von daher auch 15 Jahre in dem Dienst gehalten, weil ich schon spekuliert hatte, eine Arbeitsgruppenleitung zu bekommen.
> Plötzlich wurde alles umorganisiert. Da wurde mir eine Ärztin vor die Nase gesetzt. Kam aus der Klinik, völlig unerfahren, Psychiaterin. Die war plötzlich unsere Vorgesetzte und wollte uns vor allem kontrollieren. Sie konnte meine Arbeit

überhaupt nicht beurteilen. Sie zitierte uns regelmäßig, damit wir Rechenschaft ablegen. Ich habe mich massiv zur Wehr gesetzt. Hab das einfach nicht gemacht. Ich wurde zum Verwaltungschef und zum Dezernenten zitiert. Da wurde mir gesagt, was ich zu tun hatte. Ich habe meine Beweggründe dargelegt und man gab mir zu verstehen: Wenn ich mich damit nicht abfinde, dann bin ich da nicht mehr richtig. Und dann werden sie schauen, wo sie eine andere Stelle für mich haben – ich war ja Beamter. Aber dann drohten mir da Arbeitsbedingungen, die ich mir nicht bieten lassen wollte.

Die Ärztin war extrem unsicher, darum spielte sie so ihre Macht aus. Ich habe Kooperation versucht. Aber ich wollte mir in meine Arbeit nicht reinreden lassen.

Die Grundlage der Arbeit der Suchtberatungsstellen ist das PsychKG. Dieses Gesetz wurde von ihr und von mir sehr unterschiedlich ausgelegt. Dreizehn Jahre hatten meine acht Kollegen und ich gearbeitet. Ein anderer Kollege und ich, wir konnten uns aber mit den neuen Vorgaben, wie die Arbeit nun auszusehen hat, nicht identifizieren und haben gekündigt bzw. um Versetzung gebeten als Beamte.

D.K. Bestand die unterschiedliche Auffassung darin, dass die Ärztin leichter jemanden nach dem PsychKG einwies? Oder gerade schwerer?

H.B. Die Arbeitsinhalte leiten sich ja von dieser Gesetzesgrundlage ab. Aber wie weit das zu gehen hat und welcher Personenkreis betroffen ist, ist dort nicht genau vorgegeben. Der Personenkreis, mit dem wir arbeiten sollten, wurde sehr stark eingeschränkt: Die Suchtberatung sei von nun an vom sozialpsychiatrischen Dienst überhaupt nur noch für die Menschen zu leisten, die nicht krankenversichert sind.

Also praktisch nur noch für Obdachlose.

Denn Suchtberatung sei eigentlich Sache der Krankenversicherungen, wurde uns gesagt. Aber der sozialpsychiatrische Dienst machte in diesen ländlichen Gemeinden alleine die Suchtberatung. Es gab sonst keine! In den Städten ja, auf den Lande nicht. Und gerade dort gab es viele Menschen, die ich durch die Jahre kennengelernt und begleitet hatte.

Das interessierte die Ärztin überhaupt nicht: „Seit 1968 ist die Alkoholsucht eine Krankheit. Das steht fest. Folglich ist das Sache der Krankenkassen. Und wie die BfA das macht, dass die ihre Sozialberichte kriegen für die Reha-Maßnahmen, das ist deren Aufgabe, das soll uns nicht interessieren. Und wenn Sie's anders halten, Herr Bußmann, dann ist das ihr Privatvergnügen."

Dann eskalierte das natürlich – ich hab's auch darauf ankommen lassen.

D.K. Hat denn hier jemand an Ihnen wirklich falsch gehandelt? Diese junge Ärztin, hat die denn einfach einen Fehler gemacht?

H.B. Ja, die hat ganz bewusst nur ihre Macht ausgespielt und gezeigt, wer hier der Stärkere im Laden ist, wer hier zu bestimmen hat. Es ging nicht um die Sache.

D.K. Könnte sie nicht auf dem Standpunkt stehen: „Das Geld wird immer knapper! Ich bin im Recht, weil ich die Mitarbeiter von Diensten entlaste, für die andere Stellen zuständig sind und sie auch machen würden."? Jetzt würden Sie sagen: „Sie werden aber von anderen nicht getan."

H.B. Eben.

D.K. Wie glauben Sie denn, wie diese Frau das heute beurteilen würde? „Da habe ich den Herrn Bußmann gehen lassen ..."

H.B. Sie ist unbelehrbar und sie ist immer noch auf dieser Stelle. Aber vom ehemaligen Kollegenstamm ist nur noch einer da. Einer ... Mir machte am meisten zu schaffen, dass ich überzeugt war von einer guten Sache und von der Richtigkeit meiner Arbeit und es wurde nicht anerkannt. Ich habe die Sache gut gemacht, weil ich wirklich engagiert war. Aber da ist mir Unrecht getan worden. Vor allem bei den Versprechungen, die mein Arbeitgeber mir vorher gemacht hat, Leiter der Arbeitsgruppe zu werden: „Das kann ich Ihnen zwar nicht schriftlich geben, aber wenn diese Stelle hausintern besetzt wird, dann sind Sie dabei." Stattdessen wurde eine Ärztin angestellt als Leitung ... für die Sozialarbeit.

D.K. Herr Bußmann, darf ich Sie zum Schluss fragen, ob es auch in ihrem Berufsleben eine Sache gab, wo Sie n i c h t stolz auf sich sind. Im System der Dienststelle, unter den Kollegen? Wo Sie solch ein Dilemma hatten: Mache ich es so falsch oder mache ich es andersrum falsch? Mache ich es so richtig oder mache ich es andersrum richtig? Und wie haben Sie sich in einem solchen ethischen Dilemma entschieden?

H.B. Nicht stolz, ja, das kann man wohl so sagen. Da war 'ne außerordentlich schwierige Mitarbeiterin im Beamtenverhältnis, die mich pausenlos im Einsatz gehalten hat. Und wo auch die Behörde mehrfach versucht hat, sie zwangsweise zu pensionieren. Das gelang aber nicht, weil sie nicht einverstanden war. Es ist trotzdem einmal versucht worden. Da hat der Arzt des Gesundheitsamtes aber gesagt, dass es nicht geht. Sie hat übrigens schon meine Vorgängerin hier im Amt intensivst beansprucht. Plötzlich tat sich dann aber eine Möglichkeit auf, sie zu versetzen. Gegen ihren Willen ... Und ich denke, die Versetzung war nicht gut für sie, denn da ist sie jämmerlich untergegangen. Sie hat sich umgebracht. Und das hat mir doch mächtig zu schaffen gemacht, weil ich dazu beigetragen hatte, dass diese Versetzung gelaufen ist.

D.K. Sie waren so froh, sie dann selbst auch los zu sein. Wurden Sie denn überhaupt um eine Stellungnahme gebeten?

H.B. Ja, ja. Ich bin damals mit dem Behördenleiter in diese andere Dienststelle nach Norddeutschland gefahren. Wir haben vor Ort geklärt, dass sie dorthin versetzt werden konnte. Aber das war nicht gut. Da hätte ich mich nicht drauf einlassen sollen. Ich bin da aber auch von dem Leiter dieser Dienststelle ebenfalls massivst unter Druck gesetzt worden: Warum ich nicht in der Lage sei, die Hilfestellung hier vor Ort so zu geben, dass diese Problematik am Arbeitsplatz so nicht mehr deutlich wird. Da war ich in dem Dilemma: Einerseits die Anspruchshaltung der Dienststelle, andererseits die dauernden Hilferufe der Klientin ... mit Borderline-Syndrom, die die Dienststelle auch für sich brauchte, weil sie nur da noch etwas heile Welt für sich hatte. Völlig ohne soziale Bezüge außerhalb, aber auch in der Dienststelle eine totale Außenseiterin.

D.K. Das habe ich gedacht, als ich hier hereinkam: Was können Sie mit Menschen machen, die so daneben sind, dass es unmöglich scheint, mit ihnen zu arbeiten?

H.B. Ich kann mich auch ganz zurückziehen. Wenn meine Beratungsarbeit nicht unterstützt wird. Zum Beispiel wenn Suchtkranke am Arbeitsplatz von Vorgesetzten und Kollegen nicht mit ihren Unzulänglichkeiten konfrontiert werden, wenn kein „konstruktiver Leidensdruck" entwickelt wird. Wenn Vorgesetzte Konfliktgesprächen ausweichen und süchtigen MitarbeiterInnen am Arbeitsplatz keine Grenzen aufgezeigt werden, dann geht Suchtberatung ins Leere.

Auf dem Weg zum Burn-out

Uwe Pflugshaupt, 43, berichtet ähnlich von ungerechtfertigten Schädigungen durch „oben".

U.P. Nach mehrjähriger, sehr guter kollegialer Zusammenarbeit mit meiner Chefin sollte ich befördert werden, aufrücken und ihr gleichgestellt sein. Eine Stelle wäre dafür eigens geschaffen worden. Da hat die aber die Sau rausgelassen! Das war ihr unerträglich, mich gleichberechtigt neben sich zu haben.

D.K. Wie hat es geendigt? Haben Sie gekündigt? War es im Zusammenhang Ihrer tollen langjährigen Zusammenarbeit mit den „Stadtstreichern"?

U. P. Ich habe mir eine andere Stelle gesucht. Damals war das noch leicht.

D.K. Sie erzählen, wie Ihnen geschadet worden ist. Aber – bitte erlauben Sie diese Frage – haben Sie auch schon einmal selbst Kollegen oder Mitarbeiterinnen geschadet?

Uwe Pflugshaupt denkt länger nach. Er ist als Sozialarbeiter seit elf Jahren für den Sozialdienst in den evangelischen Krankenhäusern einer süddeutschen Großstadt zuständig. Mit seiner Antwort stellt er das Schädigen und Geschädigt-Werden in einen umfassenderen Rahmen: Alle Arbeitsbedingungen in einem Krankenhaus sind als solche für die Soziale Arbeit schon schädlich!

U.P. Ich hoffe nicht. Aber ich bin hin- und hergerissen. Ich schade den Sozialarbeiterinnen schon allein dadurch, dass ich sie überhaupt einstelle.

Ich schaue ihn überrascht an.

U.P. Ja, ich stelle sie ein, obwohl ihre Aufgaben fast unlösbar sind. Aber wenn ich sie nicht einstelle, geht es ihnen auch schlecht. Auf eine freie Stelle bekomme ich Stöße von Bewerbungen. Mir blutet das Herz, wenn ich sie einstelle, denn ich weiß, dass sie es nicht schaffen. Sie können es nicht schaffen. Sie sollen nämlich ihre Arbeit in einem Krankenhaus tun, das nicht nur wie ein Wirtschaftsbetrieb, sondern wie ein Industriebetrieb geführt werden muss. So wollen es die in ihrem Rang immer höher aufgestiegenen Verwaltungsdirektoren. (Früher hießen sie schlichter.) Sie schreiben den Sozialarbeiterinnen Arbeitsbedingungen vor, von denen diese besonders als Berufsanfängerinnen geschockt sind.

Schwierige Fälle, die als Sterbende ins Krankenhaus kommen, verbleiben dort heute maximal sieben bis neun Tage. Vor fünf Jahren waren es noch drei Wochen. Und in diesen sieben bis neun Tagen haben sich die Sozialarbeiterinnen um einen Pflegeplatz oder einen Hospizplatz zu kümmern – unter Bedingungen wie Industrienormen: möglichst rasch, möglichst billig.

Sie werden dabei mit allen Unstimmigkeiten und Konflikten der Angehörigen konfrontiert, die bisher den Überlegungen ausgewichen sind, was einmal in solchem Fall denn wohl zu tun sei.

Eine andere Schwierigkeit für unsere Sozialarbeiterinnen besteht darin: Sie haben zu kämpfen. Mit dem Sozialamt, mit dem Gesundheitsamt. Wenn zum Beispiel Ausländer ohne Angehörige im Krankenhaus stranden: wohin mit ihnen? Zurückschicken darf man sie aus humanitären Gründen nicht.

Viele haben es auch darauf angelegt. Sie haben ihren Pass weggeworfen, sich bewusst im Gefängnis in Russland mit TB infiziert, um entlassen zu werden. Diese sind eine besondere Gefahr, denn sie sind bereits behandelt, die TB-Stämme sind resistent.

Besonders schwer in Pflegeheimen unterzubringen sind weiterhin alkoholkranke Männer und Patienten, die sich die Krankenhauskrankheit MSR eingehandelt haben. Aber weil wir als Verband so groß sind, können wir für manche Pflegebedürftige Heimplätze vermitteln, die in kleineren Einrichtungen keinen Platz fänden.

Manchmal kann ich den Arzt unter Druck setzen, sie noch einige Tage zu behandeln und im Krankenhaus zu lassen. Damit die Sozialarbeiterinnen für sie noch einen Platz finden können. Dabei spielt eine Rolle, dass der Arzt Angestellter eines Hauses unseres Diakonie-Verbandes ist, wo auch meine Stimme etwas gilt. Ja, ich kann auch die Keule rausziehen! Ein einzelner Sozialarbeiter könnte aber so eine etwas längere Verweildauer nicht erreichen. Denn der ist vom Krankenhaus angestellt, ist Sachbearbeiter für Reha-Fragen geworden, hat Fristen einzuhalten, innerhalb derer die Patienten dann raus müssen.

Im Grunde sind die Arbeitsbedingungen für Sozialarbeit im Krankenhaus inhuman geworden. Es gibt keine Einrichtung, nicht einmal die Bundeswehr, die so irre hierarchisch aufgebaut ist wie ein Krankenhaus: Der Chefarzt ist der Untergebene des Verwaltungsmanagers, das ärmste Schwein ist der Stationsarzt, der – um seinen Facharzt machen zu können – oft umsonst dort arbeitet. Die Krankenhäuser wollen zwar SozialarbeiterInnen, aber in Wirklichkeit sind diese ein Störfaktor. Sie werden platt instrumentalisiert.

Auf der anderen Seite stapeln sich auf meinem Schreibtisch die Bewerbungen und mir bricht manchmal das Herz, wenn ich lese, wie die Leute bereit sind, alles zu machen. Einige suchen schon seit zehn Jahren. Es gibt praktisch keine Stellen für SozialarbeiterInnen mehr. Einiges ist noch möglich für SozialpädagogInnen.

Und viele Stellen werden auch zum Schein ausgeschrieben, weil man dazu verpflichtet ist, aber schon längst einen Kandidaten hat.

Uwe Pflugshaupt läuft in seinem großen Büro hin und her und redet. Klagt und klagt an. Und ich schweige, leicht eingeschüchtert.

U.P. Und das Schlimmste, wodurch sich Sozialarbeiter in den Einrichtungen, in den Institutionen, selbst schaden ist ganz einfach: Sie kümmern sich zu wenig um Politik.

D.K. Sie meinen, dass sie Tag für Tag ihre Arbeit tun, aber die sozialpolitischen Voraussetzungen für diese Arbeit nicht zu beeinflussen suchen?

U.P. Ja, die Hatz durch die Krankenkassen. Der drohende Zusammenbruch der Pflegeversicherung. Die Asylpolitik, die immer noch so tut, als wäre jeder Fremde in Deutschland eine Bedrohung. Ja, ich weiß, dass sie für Politik keine Zeit haben, die Frauen schon gar nicht. Aber sie könnten ja wenigstens einem Berufsverband beitreten.

Ich stehe auf, um mich zu verabschieden. Er bringt mich zur Tür, öffnet sie und sagt noch einmal:

U.P. Kein Weg führt daran vorbei, sich politisch zu betätigen. Die Klammer zu schaffen zwischen dem einzelnen Menschen und der zu gestaltenden Welt. Das habe ich von Oswald von Nell-Breuning gelernt.

Im Hörsaal

Die studentischen Leser werden hier ironisch die Lippen kräuseln: Die beiden, die Kuhrau und der Diakonie-Mann, die glauben beide noch „an Politik". Das studentische Urteil über „die Politiker" ist heute noch negativer als das pauschale Urteil über „die Kirche". Nicht zuletzt weil „der Staat" aus Geldmangel die sozialpolitischen Aufgaben, zu denen er sich früher verpflichtet fühlte, nicht mehr erfüllen kann.

Dass der Staat sich solchen Aufgaben zu stellen hat, hat Oswald von Nell-Breuning immer wieder zu begründen versucht. Der war beides: ein Kirchenmann, sogar ein Jesuit, und ein politisch denkender Kopf.

Da Uwe Pflugshaupt sich in seiner Kritik an den Bedingungen für den Krankenhaus-Sozialdienst explizit auf Nell-Breuning berief, hier wenige Sätze zu dessen Charakterisierung:

Nell-Breuning promovierte 1928 hier in Münster mit einer Arbeit über „Grundzüge der Börsenmoral" und interpretierte seither die Soziallehren der Kirchen, wie sie sich in manchen katholischen Enzykliken und evangelischen Denkschriften darstellte. Die Christliche Soziallehre mit ihrer Betonung der Würde des Einzelnen war für ihn Alternative zur marxistischen Gesellschaftstheorie. „Kapitalismus kritisch betrachtet. Zur Auseinandersetzung um das bessere „System" war 1986 seine letzte große Schrift. Den Kapitalismus nicht umstürzen wollen, wie es die „Außerparlamentarische Opposition" (APO) der Studenten zuletzt 1968 forderte, sondern seine humanen Seiten zu stärken, das war sein Ziel. „Durch Genossenschafts- und Gewerkschaftsarbeit", durch „Einsicht der Unternehmer", durch Auffangen der Schwachen, könnte das geschehen.

Viele halten Nell-Breuning für den „Erfinder" des Subsidiaritätsprinzips. Ein Prinzip, das eigentlich den Leitwerten sozialer Arbeit sehr entspricht: Die gemeinsame Verantwortung der Menschen füreinander schließt nicht aus, sondern fordert sogar, dass zunächst jedem einzelnen und jeder Gruppe vorrangig die Pflicht und das Recht zukommt, die eigenen Angelegenheiten selbständig zu regeln. Also kein Zentralismus durch Super-Bürokratien, aber auch nicht den Einzelnen mit seinen Problemen allein lassen, wenn er es nicht mehr schafft. Die jeweils übergeordnete Instanz hat Hilfe zu leisten in allen jenen Belangen, die nicht von einem Menschen allein oder von der kleineren Gemeinschaft (Familie, Team) bewältigt werden können. (Vgl. Kerber 1993, 484ff.).

Nell-Breuning, der zu seinem hundersten Geburtstag das Bundesverdienstkreuz erhielt, glaubte, dass ein solcher Kapitalismus möglich wäre. Was würde er heute sagen?

2.3   Warum schaden Menschen einander?

Hätten wir das geahnt, fragt mich Lotta Schorn, Sozialarbeiterin aus Ostfriesland, dass wir im Beruf einmal Klienten schaden würden? Wir wurden doch vom ersten Semester an ausgelacht, weil wir so einen gütigen, schlechtbezahlten Helferberuf antreten würden.

Wir geraten ins Philosophieren. Sie wohnt in meiner Nachbarschaft und hat – wie gesagt – ein wenig Zeit. Wie kommt es überhaupt, dass Menschen einander schaden? Auch Sozialarbeiter und Sozialpädagogen, wenn auch zum Glück selten gerichtsnotorisch?

2.3.1   Die Antwort Kants

Wir kennen sie schon:
Menschen schaden einander, weil sie aus krummem Holze geschnitzt sind. Diese Antwort gibt Kant immer. Schauen wir ihm genauer ins Manuskript: Dieses „aus krummem Holze" bewirkt blöde Selbstsucht. Doch ist nicht jeder Egoismus blöde. Kant ermuntert durchaus zu vernünftigem Eigeninteresse. Es muss dem Menschen immer mehr um sich selbst als um den anderen gehen. Denn Menschen sind als allererste Aufgabe „zu ihrem eigenen Wohl verpflichtet". Sie müssen lernen, es sich selbst gut gehen zu lassen.
Aber ohne die anderen, das weiß niemand besser als Kant, kann das nicht gelingen. Das vernünftige Eigeninteresse sucht ständig die Balance zwischen privatem Glück und dem Glück für alle im Gemeinwesen, in der Stadt, im Königreich. Denn der aufgeklärte Egoismus ist klug und weiß, dass es dem Einzelnen besser geht, wenn es allen besser geht.

Im Hörsaal
> *Wieder so ein naiver Kuhrau-Schulbuch-Satz. Weil der Mensch aus krummem Holze geschnitzt ist, klappt die Vernunft ja eben nicht. Die Studierenden sind da ganz beredt. Wie verhält sich also Vernunft und Unvernunft zueinander? Ich versuche es mit einem Bild:*

Immer wieder überschwemmt die Gier alle Gebäude der Vernunft. Stellt Euch vor:
Über der Haustür des vernünftigen Gebäudes steht das Schild „Glück für Alle". Und im Haus selbst gibt es viele kleine Zimmerchen: Auf den Türschildchen steht: Das besondere Glück für Marlies – Das besondere Glück für Achim – Das besondere Glück für Dorothea (in dem Zimmerchen müsste z.B. ein Klavier stehen). Nett eingerichtet sind die Zimmerchen, hübsch gepflegt ist das Haus. Jeder hat sich sein kleines Glück zu etablieren gesucht.
Plötzlich schießt ein reißendes braun-gelbes Hochwasser heran und schwemmt alles davon. Gier heißt die Flut, Rassismus, Neid, Habsucht, Kriegstreiberei, Verblendung, Grausamkeit, Beleidigt-Sein, Ängstlichkeit. Und immer wieder

eine besonders hohe Welle eines nicht-aufgeklärten, sondern engstirnigen Egoismus.

Egoismus lässt Beziehungen zu Klienten zu früh (Vicky Markula) oder zu spät (Birgit Cirebon) abbrechen. Egoismus macht auch angepasst. Denn Widerstand gegen den Bischof oder gegen den Chef wäre sehr unbequem. Und gefährlich.
Egoismus denkt an den Spaß des baldigen Feierabends und schaut nicht recht hin, wenn eine Mutter ihr Baby verhungern lässt.
Die gelb-braune Flut, die sozialverträgliche Gemeinschaftseinrichtungen vernichtet, kommt unversehens. Niemand wollte sie. Niemand wollte egoistisch sein. Aber niemand achtete auch auf bedrohliche Vorzeichen.
Vicky Markula, die Mutter von Ravi, Tim und Benedikt, die schon so offen über ihre eigenen Versäumnisse in der Erziehungsberatungsstelle gesprochen hatte, beantwortet auch meine Frage: „Hat Dir einmal jemand in Deinem Beruf geschadet?" Sie betont das Plötzliche des Egoismus:

V.M. Als verletzend erlebte ich die Machtkämpfe innerhalb des Teams: Neid/-Missgunst/Konkurrenz. Wir hatten viele Jahre (mit unserem „alten" Leiter) eine sehr gute Kooperation. Der Leiter schuf eine Atmosphäre der Ermutigung, des Einander-etwas-Zutrauens und war in der Lage, auch verantwortungsvolle Aufgaben zu delegieren. Es machte Spaß, zur Arbeit zu gehen.

Nach seinem Ausscheiden waren wir ziemlich „leiterlos", d.h. der neue Chef ist für drei Beratungsstellen zuständig, und wir sehen ihn nur einmal monatlich.

Die Chance der Selbstgestaltung und des Neubeginns gelang uns aus meiner Sicht nicht gut:

Die Atmosphäre untereinander wechselte von

großzügig zu kleinlich von

weit zu engstirnig von

gönnend zu missgünstig von

zutrauend zu nichts zutrauend.

D.K. Das klingt so, als sei eine Flut von Bosheit und Schwäche über Euch gekommen.

V.M. Beispiele, die ich selbst als verletzend erlebte – ich arbeite doch schon so viele Jahre dort:

Ich hatte acht Jahre lang selbständig Testdiagnostik durchgeführt und mich auch weitergebildet darin. Nach dem Weggang unseres Chefs streitet die Psychologin nun mit mir. Sie will durchsetzen, dass nur sie alleine noch Tests durchführt an unserer Erziehungsberatungsstelle. Nur sie sei fachlich qualifiziert.

Wegen Finanzknappheit sollen in diesem Jahr lediglich Fortbildungen finanziell gefördert werden, die bis zum 31. Januar beantragt wurden. Ich war bis Ende Februar in Sonderurlaub und wurde von den Kolleginnen nicht informiert.

Unschöne Kleinigkeiten aus dem Berufsalltag in einer Einrichtung, die sich christlich nennt. Vicky Markula tröstet sich mit ihrer Familie, mit ihren Hobbies. Von einer „gelben Flut der Gier" zu sprechen, erscheint ihr etwas übertrieben. Tatsache ist aber, sagt sie, dass durch Gruppendruck und Aggressivität sich menschliche Schwächen zum Schaden anderer auswirken. Krummes Holz gibt keine schönen geraden Bretter. Obwohl keiner so recht „Böses" wollte.

Lotta Schorn hat es selbst erlebt. Sie arbeitet seit fünfeinhalb Jahren in einer Einrichtung mit chronisch psychisch kranken Menschen, die in der Regel etwa 15–20 Jahre vorher in der Klinik gelebt haben oder Drehtür-Patienten waren, d.h. auch kurze Phasen hatten, die sie außerhalb der Klinik verbringen konnten. Mit ihrer Ausbildung als Sozialarbeiterin fühlte sie sich nicht wirklich ausgerüstet für ein Leben mit diesen „Klienten", wo Hoffnung kleingeschrieben wird. So hat sie mit riesengroßem Fleiß eine Ausbildung als „Heilpraktikerin für Psychotherapie" gemacht und im letzten Sommer die Prüfung bei der Stadt Köln bestanden.

> L.Sch. Wir haben den Auftrag, wie viele Einrichtungen, diese Patienten in ihr Umfeld zu integrieren. Wir haben ja auch Leute, die hauptsächlich in der Gegend vorher gelebt haben. Und bei einem Bewohner, Anfang 60, war das so, dass er halt neben seiner psychischen Erkrankung viele Symptome hatte, die auch dem somatischen Bereich zuzuordnen sind, wo aber bei uns immer die Tendenz war: „Na ja, zwar mit umgehen, aber es nicht zu ernst zu nehmen. Der steigert sich halt darein und es ist nichts zu finden." Die Internistin hat das auch bis zuletzt immer bestätigt: „Da ist nichts zu finden, da ist nichts." Er hatte aber zunehmend starke Schmerzen, hat sich immer mehr gekrümmt und einmal morgens, als ich zum Frühdienst kam, war der so bleich und so schmerzverzerrt, dass ich ihn halt nehmen musste und sagen: „Wir fahren jetzt ins Krankenhaus!" Das war auch in der Nähe. Und dort ist denn auch festgestellt worden, dass im Bauchraum Dinge nicht in Ordnung sind. Die haben gesagt, sie müssten eine Not-OP machen. Der Bewohner war selber nicht mehr in der Lage zuzustimmen. In dem Fall hat aber ausgereicht, obwohl ich nicht die gesetzliche Betreuerin bin, dass ich unterschrieben habe. Da ist denn auch sofort operiert worden. Innerhalb von einer Stunde hatten die den OP fertig. Ich habe ihn diese Stunde noch begleitet und er hatte immer wieder nur Angst, das alles nicht zu überleben. Ich hab dann auch gemerkt: Ich kann ihm nun nicht sagen, er kommt wieder zurück. Ich kann ihn nur begleiten und beruhigen und ihm ein Stück weit die Angst nehmen. Bei der OP hat sich dann herausgestellt, der Mensch hat nicht simuliert oder sich in irgendwelche Dinge reingesteigert, sondern er hatte einen vereiterten Bauchraum. An irgendeiner Stelle war ein Durchbruch passiert

und der ganze Bauchraum war halt vergiftet. Sie haben ihn dann auf die Intensiv-station gelegt. Ich war dann auch noch mehrfach da. Die haben den leider auch nicht so verstanden. Es ist ja leider oft so, dass wenn psychisch Kranke in ein Normalkrankenhaus kommen, die Verständigung für die meisten dann recht schwierig ist. Ich habe ihn dann noch ein paar mal besucht. Es war aber nur Kon-takt über Handhalten möglich und er ist nicht mehr wirklich zu sich gekommen und dann verstorben. (Ihre Stimme wird immer leiser.)

Was wir alle daraus genommen haben, speziell ich: Dass, wenn einer zu uns kommt, ihn nicht zu überhören. Und wenn er vielleicht auch Tendenzen hat zu somatisieren, es ganz wichtig ist, das immer abzuklären und es auch so ernst zu nehmen, dass man immer wieder offen ist und Dinge nicht einfach abtut. Wir haben – ich auch – ihm letztendlich Unrecht getan, indem wir ihm immer gesagt haben: „Steigern Sie sich bitte nicht so rein. Sie haben mit Sicherheit keine Schmerzen. Sie kennen das doch! Sie können sich vielleicht entspannen und et-was zu ihrer eigenen Beruhigung tun?"

Sie schüttelt mehrmals den Kopf: Ganz heftig, ganz heftig ...

Warum also schaden Menschen einander? Hier hat sich doch eine Fachfrau auf dem Wege eines Zusatzstudiums eigentlich extra Mühe gegeben, kompetent zu helfen. Aber gerade hatte eine Kollegin gekündigt, eine war im Mutterschutz, Lotta war schlicht überfordert.

2.3.2   Die Antwort der Verhaltensbiologie

Es herrscht Kampf ums Dasein, überall in der Natur und auch bei uns Men-schen. Immerhin sind über 98% unseres Gen-Materials identisch mit dem der Schimpansen.

Im Hörsaal

„Böses" – immer noch schütteln die Studierenden die Köpfe. „Auch ohne Kant wissen wir: Es ist doch ganz natürlich, dass man zuerst an sich selber und an seinen eigenen Vorteil denkt. Der große Affe klaut dem kleinen die Banane und springt davon. Wieso diese Wertungen?" fragen sie „wieso diese großen Wörter: Das Böse – Schädigen –? Das meiste Böse war ur-sprünglich gut gemeint und diente der Selbsterhaltung."

So können die jungen Leute freilich nur argumentieren, solange sie nicht selbst durch „die Natur" beschädigt wurden.

Eine Studentin widersprach denn auch. Sie berichtete: „Meine Tochter, 6, war bei ihrem kleinen Freund Niko. Nikos Eltern sperren immer, wenn Gäste da sind, ihren Hund in den Keller, denn der reagiert leicht aggressiv auf Fremde. Als Nikos Mutter sich zu sehr um unsere Julia kümmerte, wurde der Niko ein bisschen eifersüchtig. Er öffnete die Kellertür, der Hund stürmte heraus und biss Julia ohne Umstände in den Oberschenkel."

„Fressen und Gefressen-Werden", dieser Vulgär-Naturalismus reicht jedenfalls als ethisches Konzept im Nachdenken über ärztliches oder sozialarbeiterisches Helfen nicht aus. Denn in der Geschichte und auch in der Natur finden sich genug Beispiele, dass kooperatives Arbeiten, Herstellen und Handeln Leben überhaupt erst ermöglicht. Gutes Leben erst recht. Große Leistungen: Vom Mammut-Jagen bis zum Bau der Twin Towers.

So gibt es bei vielen Tierarten nicht nur Fressen und Gefressen-Werden, sondern gestaltete Gemeinsamkeit.
Hinter unserem Haus im Wald wohnen Dachse in einem großen Bau mit verschiedenen Schlafhöhlen. In einer dieser Höhlen lassen die Dachse zurzeit eine Füchsin ihre Jungen aufziehen. Das ist zwar nicht als humane Tat überzuwerten. Sie haben sie ja nicht gerade schriftlich eingeladen. Aber sie dulden sie. Dulden, denn Füchse verschmutzen ihre Höhlen, während Dachse sehr sauber sind und ihre Exkremente draußen lassen.

Kann gemeinsames Jagen im Rudel ein Selektionsvorteil sein, so gemeinsamer Schutz der Schwachen im Rudel noch mehr. (Neben vielen anderen Forschern hat dies neuerdings Barbara Gowdy in ihrem faszinierenden Roman „Der weiße Knochen" über das Verhalten afrikanischer Elefanten beschrieben). Konstruktives Sozialverhalten ist lebensnötig.
Aber große Leistungen zur Lebensvernichtung sind eben in der Regel auch Rudel-Aktivitäten.
Mit der Zugehörigkeit zu einem Rudel, einem Sozialverband wird weder Gutes noch Böses erklärt – wird nichts besser: Kriege und der 11. September 2001 belegen es. Ohne die anderen gingen wir ein, aber durch die anderen gehen wir nicht selten auch ein.
Hier wäre unbedingt die Rede von Aggressivität als Lebenskraft wie als zerstörerisches Potenzial. Testosteron gespeist, wie die Sexualität – und nahe mit dieser verbunden. Aber kein Triebgeschehen im Sinne eines ständigen Aufladens und Abreagieren, wie das Schlafbedürfnis, der Sexualtrieb oder der Hunger. Kein Trieb also im strengen Sinne. Sondern ein Potential, eine Möglichkeit.

„Im Leben lebt ein Bedürfnis zu hassen und zu vernichten", schrieb Albert Einstein 1932 an Sigmund Freud, stimmte diesem also zu.

Diese Aggressivität lässt sich freilich sublimieren, verfeinern (Freud): Das Unkraut im Garten wird mit großer Wut ausgerissen, einer Wut, die eigentlich dem Spielverderber-Bruder gilt. Oder sie lässt sich auf unschädlichen Feldern austoben: auf dem Sportplatz (Lorenz 1963, 372 u.ö.). Sie lässt sich auch ganz leugnen und als unbeweisbares Konstrukt von der Lernpsychologie abtun: Aggressivität ist gelerntes Verhalten und kann auch wieder verlernt werden. Lehrer und Sozialpädagogen an die Front!

Doch ein eigenes Kapitel darüber kann ich an dieser Stelle nicht schreiben, es würde den Rahmen sprengen. Ich möchte aber hier, und nur hier ein einziges Mal, zwei Bücher zur vertieften Lektüre empfehlen: Annemarie Pipers Überblick „Gut und Böse" und Susan Neimans „Das Böse denken".

Bei den Menschen ist Aggressivität eines der wirksamsten Mittel gegen Langeweile. Was tun sie nicht alles, um nicht an Langeweile und Frust zugrunde zu gehen! Die Katze spielt mit der Maus, lässt sie immer wieder laufen, ehe sie sie frisst. Amerikanischen Soldaten holten in angeblich „langweiligen Nachtschichten" irakische Gefangene aus ihren Zellen und quälten sie.

Der erste existenzialistische Philosoph, der französische Physiker Blaise Pascal, der gegen eine reine Vernunftlogik eine „Logik des Herzens" zu begründen versuchte, wunderte sich schon 1659 in seinen „Gedanken" über die Sucht des Menschen nach „Zerstreuung".

Pascal:
„Ganz natürlich ist der Mensch Dachdecker oder was ihn beschäftigt, nur nicht im Zimmer allein. (Fragment 90)
Die Menschen beschäftigen sich, hinter einem Ball oder einem Hasen herzujagen; das ist sogar ein Vergnügen der Könige." (Fragment 75)

Mindestens ebenso gerne wie zur Jagd zieht der König in den Krieg. Feinde finden sich schon:

Pascal:
„Weshalb töten Sie mich?" – „Weshalb? Wohnen Sie nicht jenseits des Wassers? Mein Lieber, würden Sie diesseits wohnen, wäre ich ein Mörder, und es wäre Verbrechen, Sie solcherart zu töten;
da Sie aber am anderen Ufer wohnen, bin ich ein Held und was ich tue ist recht." (Fragment 101)

Kriege, auch kleine Gefechte, auch Guerilla-Attacken, auch Aufstände und Bürgerkriege, behauptet der israelische Militärhistoriker Martin van Creveld, sind aus der Sicht der Entwicklungsbiologie für die Menschheit zwingend. Sie sind eine „anthropologische Unvermeidlichkeit" ... Der von Männern angezettelte und geführte Krieg ist das Unterscheidungsmerkmal, das die Männer definitiv von Frauen trennt. Männer wählen Krieg – wie auch Wissenschaft, Technik, Kunst – weil sie auf diesem Feld etwas leisten können, was ihnen auf anderen Feldern durch die Frauen verwehrt ist. Der Krieg ist der „attraktivste Distinktionsgewinn" (= Vorteil durch Unterscheidung). Der Krieg ist das Spiel mit dem höchsten Einsatz überhaupt – mit dem eigenen Leben ... Krieg macht aus Männern Helden. Sie ziehen nicht darum zuerst in den Krieg, um andere zu töten, sondern weil sie das Risiko, den „Thrill" suchen. „Männer kämpfen gerne und Frauen finden in der Regel Männer toll, die bereit sind, sich zu schlagen." Creveld glorifiziert das keineswegs. Die Sache sei „ernster, als wir allzu gern zu glauben bereit sind." (Creveld 1998, zit. bei Nink 2003, 311f.)

Im Hörsaal

Dieses Zitat empfinden die Studierenden als einen sehr provozierenden Diskussionsbeitrag, und nicht einfach nur als eine Stimme unter vielen. Van Creveld schlägt hier auf seine Weise erneut den Bogen von der Sexualität zur Aggressivität, vom Krieg der Geschlechter zum Krieg der Staaten. Die Männer im Seminar wehren sich gegen diese Zuschreibung, die meisten haben den Zivildienst hinter sich. Die jungen Frauen wollen von allem, was den Gegensatz „Mann-Frau" thematisiert, ohnehin nichts wissen, weil ihnen gerade dies keinen „attraktiven Distinktionsgewinn" bringt. Feministinnen waren vielleicht ihre Mütter. Sie wollen gar nicht erst in den Geruch geraten, denn das könnte ihre Chancen, einen Freund zu finden, schmälern.

Freundliches Sozialverhalten nur gegenüber der eigenen Gruppe! Den anderen, den Fremden gegenüber Krieg.

Die Erklärungsansätze zur Aggressivität müssen sich nicht widersprechen. Es gibt Theorien, die das Töten fördern. Aber keine der Theorien, die Angriff und Krieg im Gegenteil als überlebten unnützen Rest im menschlichen Verhaltensrepertoire kleinreden, lässt das Schädigen ganz verschwinden. Das Töten in der Welt, das Verletzen des anderen, wird durch Friedensnobelpreise nicht wirklich weniger.

„O.K., O.K.", sagen die Studierenden. „Ohne auf die anderen zu achten, wenigstens minimal, geht es uns nicht gut. Das sieht jeder irgendwie ein. Wie kommt es dann, dass Schädigungen an der Tagesordnung sind? Wir wollen ja nicht so dramatische Begriffe wie „Böses" in den Mund nehmen!"

Zwei weitere große Antworten aus der Geistesgeschichte gilt es daraufhin noch vorzustellen. Auch wenn beide vermutlich zurzeit nicht „in" sind. Nämlich die jüdisch-christliche und die marxistische Erklärung für das Entstehen des Bösen.

2.3.3   Die Antwort der Bibel

Paulus, der Realist

„Das Trachten des menschlichen Herzens ist böse von Jugend auf", sagt Paulus. Er war ein fanatischer jüdischer Verfolger der Jesusanhänger in den Monaten nach der Kreuzigung Jesu gewesen. Aber dann, etwa im Jahre 33, hatte sich das plötzlich geändert. Der auferstandene Christus war ihm erschienen und hatte ihn persönlich angesprochen. Paulus trug als Missionar die Botschaft nach Griechenland und Rom, dass sich in Jesus die Weissagungen des Alten Testaments erfüllt hatten. In Rom wurde er höchstwahrscheinlich zusammen mit Petrus im Jahre 60 hingerichtet. Denn die Christen galten als Feinde des Kaisers. Spricht Paulus vom bösen menschlichen Herzen, so meint er damit zuerst sich selbst. Bis heute kommt mir seine Selbstbeschreibung präzise vor: „Wollen habe ich wohl, aber das Gute vollbringen kann ich nicht. Denn das Gute, das ich will, das tue ich nicht; sondern das Böse, das ich nicht will, das tue ich." (Röm 7, 18f.)

Das Schicksal Jesu

Ein klarer Beweis für menschliche Bosheit in Verbindung mit Staatsräson ist die Hinrichtung des Jesus von Nazareth durch Juden und Römer. Judäa war römische Provinz, wenn auch unter einem jüdischen Schein-Fürsten, dem aus der Weihnachtsgeschichte bekannten König Herodes. Alle Aufstände in ihren Provinzen knüppelten die Römer sofort nieder. Den Wanderprediger Jesus hielten sie für einen gefährlichen politischen Aufrührer. Die Jerusalemer Priester-Hierarchie fühlte sich durch Jesu Nähe zum Volk provoziert, das ihn als „Messias" feierte. Messias, das war der seit Jahrhunderten erwartete Erlöser. Fromme Juden warten noch heute auf ihn. Auch Jesu souveränes Umgehen mit religiösen Vorschriften ärgerte sie. So ließen sie die Römer gerne gewähren.

In Jesu Kreuzigung gipfelt in den Augen des Paulus die menschliche Bosheit. Vorher war Jesus von Judas, einem Jünger aus seinem engsten Freundeskreis, an die Römer verraten worden.

Die Bosheit der Guten

Aber Böses, Sünde, wie die Bibel es nennt, steckt nicht nur im Verraten, Verleugnen und gewaltsamen Töten. Sünde steckt auch im besonders demonstrativen Anständigsein. Das ist überraschend. Aber bei genauem Hinschauen haben Jesus und Paulus die Vorbildlichen eher zu Feinden. Die zwielichtigen Gestalten aber, die Kollaborateure mit den Römern, z.B. die Zollbeamten, die groben Fischer – denen geht Jesus nach. Denn die Nie-Gefallenen, sagt Paulus, halten sich an ihrer eigenen Vorbildlichkeit fest. Sie sind stolz und haben Gott nicht nötig.

Auf die Frage aber, woher denn Grausamkeit und Böses überhaupt in die Welt und in sein eigenes Herz gekommen seien, kann Paulus auch keine andere Antwort geben, als die jüdische Tradition, seine Tradition, sie bereithält. Und die erscheint uns heute rätselhaft und unbefriedigend.

Bosheit ließ sich nicht anders erklären, als dass ein Mensch einmal damit angefangen habe: Adam, der erste von Gott Geschaffene, im Paradies. Aber wieso Adam? Und wieso sein Sohn Kain, der seinen Bruder Abel aus Neid erschlug? Es ist doch nicht einzusehen, dass ein Mensch Freude daran haben sollte, im schönen Paradies Gottes Gebote zu übertreten. Und später einen anderen Mensch zu treten. So sinnierten die jüdischen Weisheitslehrer. Fürchtet er denn nicht, selber getreten zu werden? Doch, aber dann wird er sich wehren, um als der größere Treter dazustehen. Bis ihn schließlich ein Dritter von hinten tritt. Der Größte! Worin liegt da der Sinn? Schaden tut es allen.

Schlange und Teufel

Die jüdischen Weisen haben hin und her überlegt. Wie lässt sich nur der Ursprung des Bösen erklären? Aus alten Legenden übernahmen sie schließlich eine dritte Größe zwischen Gott und Mensch: Die Schlange.

Lesen wir einmal in Ruhe den Mythos vom ersten Menschenpaar:
Lesen wir ihn mit der Brille: „Der Mensch will mehr sein, als er ist" – „Der Mensch will mehr haben, als er hat"! Aber warum? Weil ein anderer es ihm einredet. Dieser andere ist die Quelle des Bösen: eine Schlange.

In den ersten beiden Kapiteln der Bibel steht, wie Gott den Menschen geformt hat. Warum, wird nicht gesagt. Vielleicht, um die Natur, die er vorher geschaffen hatte, in Ordnung zu halten. Einige Ausleger sagen: Weil Gott sich langweilte allein mit den Engeln und ein anderes Gegenüber wollte. Er gab ihm paradiesische Lebensbedingungen: eine sinnvolle Aufgabe als Wildhüter der vielen Tiere im schönen Naturpark Eden. Er gab ihm immer genug zu essen und zu trinken, und später auch eine Frau zum Lieben als Gefährtin. Alles O.K.! Aber dann:

1. Mose 2, Vers 16 f.:

„Und Gott der Herr gebot dem Menschen und sprach: Von allen Bäumen im Garten darfst du essen; nur von dem Baume der Erkenntnis des Guten und Bösen, von dem darfst du nicht essen; denn sobald du davon issest, musst du sterben."

1. Mose 3:

Der Sündenfall

„Die Schlange aber war listiger als alle Tiere des Feldes, die Gott der Herr gemacht hatte, und sie sprach zum Weibe: Gott hat wohl gar gesagt: Ihr dürft von keinem Baume des Gartens essen!? –

Da sprach das Weib zur Schlange: Wir dürfen essen von den Früchten der Bäume im Garten. Nur von den Früchten des Baumes mitten im Garten hat Gott gesagt: Esset nicht davon; rührt sie auch nicht an, dass ihr nicht sterbet! Da sprach die Schlange zum Weibe: Mitnichten werdet ihr sterben; sondern Gott weiß, dass, sobald ihr davon esset, Euch die Augen aufgehen werden und ihr wie Gott sein und wissen werdet, was gut und böse ist. Und das Weib sah, dass von dem Baume gut zu essen wäre und dass er lieblich anzusehen sei und begehrenswert, weil er klug machte, und sie nahm von seiner Frucht und aß und gab auch ihrem Manne neben ihr, und er aß. Da gingen den beiden die Augen auf, und sie wurden gewahr, dass sie nackt waren. Und sie hefteten Feigenblätter zusammen und machen sich Schurze. Als sie nun hörten, wie Gott der Herr in der Abendkühle im Garten wandelte, verbarg sich der Mensch mit seinem Weibe vor dem Angesichte Gottes des Herrn unter den Bäumen im Garten. Und Gott der Herr rief den Menschen und sprach zu ihm: Wo bist du? Er sprach: Ich hörte dich im Garten; da fürchtete ich mich, weil ich nackt bin und verbarg mich. Und er sprach: Wer hat dir gesagt, dass du nackt bist? Hast du etwa von dem Baume gegessen, von dem ich dir zu essen verboten habe? Der Mensch sprach: Das Weib, das du mir zugesellt hast, das hat mir von dem Baume gegeben; da habe ich gegessen. Da sprach Gott der Herr zum Weibe: Was hast du da getan? Das Weib antwortete: Die Schlange hat mich verführt; da habe ich gegessen. Da sprach Gott der Herr zur Schlange: Weil du das getan, bist du verflucht vor allem Vieh und vor allen Tieren des Feldes. Auf deinem Bauche sollst du kriechen und Staub fressen dein Leben lang."

Soweit der Text. Adam und Eva werden aus dem Paradies vertrieben, sie erhalten bittere Strafen. Aber Gott vernichtet sie nicht. Er lässt ihnen die Möglichkeit, auch weiter miteinander und gegeneinander zu agieren, ja, einander zu töten. Adam hatte rasch Eva beschuldigt, Eva rasch die Schlange. Kain, der älteste Sohn der beiden, wird seinen Bruder Abel aus Eifersucht töten, das Unheil nimmt seinen Lauf.

Aber woher das Böse in die Welt gekommen ist, auf diese Frage gibt die Geschichte vom Sündenfall ja nur scheinbar eine Antwort. Durch die Schlange.

Der Verfasser, von der alttestamentlichen Forschung „Jahwist" genannt, weil er Gott „Jahwe" nennt, hatte ohnehin gar keine Erklärung für das Böse bieten wollen. Er hatte – so die Vermutungen der Wissenschaftler heute – etwas anderes im Sinn. Die Bibel ist ja weder ein Geschichts-, noch ein Psychologie-, noch ein Naturkundebuch, sondern ein Seelsorgebuch, eine Predigtsammlung zur Ehre Gottes. Als der Jahwist etwa um 1000 v. Chr. das Drama im Paradies aufschrieb, eine uralte Erzählung des Volkes damit auf Papyrus brachte, tat er es vielleicht mit der Absicht, die Leser in ihrer Arroganz, in ihrem stolzen Übermut etwas zu dämpfen. Denn denen ging es damals gold. Unter ihrem genialen König David hatte das Reich seine größte Ausdehnung und das höchste politische Ansehen im Mittelmeerraum. Ein Blick in die Abgründe des Menschseins – das ist das Ziel der ersten Kapitel der Bibel. Die Botschaft: „Bildet Euch nur nicht zuviel auf Euren Glanz und Eure Qualitäten ein!"

Keine kausalen Begründungen für den Sündenfall werden also geboten. Vielmehr wird das besondere Verhältnis zwischen Gott und seinen Geschöpfen betont: Gott bestraft Ungehorsam, aber er lässt die Menschen weitermachen mit all ihrem aggressiven Potential, mit all ihrem Expansionsdrang

Da Gott aber selbst die Menschen mit freiem Willen erschaffen hatte, muss er ihnen auch selbst das Potential zur Aggressivität, die Möglichkeit zur Zerstörung mitgegeben haben. Da sie als Gegenüber Gottes geschaffen wurden und nicht als immer heitere Marionetten, ließen sie sich von der Schlange zu Gier hinreißen. Die Schlange und der Teufel: das sind in der Bibel Wesen, die als Gegenspieler Gottes Böses im Schilde führen – freilich nie mehr, als Gott zulässt. Sie haben keine eigene Macht. Er ist Herr seiner gesamten Schöpfung, also auch Herr der Teufel ... also auch Schöpfer des Bösen.

Aber der Gott, von dem wir oben hörten, er ist als einziger gut, kann nichts Böses geschaffen haben. Schon sehr früh, als Christen kaum erst im Römischen Reich geduldet waren, fiel christlichen Philosophen diese Ausweglosigkeit auf. Laktanz, ein nordafrikanischer christlicher Schriftsteller des 3. Jahrhunderts, fasste die Theodizee-Problematik (d.h. die Frage: Wenn Gott gerecht ist, woher kommt dann das Böse?) in seiner Schrift „Vom Zorne Gottes" so zusammen:

Laktanz:
„Will Gott das Böse aus der Welt entfernen und kann es nicht,
so ist das ein Unvermögen, das dem Wesen Gottes widerspricht;
kann er es, und will es nicht,
so ist es Bosheit, die seiner Natur nicht minder widerspricht; ...
will er es aber und kann er es auch
(was der einzige von allen Fällen ist, der dem Wesen der Gottheit entspricht):
woher kommt dann das Böse auf Erden?"

In nicht wenigen philosophischen Entwürfen der Neuzeit wird die Theodizee-Frage als überholt angesehen. Philosophie nach Auschwitz rechnet nicht mehr mit Gott als Weltenlenker, schon Kant sah in ihm „nur" noch den Schöpfer, der einmal dem Menschen ein Gewissen einpflanzte und ihn dann entließ, vernünftig oder unvernünftig zu handeln. Hans Blumenberg verurteilt feinsinnig die Idee von einem Gott als Illusion. Gott kann es nicht geben, da er seine angebliche Schöpfung nicht vor seinen Geschöpfen schützt.
„Wie konnte Gott Auschwitz zulassen?" – das ist aber auch das ungelöste theologische Problem der Christen bis heute.

Der Sieg über das Böse
Diese Frage hätte auch Paulus nicht beantworten können. Er richtet zwar den Blick von der Schlange auf den Menschen Adam. Aber ihn interessiert im Grunde nicht die Herkunft des Bösen, sondern seine Überwindung im Glauben an Christus. An die kleine Gemeinde in Rom schreibt er:

Paulus:
„Durch den einen Menschen Adam hat die Sünde Einzug gehalten in die Welt und in ihrem Gefolge der Tod. Und weil alle sündigten, galt die Herrschaft des Todes auch für alle und jeden ... Adams Sündenfall ist das Vorbild für alles weitere. Aber auch Gottes Gnade und das Gnadengeschenk des einen Menschen Jesus Christus wirken auf alle Menschen, aber viel kräftiger und durchdringender. Durch den Ungehorsam des einen wurden alle anderen zu Sündern, durch den Gehorsam und Opfertod Jesu wurden alle zu Gerechten." (Brief an die Römer, Kap. 5, 12ff.)

Erklärungen? Begründungen? Wirkliche Ursachenanalyse: Wie ist es möglich, dass Menschen einander Böses antun? – das bietet die Bibel nicht. Sie ist viel mehr am Heilsgeschehen als an der Sündenanalyse interessiert. Dass Gott den Israeliten das Gesetz geschenkt hat, ein gutes soziales Regelwerk, dafür wird gedankt. Dass er seinen Sohn in die Welt schickte, den er nicht in Vergessenheit geraten ließ, sondern auferstehen ließ, das ist der Inhalt des Neuen Testaments.

So realistisch Paulus an sich selbst verzweifelt: „Das Gute, das ich will, das tue ich nicht", ... so begeistert ruft er: „Dieser Gott hat selbst Christus gesandt, um uns Menschen mit ihm zu versöhnen. Er schaut gar nicht mehr darauf, was wir Gutes oder Böses tun, sondern er schaut auf unser Vertrauen auf ihn." (Röm 5, 10 u. 2. Kor 3, 4)

Wie Menschen, die in der Sozialen Arbeit Tag für Tag bestehen müssen, aus diesem Gefühl des O.K.-Seins vor Gott Kraft beziehen, erfuhr ich zum Beispiel im Gespräch mit Sophia Herzog, das unten S. 234 zu lesen ist. O.K.-Sein? In der paulinischen Theologie heißt das: „Gerechtfertigt-sein und Vergebung erlebt haben".

2.3.4 Die marxistische Antwort

Das unterscheidet Paulus von Karl Marx: Paulus formuliert zwar Vermutungen, woher und wie das Böse zustande gekommen ist, aber das Heil jetzt, nach der Auferstehung Christi, und das Heil in Zukunft, nachdem auch wir Menschen auferstanden sein werden, das ist sein Thema. Denn dadurch bekommen die Menschen Zuversicht.

Marx (1818–1883) dagegen ist ein brillanter Diagnostiker des kapitalistischen Elends, aber über das Heil redet er wenig. Sowohl über das Heil in der Vergangenheit wie über das Heil in der fernen Zukunft. Allerdings ein paar anschauliche Sätze versprechen es uns. Und dass es kommen wird, das ist wissenschaftlich vorhersagbar. Durch seine Analysen des bisherigen gesetzmäßigen Ablaufs der Geschichte als einer Serie von Klassenkämpfen bekommen die Menschen ebenfalls Zuversicht, dass sie einmal aus ihren eigenen Klassenkämpfen als Sieger hervorgehen werden. Die Menschen? Die Ausgebeuteten, die Armen, die arbeitenden Menschen! Wie einst im alten Rom Sklaven gegen Patrizier, wie im Mittelalter Bauern gegen Ritter, wie im 18. Jahrhundert Handwerker gegen Maschinen-Betreiber, so wird auch der letzte Klassenkampf, gegen Bourgeois, siegreich ausgehen. Denn verelendete Arbeiter wird es immer mehr, reiche großbürgerliche Besitzer der Produktionsmittel immer weniger geben.

Ich kann an dieser Stelle Marx' historische Analyse nur in Stichworten skizzieren. Auch kann ich auf den „späten", resigniert-realistischen Marx nicht eingehen. Aber das für unsere Fragestellung Besondere, wie aus seiner Sicht „Schaden" zustande kommt, wird im Folgenden deutlich:

Aus der Urhorde in die Fabrikhalle

Im Jahre 1845/46 beschreibt auch er das Leben der ersten Menschen. So wie wir es bereits in der Schöpfungsgeschichte lasen. Es klingt in seiner „Deutschen Ideologie" ein wenig anders als beim Jahwisten, aber auch paradiesisch:

In grauer Vorzeit erjagen im Wald und in der Steppe die Steinzeitmenschen gemeinsam große und kleinere Tiere. Sie leben in einer Urgemeinschaft, haben ein „Hammel- oder Stammesbewusstsein" (S. 357). Sie stellen Fallen auf, lauern dem Wild auf. Die Beute teilen alle miteinander.

Wenn es gilt, ein Tier zu überlisten oder zu erschlagen, sind alle Männer und Frauen, so wie sie nur können, mit dabei. Paradiesisches Naturleben! Fallen, Netze, Töpfe, Nadeln gehören allen. Ein besonders scharf geschliffenes Steinmesser benutzt nicht nur einer, mehrere abwechselnd können es gebrauchen.

Auch die Frauen teilen alle miteinander. Die „Weiber" sind nicht lebenslang an einen Partner gebunden. „Zum Leben gehört vor allem Essen und Trinken, Wohnung, Kleidung und noch einiges andere. Die erste geschichtliche Tat ist also die Erzeugung der Mittel zur Befriedigung dieser Bedürfnisse." (S. 354) Der Wald ist bevölkert von „edlen Wilden".

Doch sind die alten Bedürfnisse einmal befriedigt, wachen neue Wünsche auf. Plötzlich kommt auch hier die Gier ins Paradies. In dem Moment nämlich, so Marx, in dem ein Mann sagt: Das ist meine Frau und das sind meine Kinder und diese Kinder häuten ab jetzt nur für mich die erlegten Tiere ab.

Von nun an geht's bergab! Es beginnt die noch primitive Teilung der Arbeit innerhalb der Familie. Es beginnt „die noch sehr rohe, latente Sklaverei in der Familie" durch den Vater. Und damit beginnt „das Eigentum, das in der Familie, wo die Frau und die Kinder die Sklaven des Mannes sind, schon seinen Keim, seine erste Form hat" (S. 359). Was ist Eigentum? – Eigentum ist „die Verfügung über fremde Arbeitskraft". Nach der internen Aufspaltung der Familie in einzelne Abhängige beginnt „die Trennung der Gesellschaft in einzelne, einander entgegengesetzte Familien". (S. 359)

Das wirklich Böse entsteht zwar noch nicht in jenem Moment. Aber es werden die Bedingungen dafür geschaffen. Das Böse entsteht erst, wo einer im Wald ein Stückchen Land rodet, meist durch Abbrennen, dann mühsam bestellt ... und einen Zaun darum errichtet. Privateigentum ist Sünde!

Philosophiert Marx hier vom Ende des idealen Urzustandes der Steinzeit, den er verherrlicht, ohne dass ihm damals ein Historiker aufgrund von Quellen und Funden schon hätte widersprechen können, so ist die zweite Phase des Sündenfalls bereits durch antike Texte belegt und überprüfbar. Es ist die Zeit, wo inzwischen reich und mächtig Gewordene wehrlose Sklaven besitzen, weil sie diese durch Metallwaffen erbeuteten. Diese Sklaven und Sklavinnen gehören ihren Herren, und sie verrichten die Arbeit im Haus, auf dem Feld und in den Werkstätten mit Metallwerkzeugen, die ebenfalls ihren Herren gehören.

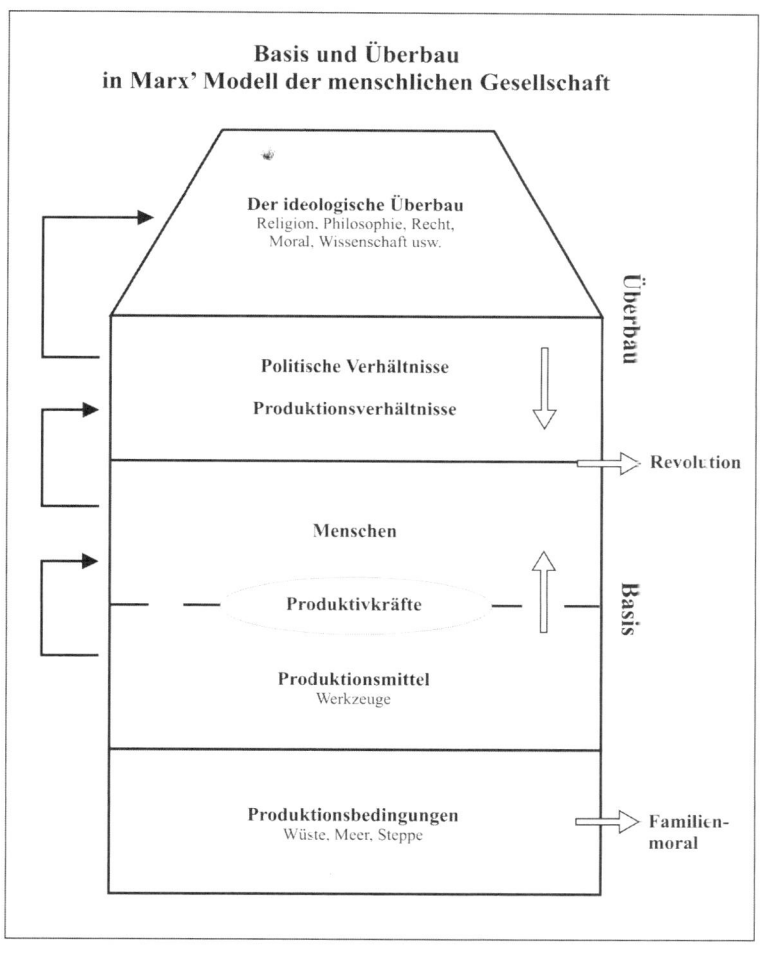

Über die beiden nächsten Stadien in der Entwicklung des Eigentums (des Bösen?) – Feudalismus und Manufakturwesen – kommt Marx in seiner Geschichtsanalyse zur Gegenwart, zum Kapitalismus zwischen 1840 und 1870. Im Zuge der industriellen Revolution sind die großen Fabrikhallen entstanden. Kohle und Wasser verwandelten sich zum ersten Mal in Dampfkraft. So konnte Handarbeit durch Dampfmaschinen ersetzt werden. Nur mechanisierte Produktion, Verwandlung von Rohstoffen in Waren, die in großem Maßstab ablief, brachte auch großen Gewinn. Aber Tausende von Arbeitern vegetierten mit ihren Familien unter miserablen Bedingungen dahin. Denn die „Produktionsmittel": die Rohstoffe, Fabrikgebäude, Maschinen, Energiequellen waren Privatbesitz der Unternehmer. Und die „Produktionsverhältnisse": Die Arbeitsgesetze, die Kündigungsregeln, die Wirtschafts- und Handelsformen bevorzugten diese. Ja, selbst das, was Marx als „Überbau" bezeichnet, zum Beispiel Pädagogik, Wissenschaft und Recht, stand meist auf der Seite der Eigentümer der Produktionsmittel mit Sprüchen wie: „Morgenstund hat Gold im Mund", „Ohne Fleiß kein Preis" oder „Bete und arbeite".

Die Entfremdung

In einer großen Analyse hat Marx das elende Leben des Arbeiters als „entfremdet" diagnostiziert.

Karl Marx:
„In der Erwerbsarbeit liegt:
1) Die Entfremdung und Zufälligkeit der Arbeit vom arbeitenden Subjekt (Menschen);
2) die Entfremdung und Zufälligkeit der Arbeit vom Gegenstand derselben (vom fertigen Produkt/Werkstück);
3) die Bestimmung des Arbeiters durch die gesellschaftlichen Bedürfnisse, die ihm aber fremd und ein Zwang sind, dem er sich aus egoistischem Bedürfnis, aus Not unterwirft und die für ihn nur die Bedeutung einer Quelle der Befriedigung für seine Notdurft (hat), wie er für sie nur als ein Sklave ihrer Bedürfnisse vorhanden ist;
4) daß dem Arbeiter die Erhaltung seiner individuellen Existenz als *Zweck* seiner Tätigkeit erscheint und sein wirkliches Tun ihm nur als Mittel gilt; daß er sein Leben betätigt, um *Lebens*mittel zu erwerben.
Je größer, je ausgebildeter also die gesellschaftliche Macht erscheint innerhalb des Privateigentumsverhältnisses, um so *egoistischer,* gesellschaftsloser, seinem eignen Wesen entfremdeter wird der Mensch." (Marx 1845–46/1966, 256)

„Worin besteht nun die Entäußerung der Arbeit? Erstens, daß die Arbeit dem Menschen *äußerlich* ist, d.h. nicht zu seinem Wesen gehört, daß er sich daher in seiner Arbeit nicht bejaht, sondern verneint, nicht wohl, sondern unglücklich fühlt, keine freie physische und geistige Energie entwickelt, sondern seine Physis abkasteit und seinen Geist ruiniert. Der Arbeiter fühlt sich daher erst außer der Arbeit bei sich und in der Arbeit außer sich. Zu Hause ist er, wenn er nicht arbeitet, und wenn er arbeitet, ist er nicht zu Hause ... Es kömmt daher zu dem Resultat, daß der Mensch (der Arbeiter) nur mehr in seinen tierischen Funktionen, Essen, Trinken und Zeugen, höchstens noch Wohnung, Schmuck etc., sich als freitätig fühlt und in seinen menschlichen Funktionen nur mehr als Tier. Das Tierische wird das Menschliche und das Menschliche das Tierische." (Marx 1844/1973, 514f.)

Das also ist das Böse für Marx: die Ausbeutung. Sie bringt Verelendung und Entfremdung mit sich. Und woher kommt das Böse? Von der Gier des Menschen, etwas als exklusives Eigentum zu besitzen. Damals ein Stück Land, Frau und Kinder. Später komplette Werksanlagen.

Konsequent wird darum nach Marx die Abschaffung des Privateigentums an Produktionsmitteln die Korrektur dieses Sündenfalls bringen. Sie führt zur „Klassenlosen Gesellschaft", dem Paradies auf Erden.

Die Utopie des unentfremdeten Lebens

Worin genau besteht nun das Gesetzmäßige des Kommens der klassenlosen Gesellschaft? So wie sein Lehrer Hegel geglaubt hat, dass durch die dialektischen Bewegungen der Vernunft, durch Fortschritte, Rückschritte und erneute Fortschritte des Denkens es am Ende der Geschichte gerecht und geistvoll hergehen werde, so sicher beschwört Marx das Kommen der klassenlosen gerechten Gesellschaft in der Zukunft. Auch er benutzt die Denkform der Dialektik: Aus Widersprüchen bildet sich jeweils weiter entwickeltes Neues. Seine Analyse besagt: Nicht die Seelen der Menschen werden anders, sondern die materiellen Voraussetzungen der Gesellschaft ändern sich. Dauernd entstehen neue Werkzeuge, neue Produktionsweisen, die Krisen und schließlich den Zusammenbruch des Kapitalismus erzwingen.

So beendet Marx in der „Deutschen Ideologie" die Geschichtsbetrachtung, die er mit der Erinnerung an die Urhorde damals in paradiesischer Gemeinsamkeit begonnen hatte, auch mit einer utopischen Schau des zukünftigen Paradieses. Dort wird Arbeit und Bei-Sich-Sein zusammenfallen.

Die folgenden Sätze klingen wie Musik. Nicht nur für Kommunisten, sondern für jeden von eintöniger Arbeit Gestressten:

> Karl Marx:
> „Sowie nämlich die Arbeit verteilt zu werden anfängt, hat jeder einen be-
> stimmten, ausschließlichen Kreis der Tätigkeit, der ihm aufgedrängt wird,
> aus dem er nicht heraus kann; er ist Jäger, Fischer oder Hirt oder kritischer
> Kritiker, und muss es bleiben, wenn er nicht die Mittel zum Leben verlieren
> will – während in der kommunistischen Gesellschaft, wo jeder nicht einen
> ausschließlichen Kreis der Tätigkeit hat, sondern sich in jedem beliebigen
> Zweige ausbilden kann, die Gesellschaft die allgemeine Produktion regelt
> und mir eben dadurch möglich macht, heute dies, morgen jenes zu tun,
> morgens zu jagen, nachmittags zu fischen, abends Viehzucht zu treiben,
> nach dem Essen zu kritisieren, ohne je Jäger, Fischer oder Hirt oder Kritiker
> zu werden, wie ich gerade Lust habe." (Marx 1846/1968, 361)

Davon lässt sich bis heute träumen.

Sozialdemokratische Arbeiterkämpfe

Bis heute. Denn nicht die erwartete, mit wissenschaftlicher Notwendigkeit beschworene Revolution trat ein, sondern

einerseits in Russland eine Parteidiktatur Lenin'scher und Stalin'scher Prägung. Dort, wie später im „Ostblock" allgemein, gingen die Produktionsmittel nicht in die Hand des Volkes über, sondern in die Verfügungsgewalt von Funktionären der jeweiligen kommunistischen Parteien.

Andererseits lebte auch die deutsche sozialdemokratische Partei von Marxschen Analysen wie von seinen Visionen. Sie glaubte aber nicht an das sich gesetzmä-ßig eröffnende Paradies, sondern kämpfte bis 1914 in kleinsten Schritten. Las-salle, Bernstein u.a. beschritten den Weg eines von Marx verächtlich beschimpf-ten „Revisionismus":

Die kommunistische Propaganda des 19. Jahrhunderts malte den Bösen als dickbäuchigen Kapitalisten mit goldener Uhrkette und Zigarre. Er lässt den Arbeitern jeden Samstag gerade so viel Lohn auszahlen, dass sie und ihre Fami-lien weiter dahinvegetieren können. Die von ihnen produzierten Waren verkauft er jedoch zu Preisen, die für ihn Profit abwerfen. Dieser Profit geht in die Erhal-tung und Erweiterung der Firma, aber auch in sein eigenes dickes Portemonnaie – von dort ins Ankleidezimmer der gnädigen Frau und ins Puppenhaus der Tochter, aber auch in die Kriegskasse des Kaisers.

Sollte sich hier etwas ändern, mussten die Arbeiter selbst trotz Übermüdung und Hunger sich zusammentun, sich informieren und agitieren lassen, Streiks planen und schließlich Arbeitskämpfe durchstehen.

Wie hatte der SPD-Funktionär an jenem Oktober-Sonntag 1911 bei der Schulung im Arbeiterbildungsverein zu Marie Juchacz gesagt: „Ihr seid nicht arm, weil ihr sittenlos, faul, krank oder ungebildet seid, sondern ihr seid arm, weil eure Chefs zu reich sind. Ihr seid zwar arm, aber ihr seid keine Armen!" Juchacz gründete als SPD-Abgeordnete 1918 die Abeiterwohlfahrt. (Roehl 1961)

Hätten die Arbeiterinnen und Arbeiter damals nicht durchgehalten, wären wir vielleicht noch da, wo die Zeitung aus meinem Heimatstädtchen Waldbröl am 9. Mai 1906 ihren Standpunkt bezog.

Waldbröler Volkszeitung:
„Umsonst haben zum 1. Mai die Arbeiter einen freien Tag verlangt. Man darf sich trotz aller sozialdemokratischen Redensarten, dass auch der Arbeiter einmal im Jahr ein Mensch sein wolle, nicht darüber hinwegtäuschen lassen, dass die Maifeier nur ein Mittel ist, um die bürgerliche Gesellschaft die Macht des Proletariats fühlen zu lassen. Hat der Arbeiter nicht 52 Sonntage im Jahre, abgesehen von den Feiertagen, wo er sich als Mensch fühlen kann? Und kann er sich bei der Arbeit etwa nicht als Mensch fühlen? Adelt und erhebt ihn die Arbeit und das Bewusstsein treuer Pflichterfüllung nicht ebenso wie andere Menschen, die auch ihr Leben in Arbeit zubringen, aber in ihr nicht einen Fluch, sondern einen Segen erblicken? Harmlosen Gemütern wird durch diesen Gimpelfang eingeredet, wie unrecht die besitzenden Klassen an den Arbeitern handeln. Unter sich wissen die zielbewussten Genossen natürlich ganz genau, dass ihnen niemand Unrecht tut und dass die ganze Maifeier nur den Nebenzweck hat, die Arbeitermassen an die sozialdemokratische Führung zu gewöhnen und sie revolutionär und gewalttätig zu erhalten. Maifeiern, Straßendemonstrationen und dergl. sind Felddienstübungen für die Revolution."

Die Felddienstübungen, die Manöver für die Revolution scheinen der Vergangenheit anzugehören. Nicht nur am 1. Mai haben Arbeiter und Angestellte heute frei. Rechtssicherheit, Transparenz demokratischer Entscheidungen, Bürgernähe, Unbestechlichkeit von Gerichten, Polizei und Verwaltungen sollten (sollten!) den Alltag der arbeitenden Klasse bestimmen. Als böse gilt nicht mehr der dickbäuchige Fabrikbesitzer. Fast alle Großbetriebe „gehören" inzwischen Konzernen, Aktionären, Banken.

Für Marx Urenkel heute ist nicht Eigentum „Sünde", sondern die Schamlosig-
keit, die Sozialpflichtigkeit des Reichtums nicht anzuerkennen.

Das Böse gibt es immer noch. Es besteht – nicht nur im Urteil der Marxisten –
darin,

Dass große Firmen es nach wie vor schaffen, ihre Gewinne nicht zu versteuern.

Dass Millionäre ihr Geld vor dem Zugriff des Fiskus in Oasen im Ausland in
Sicherheit bringen.

Dass deutsche Personalchefs von weniger Angestellten jetzt wieder mehr Wo-
chenarbeitszeit verlangen, anstatt junge Leute einzustellen.

Dass die Ausbeutung des Menschen durch den Menschen immer noch nicht zu
Ende ist.

Im Hörsaal

*Drei Arten von Kommentaren locken die obigen Marxtexte in der Regel
hervor:*

*Erstens Hochachtung vor seiner Analyse der Entfremdung. Mindestens
vom Jobben in den Semesterferien wissen die Studierenden, dass man sich
an den Abenden in der Regel selber nicht mehr kennt vor Erschöpfung. Ein
sehr viel älterer Student hatte bei Blendax am Band gearbeitet und erzählt:
„Es wurde immer darauf geachtet, dass nicht zwei derselben Nationalität
nebeneinander standen, damit sie nicht miteinander sprechen konnten."
Die Frage kommt auf: Wird auch unser zukünftiger Beruf ein entfremdeter
sein? Daraufhin wiederholen wir noch einmal die fünf Elemente: Entfremdung von der Arbeit als Prozess, vom Kollegen, vom Endprodukt der Arbeit ... nein, im klassischen Marxschen Sinne arbeiten die Sozialpädagogin, der Sozialarbeiter nicht „entfremdet". Aber vielleicht wird man eher
„fremdbestimmt" als selbständig arbeiten müssen?*

*Zweitens Ratlosigkeit, wie denn die Utopie: morgens jagen, nachmittags
fischen, abends philosophieren „funktionieren soll" in einer Gesellschaft,
die Spezialisten braucht. Und Fragen über Fragen, wer das denn sei „die
Gesellschaft, die die allgemeine Produktion regelt". Und wenn ich mir
Mühe gegeben habe, die Funktion einer Utopie zu erklären und z.B. die
(frühere) Wirklichkeit der Kibbuzim in Israel als Annäherung an sozialistische Utopien genannt habe, dann meldet sich plötzlich Helena oder Swet-
lana oder Fedor, die die meiste Zeit des Semesters geschwiegen haben,
weil das Deutsch ihnen noch Mühe macht. Oft stockend kommen jetzt*

*Drittens niederschmetternde Verurteilungen des „ganzen Marxismus",
den man ja in Russland und in der Ukraine lange genug erlebt habe und in
Weißrussland heute noch erdulde. Glaubwürdige Berichte über Gesin-*

nungsschnüffelei, Wohnungsnot und Propaganda. Ich gönne es den Studie-
renden, dass man ihnen so aufmerksam zuhört, aber ich nähme am liebsten
meine Tasche und ginge. All meine Anstrengungen, Marx als schöpferi-
schen Denker vorzustellen, umsonst! Seine Analysen entwertet durch die
Schäbigkeit des „real existierenden Sozialismus".
So kündige ich für die nächste Sitzung Reflexionen über das Verhältnis von
Ideen zu ihrer Verwirklichung an. Werde von der Schwierigkeit sprechen,
Hegel „vom Kopf auf die Füße zu stellen". Wäre Marx dabei auf meiner
Seite?

2.3.5   Der Sozialpädagoge, die Sozialarbeiterin auf dem Weg zu besseren Verhältnissen

Die Programmebene

Ich habe einige Grundgedanken von Karl Marx ausführlicher dargestellt, weil
sie wichtiger Bestandteil vieler zwischen 1967 und 1980 formulierten Theorien
zur Funktion der sozialen Arbeit waren.

Hier herrschte ein breiter Konsens: Ihr Sozialarbeiter nützt den Menschen nicht,
ihr schadet ihnen womöglich. Denn soziales Elend wird verursacht durch einen
ausufernden Kapitalismus. Er zerstört Familien, weil er das mobile, abrufberei-
te, stets arbeitswillige, flexible Individuum verlangt. Er versaut die Seelen der
Menschen durch Konsumterror, er hat Scheidungswaisen und vereinsamte Alte
auf dem Gewissen, Suchtkranke, die keine Hoffnung auf einen Arbeitsplatz
mehr haben und Millionen von nicht integrierten Ausländern.

Anstatt euch politisch zur Revolution und zur Vernichtung dieses Kapitalismus
zusammenzutun, kuriert Ihr Einzelschicksale: „rettet" z.B. mit großem Aufwand
einen Arbeiter von seinem Alkoholismus, nur damit er dann wieder als Rädchen
in der Fabrik funktioniert. Besser wäre „mobilisieren statt therapieren"! So
lauteten die Appelle durch viele Jahrgänge maßgeblicher alternativer Zeitschriften wie „Sozialmagazin" oder „sozialpäd.extra", in den „Jahrbüchern sozialer
Arbeit" des Rowohlt-Verlages oder z.B. bei Hollstein/Meinhold 1973, „Sozialarbeit unter kapitalistischen Produktionsbedingungen".

Diese Vorwürfe der 68er und siebziger Jahre führten scheinbar zu radikalen
Neuanfängen:
Anstatt die psychiatrischen Anstalten zu reformieren, wurden – zum Beispiel in
Oberitalien – die Kranken nach Hause entlassen, und damit oft in die ver-
schreckte und unvorbereitete Öffentlichkeit. Die Stadtbewohner fühlten sich

z.T. bedroht. Anstatt die Jugendheime zu reformieren, wurden die Einrichtungen grundsätzlich in Frage gestellt. Neben öffentlichen Kindergärten entstanden Kinderläden. Ulrike Meinhofs Film „Bambule" über Gefängnisse, die sich als Jugendwohnheime ausgaben, durfte zwar damals noch nicht gezeigt werden, aber die Stimmung war auch ohne ihn parteilich für die „Schwererziehbaren". Viele engagierte Pädagogen und Sozialarbeiter nahmen vernachlässigte junge Menschen mit in ihre Familien, sie wurden Pflegeeltern. Statt die Krankenhäuser zu reformieren, entstanden vereinzelt sozialistische Patientenkollektive, das bekannteste in Heidelberg. Und selbst in der Altenarbeit stiftete Trude Unruh mit den Grauen Panthern Unruhe, sorgte für Revolte und Optimismus bei den früher abgeschobenen „lieben Altchen".

Nicht selten wurden diese manchmal eindrucksvollen, manchmal schrill-brutalen Initiativen

zur ökonomischen Veränderung „der Verhältnisse"

mit Zitaten von Marx, Wilhelm Reich, Erich Fromm, Herbert Marcuse gerechtfertigt. Oder mit dem folgenden Text des Kommunisten Bert Brecht:

> Bertolt Brecht:
> „Was nützt die Güte ...
> Anstatt nur gütig zu sein, bemüht euch
> Einen Zustand zu schaffen, der die Güte ermöglicht, und besser
> Sie überflüssig macht!
>
> Anstatt nur vernünftig zu sein, bemüht euch
> Einen Zustand zu schaffen, der die Unvernunft der einzelnen
> Zu einem schlechten Geschäft macht!"
> (Brecht 1933–38/1973, 553)

Das war damals. Spätestens seit der Wiedervereinigung 1989 ist Marx nicht mehr „in", wird in Bausch und Bogen abgetan.

Aber bleibt da nicht doch ein Stachel?

Ein Sozialarbeiter, der sich selbst der marxistischen Tradition verpflichtet weiß, eine sich als „links" verstehende Sozialarbeiterin lässt sich auch heute nicht ...

- von Experten einschüchtern, die promoviert haben oder in weißen Kitteln rumlaufen und die jede Sparmaßnahme in den Sozialhaushalten gehorsam rechtfertigen;

- ausreden, dass ihre Klienten eine anständige Wohnung brauchen, warmes Essen, Zeit, dies zu genießen, eine solide Krankenversicherung und vor allem eine einigermaßen befriedigende Tätigkeit;
- täuschen durch hochtönende Programmdebatten in den Einrichtungen angeblich zum Nutzen der Klienten, wenn diese nur verdunkeln sollen, dass z.B. bei den Kommunen die Kassen leer sind.

Der Blick auf die Basis des Lebens, auf Arbeit und Lohn, bleibt wohl das wichtigste Erbe marxistischer Sozialarbeit. (Auch wenn sie sich nicht mehr so nennen will.) Wird dies vernachlässigt, dann wird dem Klienten geschadet.

An der Basis

Betrachten wir unter diesem Aspekt noch einmal einige Fälle unseres Kapitels, in denen Sozialarbeiter schadeten, so fällt zuerst die SPIEGEL-Reportage oben S. 104 in den Blick. Aber auch das Zögern des Jugendamtes, bei sexueller Gewalt einzugreifen und ein Kind aus der Familie zu nehmen, wie unten S. 212 angedeutet, hat finanzielle Gründe. Die Weigerung der Ausländerbehörde, der alten Mutter von neun in Deutschland lebenden Kurden hier Bleiberecht zu geben, wurde vor allem mit den leeren Kassen begründet: „Wir wollen keine weitere Sozialhilfe-Empfängerin!" Uwe Pflugshaupt klagt über die Überlastung, die Angestellte des Krankenhaus-Sozialdienstes ertragen müssen, weil die Betten-Belegzeiten so drastisch gekürzt werden.

Vicky Markula muss ihre langjährige Kompetenz in der Testdiagnostik einer Psychologin gegenüber verteidigen, die ihr diese Fähigkeiten abspricht. Wie wäre sonst einzusehen, dass die Psychologin besser bezahlt wird?

Unter strengen Anforderungen am Arbeitsplatz haben selbst die zuweilen heute noch zu leiden, die in der Regel infolge unserer Sozialgesetzgebung dem Leistungsdruck nicht ausgesetzt sind: die geistig und körperlich Behinderten. Björn Christiansen, den wir oben S. 88 kennen lernten, meint, er habe es an Solidarität mit einem Behinderten im Arbeitsleben mangeln lassen. Zu stark war der Druck der „Produktion" selbst dort.

B.C. „Schuldig werden in der Sozialen Arbeit"? Leider.

Ein behinderter Mitarbeiter in einer Werkstatt für Behinderte war mehrmals aufgefallen durch Fehlzeiten, arbeitete nicht so mit, wie er sollte, hatte Blödsinn gemacht und viele Dinge beschädigt. Er war ein stabiler, balleriger Kerl. So war die Werkstatt der Meinung, dass dieser Klient mal eine Abreibung verdient hat, dass der mal „eingenordet wird", so dass er weiß, wie man sich als anständiger Mensch am Arbeitsplatz zu benehmen hat. Ein Tribunal wurde einberufen, und ich war auch dabei. Als Mensch vom Betreuten Wohnen. Außerdem brauchte man mindestens den Sozialen Dienst, die Frau im Anerkennungsjahr beim Sozialen Dienst, den Gruppenleiter in der Werkstatt, den gesetzlichen Betreuer, mindestens die alle, um ihn einzuschüchtern.

Aber es war dermaßen schrecklich, dass ich es abgebrochen habe und vorzeitig gegangen bin. Ich bedauere bis heute, dass ich erstens in der Veranstaltung es nicht geschafft habe, mich schützend für ihn einzusetzen, und dass ich mich zweitens rausgezogen habe. Inzwischen lebt er alleine. Mein Kontakt zu ihm hat sich nicht verändert. Dieser Mensch hat so wenig Unterstützung von außen erfahren oder erwartet so wenig von außen, dass es keine so gravierende Enttäuschung für ihn war. Aber ich bin mit meinem Verhalten nicht zufrieden. Es war eine Verkettung von Fehlentscheidungen von mir.

Aus dem Bereich der Behindertenwerkstätten kam eine weitere Beschwerde eines Sozialarbeiters. Diese Werkstätten versuchen täglich, einen tiefen Widerspruch zu überwinden. Einerseits sind sie verpflichtet, marktgerecht zu produzieren, dürfen aber keinen Gewinn machen. Die behinderten Mitarbeiter erledigen arbeitsintensive Handarbeiten für größere Firmen. Am Jahresende empfangen sie dafür gerne einen kleinen Anteil am „Gewinn" als Weihnachtsprämie. Andererseits müssen die Meister mit einer sehr, sehr defizitären Mannschaft, deren Lebensunterhalt eigentlich vom Landschaftsverband bezahlt wird, täglich ihr Soll erfüllen. Kein Wunder, dass es Krisen gibt. Einerseits müssen die Abnehmer-Betriebe zufriedengestellt werden, und man treibt die Arbeitenden an. Andererseits steht Humanität nicht nur im Logo der Einrichtungen: Ausflüge, Feste, Bildungsstunden und großzügige Freizeit sind durchzusetzen gegenüber denen, die für die Produktion verantwortlich sind. Hier sehen die Sozialarbeiterinnen und Sozialpädagogen des „Begleitenden Dienstes" ihre Aufgabe.

Volker Szipiorski, 50, ist Sozialpädagoge. Er leitet seit zwanzig Jahren den „Begleitenden Sozialen Dienst" einer sehr großen Werkstatt für Behinderte in K.: 500 behinderte Mitarbeiter, 80 Gruppenleiter. In einem ausführlichen Interview, das Martin Tack für mich mit ihm führte, schilderte er „Konflikte auf allen Ebenen":

V.S. Wir hatten zehn Jahre lang einen Werkstattleiter und ich, obwohl „nur" Sozialpädagoge, habe mit dafür gesorgt, dass er entlassen wurde. Als ich nämlich so sechs oder sieben Jahre in der Werkstatt war, hatten wir herausgefunden, dass wir in der Schlosserei asbesthaltige Stoffe bearbeiteten, und zwar waren das Bremsbeläge für LKW-Bremsen, die wir vernietet hatten. Wir waren davon ausgegangen, dass es asbestfreie Beläge waren, es hat sich dann aber herausgestellt, dass sie asbesthaltig waren. Wir haben dann unsere Betriebsärztin informiert, die hat eine Sondersitzung des Arbeitssicherheitsausschusses einberufen und dazu den damaligen Geschäftsführer eingeladen. Der Geschäftsführer hat unseren damaligen Werkstattleiter angerufen und gesagt, er möchte bitte alle Unterlagen zum Thema Asbest zu dieser Sitzung mitbringen. Der Geschäftsführer hatte seine Unterlagen auch dabei, er hat dann ein Schreiben nach dem anderen vorgelesen von der Berufsgenossenschaft, dem Gewerbeaufsichtsamt und der Herstellerfirma und hat nach einiger Zeit festgestellt, dass 80% der ganzen Auflagen nicht eingehalten wurden. Das hieß konkret, dass unser Werkstattleiter die Schreiben vom Geschäftsführer nur abgeheftet hatte und nichts weiter veranlasst hatte, auch nicht an die Fachkraft für Arbeitssicherheit weitergegeben hatte. Es ging um Sachen wie: Jeder muss vorab informiert werden, der mit Asbest arbeitet. Diese Informationen haben nicht stattgefunden. Es waren keine Absauganlagen in die Maschinen eingebaut worden. Es musste eigentlich Einwegkleidung verwandt werden, die speziell entsorgt werden musste. Es mussten regelmäßige Untersuchungen stattfinden, die unterblieben sind.

Unser Geschäftsführer ließ über alles zwar ein Protokoll schreiben, sagte dann aber: „Schwamm drüber!" Das haben wir nicht geduldet.

Volker Szipiorski berichtet dann noch ausführlich, wie schwierig es war, den Werkstattleiter zu entlassen. Es gelang erst, als ein nichtbehinderter Mitarbeiter ihn wegen Körperverletzung anzeigte.

Wäre der Verdacht, dass Arbeitsschutz in diesem Fall auf die leichte Schulter genommen worden war, weil es sich ja „nur" um Behinderte handelte, absurd? Der erfahrene Sozialarbeiter Szipiorski spricht ihn nicht aus.

Der Kampf um menschenwürdige Arbeitsbedingungen und gerechten Lohn ist ein Erbe Marx'schen Denkens.

*****

Um „Bewahren vor Schaden und willkürlichem Unrecht" ging es im Hippokratischen Eid, und um Schaden vermeiden, um „nicht schaden" ging es in diesem zweiten Kapitel über richtiges Arbeiten im Sozialen Bereich. Beispiele aus der Praxis haben gezeigt, dass SozialabeiterInnen nicht selten in ihren Einrichtungen Schaden erleiden, aber auch – meist durch Unterlassen – durchaus selber Schaden zufügen können. Dass sie dies so freimütig berichteten, dafür an dieser Stelle noch einmal mein Dank.

Da freilich nicht davon auszugehen ist, dass Menschen in der Regel gerne andere schädigen, fragten wir nach den Wurzeln von gutem und schädigendem Handeln, ja, nach den Ursachen von gut und böse selbst. Gewiss: das sind sprachliche Zuschreibungen und Attribute, aber dahinter stehen Erfahrungen.

In mehreren ethischen Einzelskizzen wurde „gut" wie auch „böse" als mit dem Menschlichen untrennbar verbunden herausgestellt. Die Begründungen dafür waren mehr oder weniger einleuchtend:

Das Alte Testament:

Der Mensch lebt nicht mehr im Paradies und ist ein Mängelwesen. Seine Mängel behebt er auf Kosten anderer, die darunter leiden und sich wehren.

Blaise Pascal:

Selbst wenn es dem Menschen äußerlich gut geht, hat er Langeweile oder Minderwertigkeitsgefühle und spielt grausame (Krieg-)Spiele. Die Anonymität der Masse macht böse.

Karl Marx:

Selbst wenn es ihm gut geht, soll es ihm immer besser gehen, dazu beutet er Schwächere aus. Eigentum ist böse.

Noch tiefer konnten wir nicht graben. Das letzte Geheimnis des Ursprungs des Bösen enthüllt nicht die Wissenschaft und nicht die Bibel.

So sei an dieser Stelle das Fazit aus Annemarie Pipers Buch über „Gut und Böse" zitiert:

> Annemarie Piper:
>
> „Es hat sich gezeigt, dass die verschiedenen Anläufe zur Erklärung der Herkunft des Bösen immer dort an einen toten Punkt geraten, wo das Prinzip der Freiheit zur Disposition steht. Entweder ist der Mensch genetisch determiniert, dann ist niemand verantwortlich für sein Tun. Oder er ist frei, dann ist es unerklärlich, warum er sich grundsätzlich oder gelegentlich für das Böse entscheidet.
>
> Das Rätsel Mensch entzieht sich wissenschaftlichen Lösungen. Und doch sind diese Lösungsvorschläge nicht überflüssig, denn sie führen in das Rätsel hinein. Sie nötigen zum Überdenken der eigenen Sinnansprüche im Kontext einer global vernetzten Welt, die mehr denn je in ihrem Bestand gefährdet ist." (Piper 1997, 121)

Nach den ersten beiden Kapiteln mit grundsätzlicheren Überlegungen zu den Forderungen „nützen und schützen" und „nicht schaden", sprechen in den nächsten beiden Kapiteln Männer und Frauen darüber, wie sie dies in ihrer Berufspraxis im einzelnen durchzusetzen versuchen: Besonders bei den Konflikten, die das Schweigegebot bei ihnen auslöste (Kap. 3); besonders bei den Konflikten, die bei der Arbeit mit Unmündigen aufbrachen (Kap. 4).

Fünf Prinzipien der Berufsethik in der Sozialen Arbeit

eins
nützen und schützen

zwei
nicht schaden

drei
nichts ausplaudern

vier
den anderen als Person achten

fünf
integer sein

drei
nichts ausplaudern

EID DES HIPPOKRATES (um 420 v.Chr.)

„Was ich bei der Behandlung sehe oder höre
oder auch außerhalb der Behandlung im Leben der Menschen,
werde ich, soweit man es nicht ausplaudern darf,
verschweigen und solches als ein Geheimnis betrachten."

3.1 Kein triviales Versprechen

Dass die Praxis der Sozialen Arbeit Verschwiegenheit erfordert, weil sonst keine Verlässlichkeit zwischen allen Beteiligten entstehen kann, das ist nach dem bisher Gesagten beinahe selbstverständlich. Das gilt hier wie auf anderen Feldern der Arbeit mit Menschen, ob Personalführung im Betrieb oder Leitung einer Schulklasse.

An keiner Stelle der ethischen Forderungen besteht eine so direkte Übereinstimmung zwischen dem Hippokratischen Eid und dem Berufsethischen Code der Sozialpädagogen und Sozialarbeiter in der Fassung von 1996:

„Die Mitglieder des DBSH achten die Privatsphäre und Lebenssituation der Klienten/innen. (3.5)
Die Mitglieder des DBSH wahren das Recht der Klienten/Klientinnen auf ein gegenseitiges Vertrauensverhältnis, sie beachten die Individualität und Vertraulichkeit bezüglich der Verwendung erhaltener Informationen." (3.10)

Fast jeder Träger sozialer Einrichtungen verlangt dementsprechend in den Arbeitsverträgen von seinen BewerberInnen Verschwiegenheit.

Das geringe gesellschaftliche Ansehen der SozialarbeiterInnen spiegelt sich freilich in der Tatsache, dass diese Verschwiegenheit über Angelegenheiten der Klienten im Gerichtssaal endet: In Deutschland wird ihnen nicht selbstverständ-

144

lich ein Zeugnisverweigerungsrecht eingeräumt wie etwa den Ärzten oder den Pfarrern. Darin sind sie übrigens den Lehrern gleich. Sie können höchstens beantragen, von ihrer gesetzlichen Zeugnispflicht befreit zu werden, wenn das Vertrauensverhältnis zu Klienten gefährdet wäre „und dem keine ernstliche Gefährdung Dritter entgegensteht."

Damit kommt plötzlich die scheinbar einfache Verpflichtung, nichts aus der Arbeit auszuplaudern, in den Umkreis schwerer ethischer Dilemmata. Verschwiegenheit versus Gefährdung. Das Muster eines ethischen Dilemmas kennen wir vom Spieltisch. Hier heißt es Zwickmühle. Sie lässt die Spieler grübeln: Mache ich es so, dann mache ich es falsch, mache ich es gerade nicht so, dann mache ich es ebenfalls falsch. Gibt es einen dritten Weg?

3.2   Fallbeispiel: Muss Monika schweigen?

Der folgende Fall wurde uns Teilnehmern der Konferenz „Ethik in der Sozialen Arbeit" in Innsbruck vor einigen Jahren als Arbeitsmaterial zur Übung vorgelegt. Ich habe ihn also nicht von „Monika" selbst in einem Interview gehört. Ich weiß nicht einmal, ob er ein wirklicher Fall aus der Praxis ist, oder ob er von pfiffigen Ethikern aus Anlass der Konferenz konstruiert wurde. Tatsache ist, wäre ich Monika, wüsste ich selbst den „dritten Weg" hier nicht zu finden. Die Lage scheint so hoffnungslos schwierig, wenn man das Schweigegebot respektieren will:

Monika R. arbeitet als Sozialarbeiterin im Methadonprogramm einer österreichischen Klinik. Zu ihren Aufgaben gehört es, den Drogenabhängigen, die in das Methadonprogramm aufgenommen wurden, weitere Hilfestellung bei der Wohnungs- und Arbeitsplatzsuche zu geben.

Seit einigen Monaten betreut sie einen jungen Mann, Michael, 24, der, nachdem er von seiner HIV-Infektion erfahren hatte, in das Methadonprogramm Aufnahme gesucht hat. Mit seinen Fortschritten, seinen Eigeninitiativen in puncto Wohnung und Arbeitsplatz ist sie sehr zufrieden. Die Kontrolluntersuchungen haben auch ergeben, dass er keine zusätzlichen Opiate zu sich nimmt. Er kommt regelmäßig in Monikas Sprechstunde, die alle 14 Tage stattfindet. Monika nimmt sich vor, mit ihm über das positive Testergebnis der HIV-Untersuchung zu sprechen, denn diesem Thema ist er mit dem Hinweis, es habe es schon verarbeitet, immer wieder ausgewichen.

Doch neuerdings erscheint Michael nicht mehr in der Beratungsstelle. Seit acht Wochen hat sie ihn nicht gesehen. Erst nach einigem Drängen kommt er und meint, es gehe ihm ausgezeichnet. Denn er habe die Frau seines Lebens kennengelernt, und sie habe ihn auch schon ihren Eltern vorgestellt.

Monika fragt, ob er ihr denn von seiner HIV-Infektion erzählt habe. Er verneint. Ihrer Frage nach Verhütung ist er zuerst immer wieder ausgewichen. Dann gesteht er ihr, dass er noch mit Kondom verhüte, dass seine Freundin aber vorhabe, die Pille zu nehmen. Michael beendet das Gespräch abrupt mit dem Hinweis auf einen dringenden Termin, will aber nächste Woche wiederkommen. Während des Gesprächs hat Monika auf einmal gemerkt, dass sie die junge Frau kennt. Sie ist die Freundin einer alten Bekannten. Es wäre für sie kein Problem, die Telefonnummer und Adresse der jungen Frau über diese Bekannte zu erhalten.

Im Hörsaal

Dieser Fall, dessen Ausgang ich nicht kenne, elektrisiert die Studierenden und sorgt im Seminar jedes Semester neu für rege Diskussionen. Ist es wirklich ein massives moralisches Problem aus der Praxis? Einige ältere Studenten, die schon Erfahrung in der Sozialen Arbeit haben, winkten beim letzten Mal gleich ab: „Wenn er Methadon nimmt, ist er überhaupt überfordert mit einer solchen Entscheidung. Das rafft der nicht."

Vor einigen Wochen schickte ich die Studierenden wieder einmal mit dem obigen Bericht in Kleingruppen. Ihre Aufgabe: zu entscheiden, was aus ethischer Sicht nun zu tun sei.

Der erste Schritt lautete bei allen Gruppen, die nachher im Plenum ihre Ergebnisse vortrugen, gleich. Sie hofften, dass sich durch gutes Zureden das Dilemma von selbst auflöst:

„Monika sollte sehr ernsthaft mit ihm sprechen und ihm klarmachen, dass er seine Freundin durch ungeschützten Verkehr in große Gefahr bringt." – „Sie muss ihm sagen, dass er dann riskiert, dass sie sich auch ansteckt und dann vielleicht auch ein Baby Aids bekommt." – „Wenn Michael vielleicht nicht wiederkommt, soll Monika ihn nach Feierabend zu Hause aufsuchen. Daran merkt Michael, wie ernst es ihr ist und besinnt sich, mit seiner Freundin zu sprechen."

Ich versperrte diese weich gepolsterten Auswege. Michael wird vermutlich nicht mit sich reden lassen. Er wird zwar wieder auf die Station kommen zum Methadon-Empfang, aber er wird Monika gegenüber auf seiner Unabhängigkeit bestehen, und sich jede Einmischung verbieten. Soll Monika ihn erpressen: „Wenn Sie nicht mit Ihrer Freundin sprechen, werde i c h es tun!?"

146

In den Lehrbüchern über „Methodisches Handeln in der Sozialen Arbeit" gälte dies als schwerer Kunstfehler. Dort heißt es dem Sinne nach:

Die Sozialarbeiterin, der Sozialpädagoge haben den Klienten Schritt für Schritt bei der Gewinnung eines eigenen Werte-Standpunkts zu begleiten, haben nicht zu fordern, nicht zu moralisieren, geschweige denn zu erpressen. So legen es die klugen Bücher nahe, inspiriert von der humanistischen Psychologie. Denn nur wenn eine ethische Haltung wirklich aus den Tiefen der eigenen Person heraus wächst und dort verwurzelt ist, hat der Mensch Kraft genug, schwierige Situationen richtig durchzustehen. In diesem Fall also Michael das bittere Gespräch mit seiner Freundin. Also soll Monika warten, immer wieder Gesprächsbereitschaft signalisieren. Sie soll sich vor allem sagen, dass ja nicht die Freundin, sondern Michael ihr Klient ist. Um ihn hat es ihr zu gehen. Damit entspricht sie auch der „praktischen Ideologie" ihrer Organisation: der Methadon-Station des Klinikums. (Vgl. dazu durchgehend das neueste Studienbuch zur Sozialarbeitswissenschaft von H. v. Spiegel 2004, bes. 256.)

Im Hörsaal

Was aber, wenn Monikas Geduld schon zu Ende ist?

„Während ich kunstgerecht darauf warte, dass Michael von sich aus den Weg zur Vernunft findet", würde sie sagen, „infiziert sich vielleicht ein paar Straßen weiter bereits eine Frau mit Aids. Was soll ich also tun?"

Wir versuchen, ihren Konflikt zu verstehen.

„Was soll sie also tun?", gebe ich die Frage an die Studierenden weiter. Und ermuntere zum Denkverfahren der Güterabwägung, das sich im Recht bewährt hat, aber auch in der Ethik.

Was steht auf dem Spiel?

- Monikas Freizeit. Sie kann die schwierige Aufgabe, hinter Michaels Rücken seine Freundin zu informieren, nur mit viel Zeit und Ruhe tun, im persönlichen Gespräch – das geht nicht während ihrer laufenden Geschäfte. Sie müsste die junge Frau einigermaßen gut kennen lernen, um nicht nur Porzellan zu zerschlagen.
- Monikas Reputation als Beraterin. Gelangt die Nachricht, dass sie ohne Wissen oder gar gegen den Willen eines Betroffenen seine Freundin informiert hat, zu den anderen Teilnehmern am Methadonprogramm, wird sich vermutlich niemand mehr bei ihr sehen lassen.
- Monikas Arbeitsplatz. Wer weiß, wie der Arbeitgeber reagiert? Entlässt er sie? Und wie sieht dann ihr Zeugnis aus?

- Michaels neues Liebesglück. Vielleicht bricht die Krankheit bei ihm ja nicht aus, dann könnte er gute Jahre mit seiner Frau verbringen. Ein Glück, das zwar mit einer schweren Hypothek belastet ist: Drogenabhängigkeit und Aids – und beides wird sich nicht lange verheimlichen lassen – aber die Sozialarbeiterin wüsche ihre Hände in Unschuld.
- Michaels Freundin riskiert weitaus am meisten. Das Gut ihres unversehrten Lebens ist das höchste. Dieses Gut ist unbedingt zu schützen. Nach dem Prinzip der Güterabwägung muss Monika ihre Diskretion aufgeben und eines Abends bei der unbekannten jungen Frau vor der Türe stehen.

Aber Monika weiß, auf welch dünnes Eis sie sich damit begibt. Sie ist zwar ungeduldig – mit Recht, aber die endgültige Entscheidung, was nun zu tun ist, fällt ihr schwer.

Von welchen Philosophen ließe sich Klärung für sie erwarten? Klärung, nicht Vorschriften. Denn sie kann ohnehin nur tun, was sie tun kann, wozu es sie drängt. Und kein Philosoph könnte sie in diesem Fall irgendwohin treiben.

Wir haben es im Seminar einmal durchgespielt:

3.3 Anfrage nach Königsberg:

3.3.1 Immanuel Kants zweiter kategorischer Imperativ

Wäre Monika überzeugte Kantianerin, ergäbe sich folgendes Bild:
Es geht um das Schweigen gegenüber der Freundin. Monika muss die Freundin ins Vertrauen ziehen. Warum?
Immanuel Kant begründet es auf zwei Wegen, sehr geraden, kurvenlosen Wegen:
Monika darf die beiden, Michael und seine Freundin, nicht bloß als Mittel zu ihren Zwecken missbrauchen. Sie darf also nicht schweigen.
Kant hat dies grundsätzlich gefordert in seinem zweiten kategorischen Imperativ:

> Immanuel Kant:
> „Handle so, daß du die Menschheit, sowohl in deiner Person als in der Person eines jeden andern, jederzeit zugleich als Zweck, niemals bloß als Mittel brauchest." (1785, 61)

Das verlangt laut Kant die Vernunft: Keinen Menschen ausschließlich als Mittel zu einem fremden Zweck zu missbrauchen, ihn nicht zu instrumentalisieren. Sondern in jedem einen letzten Selbstzweck zu sehen. Wenn Monika nämlich schweigt, missbraucht sie ihn und die Freundin zu dem Zweck, ihre Stelle zu behalten. Denn dann handelt sie nach dem Buchstaben ihrer Dienstvorschrift, und niemand ihrer Vorgesetzten könnte sie tadeln. Sie könnte sich immer auf ihre Schweigepflicht berufen. Würde sie aber reden, der Freundin gegenüber also das Vertrauen missbrauchen, das Michael ihr gegenüber hat, so würde sich das vielleicht unter den anderen Drogenabhängigen herumsprechen und sie verlöre vielleicht ihre Stelle. Weil sie geplaudert hat.

„Nur" um ihren Arbeitsplatz zu schützen, darf sie aber nicht schweigen.

Nun ist freilich reden nicht gleich reden. Als Sozialarbeiterin kennt Monika die Kunst der Gesprächsführung von vielen Beratungsgesprächen her. Sie könnte Erfolg haben. Wenn sie nämlich nach Feierabend die Freundin informiert, macht sie sich dabei zur Advokatin Michaels. Sie plaudert also nicht einfach etwas aus, sondern schildert dessen Angst, die Wahrheit zu sagen, weil er seine neue Liebe nicht verlieren will.

Folgende Möglichkeit wäre nicht ganz auszuschließen: Die Freundin trennt sich nicht von Michael. Sie besteht aber darauf, dass er weiter Kondome benutzt und verfährt auch sonst achtsam mit ihm. Sie vermeidet zum Beispiel den Kontakt mit Blut, wenn er sich verletzt hat. Für diesen Fall wäre aus dem Dilemma – „Schweigen und damit evtl. den Tod einer dritten Person in Kauf nehmen o d e r Reden und damit die Vertrauensbasis der eigenen Arbeit stören" – ein guter dritter Weg gefunden worden: Reden – Konsequenzen ziehen – die Lebensgefährdung reduzieren ausschließlich zum Wohl des Klienten. Zu reden anstatt zu schweigen, würde dem Geist, nicht dem Buchstaben ihrer Dienstanweisung auf der Methadon-Station entsprechen.

3.3.2   Die Vernunft verpflichtet zur Aufrichtigkeit

Aber mit der Phantasie dieser liebevollen Lösung machen wir es uns in den Augen Immanuel Kants wieder zu einfach. Denn nicht um des guten Ergebnisses willen, sagt Kant, muss Monika den abendlichen Gang tun und die Freundin informieren, sondern weil das Wahrheit-Sagen ihre Pflicht ist. Es ist die Pflicht eines jeden Menschen. Ohne Wenn und Aber. Wir erinnern uns, wie eisern Kant fordert, die Wahrheit zu sagen und dabei „über Leichen zu gehen". Nur eine kleine Ausnahme ließ er gelten: die Erpressung durch einen Verbrecher (vgl.

oben S.49).Wie viel eher hier, wo die Wahrheit, – ausgesprochen durch die Sozialarbeiterin gegenüber der Freundin, – vermutlich eine Ansteckung eher verhinderte. Auch unter Verzweiflung, Enttäuschung und Tränen wäre es nicht undenkbar, dass die Freundin der Sozialarbeiterin letztlich dankt für ihre Indiskretion. Weil diese ihre Schweigepflicht missachtet und keine Kompromisse beim Aussprechen der Wahrheit gemacht hat. Die Beziehung zu Michael wäre sehr gefährdet oder gar zerstört, aber ihr Leben wäre gerettet.

Im Hörsaal

„Fürs Erste!", sagt ein Student trocken, „Morgen kommt sie dann unter ein Auto!" Er will damit gegen die kasuistischen Züge protestieren, die die Kantsche Ethik zuweilen hat. „Ich bin gegen dieses ständige Wenn-Dann. Das Leben ist voller Überraschungen." –
„Ja, das sehe ich auch", sage ich. „Aber Kants Stimme in diesem Dilemma würde nun einmal so und nicht anders klingen."

3.4 Eine Entscheidung im Sinne des Utilitarismus

Lebte Monika nicht in Innsbruck, sondern in England oder in den USA, würde sie vermutlich weniger prinzipiell denken. Nicht im Sinne Kants fragen, was ihre Pflicht ist, was die Vernunft von ihr verlangt, sondern im Sinne des Utilitarismus, fragen: Bei welcher Entscheidung kommt für die meisten Beteiligten das beste Ergebnis heraus?
Worin würde im vorliegenden Fall der größte Nutzen (lat. utilitas) für das Glück der größten Zahl von Menschen bestehen?
Schauen wir mit Monika also nicht auf Beweggründe, nicht auf Verpflichtungen wie Verschwiegenheit, nicht auf allgemeingültige Verfahren zum Erkennen des Richtigen, sondern suchen wir mit ihr gemeinsam ausschließlich das optimale Ende für die meisten Beteiligten. Dafür ist sie nämlich durch ihren Beruf verantwortlich.

3.4.1 Anfrage nach Heidelberg an Max Weber

Max Weber, einer der ersten großen deutschen Soziologen (1864–1920), nannte die Ethik, die nach dem glücklichen Ende fragt, das der Handelnde im Blick haben muss, „Verantwortungsethik", die Kantsche Ethik dagegen „Gesinnungsethik", weil sie bewusst nicht auf die Konsequenzen des zu Tuenden schaut, sondern allein auf den „guten Willen", der am Anfang steht, und auf die an Freiheit und Vernunft orientierte Pflichterfüllung.

Max Weber tadelte damals die „Gesinnungsethiker": Sie „tuen recht und scheuen niemand", aber sie sind nicht bereit, für die Folgen ihres Tuns aufzukommen. „Der Verantwortungsethiker dagegen ist realistisch und bereit, auch die Folgen seines Tuns, soweit er sie voraussehen konnte, nicht auf andere abzuwälzen." (M. Weber 1919, zit. bei Nink 2000, 87f.)
Damit stellte sich Weber gegen eine lange idealistisch-normative Tradition, die sich in Wendungen spiegelt wie:

> „Deutschsein heißt, eine Sache um ihrer selbst willen tun",
> „Tue recht und scheue niemand"
> Oder:
> „Der eine fragt: Was kommt danach?
> Der andre: Was ist recht?
> Und also unterscheidet sich
> der Freie von dem Knecht." (Th. Storm)

Diese Haltung ging in Deutschland erst nach dem 8. Mai 1945 in die Knie, als sich herausstellte, wie viel Unrecht auch diejenigen faktisch getan hatten, die ausschließlich das Rechte im Sinn gehabt hatten. Nicht nur die Schwachen und die Verbrecher.

Um nun im Gegensatz dazu den Utilitarismus angelsächsischer Prägung vorzustellen, an dem sich Monika in ihrer berufsethischen Krise orientieren könnte, ist etwas weiter auszuholen. Wie entwickelte sich diese Philosophie des Common Sense?

3.4.2   Anfrage nach Großbritannien: Francis Hutcheson

Bei der Frage nach dem richtigen Tun erkannte der schottische Philosophieprofessor und Prediger Francis Hutcheson (1694–1746) folgendes Problem: „Wie verhalten wir uns moralisch am besten, wenn wir vor unterschiedlichen Handlungsmöglichkeiten stehen, von denen mehrere Personen positiv oder negativ betroffen sein werden?" Diese Frage klingt banal. Denn meistens geschieht Handeln ja nicht nur zwischen zweien. Dennoch hat sie der Gesinnungsethiker Kant fünfzig Jahre später mit der Formulierung seiner kategorischen Imperative nicht hinreichend bearbeitet. Hutcheson in seinem Buch „Inquiery into the

Origin of our Ideas of Beauty and Virtue" (Erkundung des Ursprungs unserer Ideen von Schönheit und Tugend) kommt jedenfalls 1725 zu dem Schluss: „Diejenige Handlung ist die beste, die das größte Glück für die größte Zahl von Menschen herbeiführt."

Im Hörsaal

> *„Na klar", sagen die Studierenden, „Was denn sonst? Sobald Glück der Leitwert ist und nicht mehr Gerechtigkeit oder Freiheit, ist die Handlung die beste, bei der die m e i s t e n was zu Beißen und was zu Lachen haben, Brot und Spiele, wie bei den Römern! Hat irgendwer hier im Raum heute etwas dagegen?"*

Nein, heute nicht. Aber damals war „das Glück der meisten Menschen" eigentlich noch kein Thema. Die Adligen interessierte Sicherheit nach innen und außen, Fragen der Staatsräson: Wo die besten Soldaten kaufen? Wie den Nachbarn bei der Fuchsjagd überlisten? Wie religiöse Spinner unschädlich machen? Wie säumige Schuldner bestrafen?
Das waren ihre Fragen, nicht etwa das Glück der meisten Menschen.

3.4.3 Jeremy Bentham

Im Protest gegen politische Willkür formulierte fünfzig Jahre später wiederum in England der Jurist Jeremy Bentham (1748–1832) in direktem Kampf für die Demokratie die utilitaristischen Gedanken ansatzweise zu einer Staatsphilosophie aus. Einer Philosophie im Interesse der Armen. Diese hatten in den Wahlen zum Unterhaus nämlich keine Stimme, die Bürger nur dann eine, wenn sie wohlhabend waren, die Adligen bis zu drei Stimmen. Eine Ethik, die das Glück der meisten Menschen als Ziel hatte, musste, wie Bentham meinte, dagegen fordern: „Everybody to count for one, nobody for more than one – Jeder wird (bei Wahlen) für einen gerechnet, keiner für mehr als nur einen."

Von Bentham stammt die erste geschlossene utilitaristische Theorie. Hier ein etwas längerer Auszug:

Jeremy Bentham
Das Prinzip der Nützlichkeit
1. Die Natur hat die Menschheit unter die Herrschaft zweier souveräner Gebieter – L e i d und F r e u d e – gestellt. Es ist an ihnen allein aufzuzeigen, was wir tun sollen, wie auch zu bestimmen, was wir tun wer-

den. Sowohl der Maßstab für richtig und falsch als auch die Kette der Ursachen und Wirkungen sind an ihrem Thron festgemacht. Sie beherrschen uns in allem, was wir tun, was wir sagen, was wir denken: jegliche Anstrengung, die wir auf uns nehmen können, um unser Joch von uns zu schütteln, wird lediglich dazu dienen, es zu beweisen und zu bestätigen. Jemand mag zwar mit Worten vorgeben, ihre Herrschaft zu leugnen, aber in Wirklichkeit wird er ihnen ständig unterworfen bleiben. Das Prinzip der Nützlichkeit erkennt dieses Joch an und übernimmt es für die Grundlegung jenes Systems, dessen Ziel es ist, das Gebäude der Glückseligkeit durch Vernunft und Recht zu errichten. Systeme, die es in Frage zu stellen versuchen, geben sich mit Lauten statt mit Sinn, mit einer Laune anstatt mit der Vernunft, mit Dunkelheit anstatt mit Licht ab. Doch genug des bildlichen und pathetischen Sprechens: Durch solche Mittel kann die Wissenschaft der Moral nicht verbessert werden.

2. Das Prinzip der Nützlichkeit ist die Grundlage des vorliegenden Werkes; es wird daher zweckmäßig sein, mit einer ausdrücklichen und bestimmten Erklärung dessen zu beginnen, was mit ihm gemeint ist. Unter dem Prinzip der Nützlichkeit ist jenes Prinzip zu verstehen, das schlechthin jede Handlung in dem Maße billigt oder missbilligt, wie ihr die Tendenz innezuwohnen scheint, das Glück der Gruppe, deren Interesse in Frage steht, zu vermehren oder zu vermindern, oder – das gleiche mit anderen Worten gesagt – dieses Glück zu befördern oder zu verhindern. Ich sagte: schlechthin jede Handlung, also nicht nur jede Handlung einer Privatperson, sondern auch jede Maßnahme der Regierung.

3. Unter Nützlichkeit ist jene Eigenschaft an einem Objekt zu verstehen, durch die es dazu neigt, Gewinn, Vorteil, Freude, Gutes oder Glück hervorzubringen (dies alles läuft im vorliegenden Fall auf das Gleiche hinaus) oder (was ebenfalls auf das Gleiche hinausläuft) die Gruppe, deren Interesse erwogen wird, vor Unheil, Leid, Bösem oder Unglück zu bewahren; sofern es sich bei dieser Gruppe um die Gemeinschaft im allgemeinen handelt, geht es um das Glück der Gemeinschaft; sofern es sich um ein bestimmtes Individuum handelt, geht es um das Glück des Individuums ...

6. Man kann also von einer Handlung sagen, sie entspreche ... der Nützlichkeit (das heißt in Bezug auf die Gemeinschaft insgesamt), wenn die ihr innewohnende Tendenz, das Glück der Gemeinschaft zu vermehren, größer ist als irgendeine andere ihr innewohnende Tendenz, es zu vermindern.

(Bentham 1789/1977, 96f.)

Zu diesen Ausführungen philosophischer Ethik passt es, dass Bentham als einer der ersten sich Zutritt zu Gefängnissen in England verschaffte, die himmelschreienden Zustände dort publik machte und kritisierte und auf sozialpolitischen Reformen bestand.

3.4.4 John Stuart Mill

Mill (1806–1873), Philosoph und Nationalökonom, hat auf eine Schwachstelle des obigen Zitats hingewiesen: Bentham rede von Glück etwas zu allgemein. So hat Mill die Philosophie des Utilitarismus weiterentwickelt. Er war 13 Jahre lang selbst Abgeordneter des englischen Unterhauses, hatte von den bisher Genannten die größte Weltkenntnis und Lebenserfahrung. Im Auftrag der englischen Regierung kontrollierte er die Ostindische Handelskompanie in ihren Geschäften in Indien.

Mill differenziert Benthams Begriff: Glück ist nicht nur platte Lust, sondern mehr:

> John Stuart Mill
> „Die Menschen können im Unterschied zu den Tieren die Freuden des Nachdenkens, der Empfindung, der Vorstellungskraft und der Gewissheit, Gutes getan zu haben, genießen. Auch ein bewusster Verzicht auf Glück um eines anderen willen kann glücklich machen ..., denn dies gehört zur menschlichen Würde.
> Es ist besser, ein unzufriedener Mensch zu sein als ein zufriedengestelltes Schwein, besser ein unzufriedener Sokrates als ein zufriedener Narr. Und wenn der Narr oder das Schwein anderer Ansicht sind, dann deshalb, weil sie nur die eine Seite der Angelegenheit kennen." (Mill, 1863/2002, 18)

Aus der utilitaristischen Grundhaltung ergeben sich auch bei ihm politische Forderungen:

* Nach Toleranz. Denn Sonderlichkeiten und Abweichungen von der Norm sind bei einem Menschen so lange zu tolerieren, wie sie die Gesamtheit an Glück in einer Gesellschaft nicht schmälern.
* Nach Aufhebung der Sklaverei, die er in seinem Buch „Über die Freiheit", 1857 scharf verurteilt.

- Nach Gleichberechtigung der Frauen. Hierzu hatte ihn seine Frau Harriet angeregt.

Ihr widmete er nach ihrem Tode die kleine Schrift „Über die Freiheit". In dieser Widmung findet sich ein Satz, der sich wie ein Brückenschlag zwischen der traditionellen Gesinnungs- und der neuen Verantwortungsethik liest, weil er auf andere Werte als „nur" Glück abhebt: Wahrheit und Recht.

> John Stuart Mill:
> „Dem treuen und schmerzlichen Andenken an die Frau, die die Inspiratorin und zum Teil die Autorin all dessen war, was das Beste in meinen Schriften ist – der Freundin und Gattin, deren leidenschaftlicher Sinn für Wahrheit und Recht mein stärkster Antrieb und deren Billigung mein höchster Lohn war, widme ich diesen Band. Wie alles, was ich seit vielen Jahren geschrieben habe, ist er der ihre so sehr wie der meine ..."

Im Hörsaal

Dieser Widmung gehört meine Sympathie. Wo liest frau sonst im 19. Jahrhundert eine solche Laudatio eines Mannes auf das intellektuelle Format seiner Gattin, die selber Philosophin war? Doch finden die jungen Studierenden daran nichts Bewegendes. Nachruf auf eine Tote, ,Philosophin von unvergleichlicher Weisheit sein, mit leidenschaftlichem Sinn für Wahrheit und Recht" – das lässt sie alles ziemlich kalt. Dagegen amüsiert sie die Gegenüberstellung vom zufriedenen Schwein und dem unzufriedenen Sokrates sehr. Leuchtet auch ein.

Und auf die Lösung von Monikas ethischem Dilemma sind sie gespannt. Die Gruppe, die im Sinne des Utilitarismus ein Vorgehen vorschlägt, hat sich auch wirklich etwas einfallen lassen.

Doch darüber gleich. Zuerst ist zusammenhängend das modernste utilitaristische System, der Handlungsutilitarismus Peter Singers vorzustellen. Mehrfach tauchte sein Name in den vorigen Kapiteln bereits auf.

3.5   Anfrage nach Princeton an Peter Singer

Im deutschen Sprachraum ist der Utilitarismus erst durch die gründliche Studie Peter Singers „Praktische Ethik" etwas bekannter geworden. Singer, Professor für Bio-Ethik in Princeton/Mass., geb. 1946, ist Jude. Seine Eltern waren vor den Nazis nach Australien geflohen, drei seiner Großeltern wurden ermordet.

Singer ist also vermutlich der Letzte, der den Begriff „lebensunwertes Leben" benutzen würde. Dennoch hat man ihm immer wieder vorgeworfen, dass er für die aktive Tötung schwerstmehrfach behinderter oder unheilbar kranker Babies plädiert.

Schauen wir uns seine Gedanken näher an:
Singer macht eine große utilitaristische Glücksrechnung auf. Er weitet diese auch auf die Tiere aus, denn diese sind Lebewesen, die fühlen und Schmerz empfinden können. Wenn ein Tier in medizinischen Labortests gequält würde, um eine neue Medizin zu entwickeln, die dann Tausenden von Menschen das Leben retten würde, „hielte ich es für richtig, dass das Tier leidet. Aber die meisten Labortests sind nicht so sinnvoll." (Singer 1994, 96)
Singer fragt weiter nach den Posten Glück und Unglück, die das Asylbewerber-problem ausmachen. „Wenn Australien im nächsten Jahr 12.000 Flüchtlinge mehr aufnähme, ginge es – nach Anpassungsschwierigkeiten – 12.000 Menschen s e h r viel besser und dafür 12.000 australischen Bürgern nicht in gleichem Maße schlechter. Doch lassen sich solche Quoten nicht beliebig verdoppeln." (Ebd., 329–334)

Die Suche nach dem größtmöglichen Glück der größtmöglichen Zahl wird aber – laut Singer – empfindlich erschwert, wenn Folgendes passiert:
Ein schwerstmehrfach behindertes Baby wird geboren. Seine Krankheit stellt Arzt und Eltern vor die Frage: Sollen wir durch komplizierte Operationen und plastische Chirurgie Leben zu erhalten suchen, das doch immer „ohne Interessen, ohne Personenbewusstsein" dahinvegetieren wird? Wenn die Eltern dafür plädieren, ist eine Operation angesagt. Das Wollen der Eltern zählt am meisten. Wenn aber Eltern und Ärzte das Baby aufgeben wollen, soll es nicht tagelang nur mit Wasser und schmerzstillenden Mitteln „liegengelassen" werden. Dann ist zwar das Gewissen des Arztes beruhigt, aber das Kind leidet länger, als wenn der Arzt es aktiv tötete. Wenn Eltern und Ärzte das Baby aufgeben wollen, darf keine Ethik-Kommission des Krankenhauses, keine einzelne Pflegerin mittels einer einstweiligen Verfügung, die sie erwirkt, das Recht haben, das Leben des Babies zu erzwingen.

Hier ein Beispiel aus der medizinischen Fachliteratur:

„Ein Kind mit einer genetischen Hautkrankheit schwerster Art, der soge-nannten *Epidermolysis bullosa atrophicans letalis (Typ Herlitz)*, wird gebo-ren. Die Krankheit besteht in einer fortschreitenden Ablösung der Haut vom

Körper. Dabei treten Blutungen und ständig neue Blasenbildungen auf, die bei jeder Berührung des Kindes erheblich verstärkt werden. Eiweiß-, Flüssigkeits- und Blutverlust gleichen ebenso wie die begleitenden Schmerzen den entsprechenden Phänomenen bei Verbrennungen dritten Grades. Infektionen und Schleimhautablösungen im Mund machen eine natürliche Ernährung unmöglich; die intravenöse verursacht wegen der Folgen jeder Berührung des Kindes große Schwierigkeiten. Mehrmals täglich müssen die durchnässten Verbände gewechselt und muss das Kind in bestimmten medizinischen Lösungen gebadet werden, was regelmäßig mit einer Verschärfung des Grundproblems verbunden ist. Wegen des ständigen Blutverlustes sind zahlreiche Transfusionen notwendig. Nachdem die Krankheit einen großen Teil der Körperoberfläche erfasst hat, treten Infektionen auf, die mit Antibiotika bekämpft werden. Trotzdem stellen sich fortschreitende Sepsisprobleme ein, begleitet vom Ausfall verschiedener Organfunktionen, vor allem der Nieren. Am 15. Tag nach der Geburt stirbt das Kind unter offensichtlich erheblichen Qualen. Dass es keine Überlebenschance hatte, war von Anfang an genauso zweifelsfrei wie die Unmöglichkeit einer vollständigen Schmerzbekämpfung." (Merkel 1996, 1146)

Auf 1.200 schätzt der Direktor der Abteilung für pränatale Diagnostik an der Bonner Universitäts-Frauenklinik, Dr. Werner Hansmann, die Zahl der schwerstgeschädigten Neugeborenen, die jedes Jahr allein in den alten Bundesländern „für einen sicheren Tod liegen gelassen werden". In einer jüngst veröffentlichten holländischen Studie heißt es: "Such choices are made hundreds of times every year." (Merkel ebd.)

Peter Singer will ihr Sterben abkürzen. Denn ebenso wie „Nicht-Lügen" ist „Am-Leben-Halten" kein Wert und keine Tugend an sich. Die Rechnung muss aufgehen, das Unglück des todgeweihten leidenden Kindes ebenso wie das der Eltern über ein todgeweihtes Kind ist abzukürzen.

Würde man aber erwachsene Behinderte mit Personen-Bewusstsein oder Komatöse oder alte, schwer Demenzkranke – also Nicht-mehr-Personen – töten, dann geschähe – laut Singer – nichts, was dem Glück in der Welt diente. Selbst wenn Angehörige das wünschten, wäre es strikt abzulehnen. Denn viele Menschen hätten Zeit ihres Lebens Angst vor einem solchen gewaltsamen Ende. Diese Angst aber würde in der Summe zu größerem Unglück auf der Welt führen. (Vgl. Singer 1994, 245f.)
Am meisten erschreckt mich Singers präzise Analyse, dass zwischen „Töten und Sterbenlassen nur ein kleiner Unterschied" ist. In seinem Aufsatz „Arm und

Reich" wirft er uns, den Reichen, vor, uns um das Schicksal der Armen, vor allem in Afrika, nicht genug zu kümmern, damit sie am Leben bleiben könnten. Humanitäre Hilfsorganisationen sind aktiver zu unterstützen! „Ihr werft mir vor, ich sei ein Mörder," könnte Singer sagen, „seit Jahren verhindern die Behinderten-Verbände, dass ich in Deutschland einen Vortrag halte. Aber Ihr tötet ununterbrochen selber." (Singer 1991, 239ff., bes. 240f.)

3.6 Verantwortungsethik in der Sozialen Arbeit

3.6.1 Wenn Monika Utilitaristin wäre?

Wirklichkeit besteht aus Fakten und Interpretationen. Mit dieser Erkenntnis eröffnen heute Philosophen in vielen Städten Beratungspraxen für Probleme des Alltags.

So sei die Frage neu gestellt: Wie würde Monika als überzeugte Utilitaristin den Nutzen ihres Tuns für möglichst viele definieren? Und wie würde sie handeln?

Im Hörsaal

Die studentische Arbeitsgruppe, die die Aufgabe hatte, diese Frage zu beantworten, kehrt mit einem überraschenden Vorschlag ins Plenum zurück:

1. *Monika darf nicht um einer Frau willen das Vertrauen aller anderen Klienten aufs Spiel setzen. Sie muss das „geringste Risiko für die größtmögliche Zahl von Menschen" eingehen. Vor fünf Jahren, sagen die Studenten, hätten wir vielleicht noch anders argumentiert. Aber inzwischen ist Aids nicht mehr unbedingt tödlich: es ist behandelbar. Um so wichtiger ist es, dass eventuell andere Aidskranke auf der Methadon-Station den Weg finden: zum Arzt, aber auch zu Monika. Sie dürfen nicht vertrieben werden.*

2. *Sie darf nicht Michael enttäuschen, indem sie ihr Schweigen, zu dem sie sich verpflichtet hat, bricht. Anstatt nach Feierabend die Freundin zu besuchen, sollte sie Michael bedrängen, notfalls bei ihm vor der Türe stehen, ihm keine Ruhe lassen, es seiner Freundin selbst zu sagen.*
   – „Und wenn er stur bleibt?", fragen die Kommilitonen. –

3. *Dann soll sie der Freundin die Information in einem anonymen Brief mitteilen. Sie soll sie sorgfältig irreführen, z.B. in einer anderen Stadt den Brief einwerfen, sie soll schreiben, sie sei ein alter Kumpel von Michael und wisse sicher, dass ...*
   – „Und wenn Michael sie zur Rede stellt? Ihr Vorwürfe macht?" –

Dann muss sie es abstreiten. Lügen.
– „Und das soll Verantwortungsethik sein?" –
Die Wogen gehen hoch im Hörsaal. Die studentische Arbeitsgruppe wird
für ihre konsequent utilitaristische Argumentation gelobt. Aber gleich dar-
auf startet eine Diskussion, ob denn ein gutes Ziel durch Lügen erreicht
werden kann, also durch schlechte Mittel.

3.6.2 Rückfragen an Peter Singer

Peter Singer bejaht dies im 10. Kapitel seiner „Praktischen Ethik" ausdrücklich.
Es ist deutlich: Der Utilitarismus kennt keine Verpflichtung zur Aufrichtigkeit
und keine Gerechtigkeit im einfachen Sinne des Wortes.
Wie würde Peter Singer folgende Geschichte beurteilen, die Anita Nair in ihrem
Roman „Ein besserer Mann" aus einem indischen Dorf berichtet, die aber fast in
jedem anderen Dorf der Welt geschehen könnte:

Anita Nair
Der reichste Mann des Dorfes wird heimlich verachtet, weil er aus niedriger
Kaste ist und durch einen Lotto-Gewinn zu Geld kam. Er will etwas Gutes
für die Gemeinschaft tun, um zu mehr Ansehen zu gelangen. Er will ein
Gemeinschaftshaus stiften, das für große Familienfeierlichkeiten, Dorffeste,
Parteiversammlungen gemietet werden kann. Alle Leute im Dorf und alle
Gruppen freuen sich über den Plan. Von der kleinen Mietgebühr können
jeweils die laufenden Kosten gedeckt werden. Damit das Gemeinschaftshaus oft gebucht wird, muss es in der Mitte des Dorfes liegen. Ein Auto hat
dort kaum einer. In der Mitte des Dorfes, in günstiger Lage, gibt es aber
kein Grundstück zu kaufen. Hat sich nicht genau dort vor einigen Jahren ein
Fremder aus der Stadt niedergelassen und arbeitet seitdem als Anstreicher
im Dorf? Was hat der hier eigentlich zu suchen? Er ist doch ortsfremd,
könnte er nicht irgendwo anders hinziehen? Siehe da, er hat sein Grundstück ja nicht einmal ganz bezahlt! Der Anstreicher wird erpresst: Wenn Du
uns dein Grundstück nicht verkaufst, wirst Du keinen Maler-Auftrag mehr
im Dorf erhalten. Der Kredit wird gekündigt. Der Anstreicher fügt sich,
zieht schweren Herzens aus seinem schönen Garten auf ein unerschlossenes
Feld. Das Gemeinschaftshaus wird zur Freude aller gebaut. (Nair 2003)

„Peter Singer", würde ich fragen, „ist das nicht eine gute Lösung im utilitaristischen Sinne? Was wiegt schwerer, die Enttäuschung eines Malers und seiner
Frau gegenüber der Freude aller anderen Beteiligten?"

„Nein," würde Singer sagen, „so platt denken wir Utilitaristen nicht. Wenn das Dorf-Beispiel Schule machte, könnte sich niemand mehr auf den gesetzlichen Schutz seines Eigentums verlassen. Hat der Maler immer seine Raten gezahlt, darf die Bank seinen Kredit nicht kündigen. Die Angst, einmal so erpresst zu werden, würde Menschen hindern, überhaupt entsprechende Geschäfte zu eröffnen und Häuser zu bauen. Die Summe des Glücks auf der Welt würde sich dadurch drastisch verkleinern. Gerechtigkeit bürgt für Lebensqualität. Insofern, indirekt, auf dem Umweg über das Ziel „Glück", muss Gerechtigkeit sein. Und in der Regel auch Aufrichtigkeit."

In einer utilitaristischen Ethik könnte daraus abgeleitet werden: Jeder, der sich von Monika helfen lässt bei der Suche einer Wohnung, bei der Suche nach Arbeit, m u s s wissen, dass sie über seinen Gesundheitszustand eisern schweigt. Die Angst vor Indiskretion wäre sonst nicht auszuhalten. Anonyme Briefe werden nicht geschrieben!

Eine befriedigende Lösung für Monikas Problem steht freilich noch aus. Sie wird weder von einer reinen Verantwortungsethik im utilitaristischen Sinne noch von einer Kantschen Gesinnungsethik geboten.
Was könnte in einem Fall wie diesem zu weiterer Klärung dienen? Wie halten es Monikas Kollegen mit dem Schweigegebot?

3.6.3 Nichts ausplaudern bei der Aids-Beratung

Am 30.3.2004 besuchte ich mit dieser Frage einen früheren Studenten unserer FH, Sven Claasen, der seit 1995 bei der Aids-Hilfe in E. als Berater und Präventionsfachkraft angestellt ist.
Mit lauter, fester Stimme erzählt der immer noch junge Mann von seiner Arbeit. Viele Unterrichtseinheiten zur Prävention, Informationen über Aids und Safer Sex vor Schulklassen, vor Beamten in Strafanstalten etwa – das ist Schwerpunkt seiner Arbeit.

Aber er hat auch viele HIV-positive Menschen zu beraten, ähnlich wie es Monika in der Methadon-Ambulanz muss.
Wie würde er an ihrer Stelle reagieren, wie wichtig wäre ihm das Schweigegebot? Zuerst lässt er sich den Fall erzählen und sagt dann:

S.C. Wenn Monika in einer Methadonambulanz arbeitet, wird es in der Regel eher um medizinische oder soziale Schwierigkeiten der Patienten gehen und weniger um sexuelle Intimitäten. Wenn ein Klient doch darüber spricht, ist das wie im Fall von Michael auch ein Zeichen von Vertrauen.

D.K. Empfinden Sie die oben von mir hergestellte Verbindung zwischen diesem Fall und der philosophischen Ethik als künstlich?

S.C. Sagen wir mal so: Den kategorischen Imperativ hätte man nach meinem Empfinden nicht auf Monika anwenden müssen, sondern auf den Handelnden, auf den Methadon-Patienten. Denn für Monika hätte der kategorische Imperativ besagt: „Handle so, wie Du selbst behandelt werden möchtest." – Möchte sie selbst informiert werden, wenn sie selbst in einer ähnlichen Situation wäre?

D.K. Mir ging es eher um den zweiten kategorischen Imperativ. Kant sagt: „Handle so, dass Du die Menschheit, sowohl in deiner Person als in der Person eines jeden anderen jederzeit zugleich als Zweck, niemals bloß als Mittel brauchest."

Zweck heißt hier: letzter Selbstzweck. Kant würde also fragen: Wessen Menschenwürde missachtet Monika jetzt? Wo macht sie einen Menschen zum bloßen Mittel? Monika würde sagen: „Wenn ich ihn jetzt verpfeife, dann mache ich ihn zum Mittel ..."

S.C. „.... der Lösung meines Gewissenskonfliktes". Nicht zum Mittel zur Rettung ihrer Stelle. Denn dass sie die Stelle verlieren würde, das ist meiner Meinung nach unrealistisch. Wenn sie unter diesen Umständen die Schweigepflicht bricht, hätte sie keine Konsequenzen durch ihren Arbeitgeber zu befürchten.

D.K. Und es ist auch nicht zu erwarten, dass dann ab morgen niemand mehr bei ihr in der Beratungsstelle sitzen würde?

S.C. Nein, auch die Methadonpatienten haben ein ethisch-moralisches Empfinden. Sie würden es verurteilen, wenn ein HIV-Infizierter ungeschützten Sex mit seiner Partnerin hat und ihr nichts davon sagt. Im Prinzip sind sie in diesem Punkt dem gleichen Ehren-Kodex verpflichtet wie andere Menschen auch.

D.K. Sie halten es also für unwahrscheinlich, dass die Leute sich absprechen: Geh da bloß nicht hin!

S.C. Nein, wenn Michael erzählen würde: „Die Sozialarbeiterin XY hat an meine Freundin weitergegeben, dass ich HIV-positiv bin", dann würden die Leute aus der Szene eher sagen: „Ja, bist du denn bekloppt, du kannst doch auch nicht mit der Frau ungeschützt Sex haben, ohne zu sagen, was mit dir los ist ..." (imitiert Empörung im Ton).

Zum anderen hat jeder Methadonpatient auch ein starkes Eigeninteresse daran, regelmäßig sein Substitutionsmittel zu bekommen. Im Einzelfall werden auch persönliche Hilfen in Bezug auf Wohnen, Arbeiten und Finanzen in Anspruch genommen. Das geht natürlich nur in Zusammenarbeit mit der Sozialarbeiterin.

Vielleicht wären einige Methadonpatienten danach einfach etwas vorsichtiger, was sie der Sozialarbeiterin erzählen und was sie lieber für sich behalten, um sich selbst nicht in die Klemme zu bringen. Aber schon aus eigenem Interesse würden sie weiter hingehen.

Zusammengefasst: Sie würden sich nicht mit ihm solidarisieren, weil sie es selber nicht für gut halten würden, wenn er seine Freundin der Gefahr einer HIV-Infektion aussetzt.

Und zweitens: Solange sie Drogen konsumieren und auf Hilfsangebote angewiesen sind, werden sie diese auch in Anspruch nehmen.

D.K. Sind Sie der Meinung, dass es sich bei dem „Fall Monika/Michael" um ein konstruiertes Problem handelt?

S.C. Nein, ein solches Problem kann durchaus auftauchen. Viele Menschen haben, was Aids angeht, kein Bedrohungsgefühl und schützen sich auch nicht. Das gilt umso mehr, wenn andere akute Probleme stärker im Vordergrund stehen. Und darüber hinaus gilt: wenn Menschen besondere Sehnsucht nach Nähe und Verschmelzung haben, wenn sie wenig selbstbewusst sind oder ihre Grenzen nur schwer spüren, wie es bei vielen Süchtigen der Fall ist, dann gehen sie auch eher Risiken ein, ohne über negative Konsequenzen nachzudenken. Oder setzen andere Personen leichter diesen Risiken aus ...

Zu dieser ethisch-moralischen Debatte kommt noch ein weiterer Aspekt hinzu: Die Mehrheit der Infizierten – weltweit sind es 80% – weiß gar nicht, dass sie HIV-positiv ist. D.h. es kommt oft zu einem Geschlechtsverkehr zwischen einem Infizierten und einem Nicht-Infizierten und keiner der beiden weiß, dass da der Aids-Erreger im Spiel ist.

D.K. Können Sie sich denn vorstellen, dass diese Monika da manchen Abend gesessen hat und sich überlegt hat: Was soll ich jetzt tun?

S.C. Also wenn sie in der Methadon-Ambulanz arbeitet, dann könnte sie es im Team diskutiert haben.

D.K. Das Team kommt da gar nicht vor, das ist auch merkwürdig bei diesem Fall.

S.C. Eine Absprache im Team wäre eine nahe liegende Vorgehensweise. Wenn ich mich in so einem Grenzfall befinde, dann bringe ich es ins Team und wenn sich's da nicht lösen ließe, könnte man noch im Rahmen von Supervision genauer hinsehen, aber meistens komme ich in der Diskussion mit den Team-Kollegen zu einer Lösung. Unwahrscheinlich, dass ich einen solchen Konflikt mit mir allein aushandele.

D.K. Der kategorische Imperativ gibt eine Marschrichtung vor. Das sage ich nicht, weil ich den Kant nun ausgerechnet lehre. Denn die utilitaristische Regel ist ja genauso eindrucksvoll: Es geht um das größte Glück der größten Zahl von Leuten.

S.C. Wenn offensichtlich ist, dass jemand, der positiv ist, mit vielen verschiedenen Menschen ungeschützte sexuelle Kontakte hätte und sie nicht informiert, dann wäre die Situation zumindest strafrechtlich eindeutig. Wenn eine Person wissentlich andere Menschen mit HIV infiziert, gilt das als versuchte schwere Körperverletzung. Der Betroffene würde sich damit strafbar machen. In einem Präzedenzfall in Bayern ist ein HIV-Positiver dafür verurteilt worden.

D.K. Wenn das der Michael gewesen wäre, hätte man ihm dann sagen müssen: Junge, wir sperren dir das Methadon?

S.C. Nein, das wäre keine Lösung. Das eine muss man vom anderen trennen. Das Methadon ist ein Medikament und dient damit der Stabilisierung des Gesundheitszustandes eines Süchtigen. Es wird vom Arzt verabreicht und darf nicht als Druckmittel eingesetzt werden. In diesem Fall wären rechtliche Schritte angezeigt.

D.K. Noch einmal meine Frage: Was können Sie zur Selbsthilfe anstoßen? Damit die Menschen lernen, sich selbst zu helfen? Und haben Sie dabei Probleme mit ihrer eigenen Glaubwürdigkeit? Dass die Klienten hier ironisch sagen würden: „Ja, sehr schön! Du, der du nie betroffen warst, und der du auch nie betroffen sein wirst ... du hältst uns hier Reden!"?
Ich denke mir zwar, Sie werden ihnen nichts erzählen, das ist einfach nicht Stil Ihrer Arbeit. Sie werden sich nicht hierhin setzen und irgend etwas predigen ...

S.C. Die Aids-Hilfe ist aus der Selbsthilfebewegung hervorgegangen. Als die ersten Aids-Fälle 1982 bekannt wurden, haben sich Menschen mit HIV zusammengetan, sich gegenseitig unterstützt, die Kranken gepflegt oder sogar beim Sterben begleitet. Daraus hat sich dann, als klar wurde, dass Aids jeden treffen kann, die Aids-Hilfe als Organisation hier vor Ort entwickelt. Auch heute fühlen wir uns dem Selbsthilfegedanken sehr verpflichtet. In der Aids-Hilfe arbeiten HIV-Positive Seite an Seite mit nicht infizierten oder ungetesteten Ehrenamtlern und Hauptamtlern. Wir stellen Räume für regelmäßige Treffen zur Verfügung oder begleiten und unterstützen als Angestellte des Vereins auch Selbsthilfegruppen.

D.K. Wie hat sich Ihr Blick auf die Arbeit verändert in den neun Jahren Ihres Tuns? Sie sitzen hier ja nicht wie am ersten Tag.

S.C. Der Praxisbezug ist stärker geworden. Ich sehe nicht mehr zuerst die Krankheit Aids, sondern entdecke die Normalität, die dahinter steht. Auch der Wunsch vieler Infizierter, ernst genommen zu werden und genau so selbstverständlich menschlich behandelt zu werden wie andere Menschen auch. Wie kann ich einem anderen Menschen helfen, so mit seiner Infektion umzugehen, dass sie im sozialen Zusammenleben nicht ständig störend ist? Also auch für die Frage nach der Sinnhaftigkeit im Leben, nach Liebe, nach Partnerschaft, nach dem richtigen Umgang damit. Am Anfang der neun Jahre stand mehr Sterbebegleitung im Vordergrund, heute ist es mehr Kranken- und Lebensbegleitung.

Aids ist mehr zu einer chronischen Erkrankung geworden und die Betroffenen brauchen vor allen Dingen Unterstützung im Alltag. Der besteht oft aus Arbeitslosigkeit oder Frührente, psychischen Problemen, häufigen Arztbesuchen und Krankenhausaufenthalten. In ihrer verbleibenden Freizeit wollen Positive etwas Sinnstiftendes tun können – diesen Aufgaben widmen wir uns in der Aids-Hilfe in den letzten Jahren mehr.

D.K. Das ist toll.

S.C. Ich lerne viel von den Infizierten, vor allem wie sie mit der Krankheit umgehen. ... Nachdem der Tumor das dritte Mal weggeschnitten wurde, wie dann jemand wieder am Beratungstelefon sitzt und anderen hilft.

D.K. Ist das nicht eine sozialarbeiterische Floskel: Ich habe von meinen Klienten viel gelernt? Es klingt so wunderbar bescheiden-partnerschaftlich. Aber nein, wenn Sie das jetzt so sagen, leuchtet es mir ein: „Nicht wehleidig sein", das ist es ja eigentlich.

S.C. Noch mehr: Mit Einschränkungen und schwierigen Umständen so zurecht zu kommen, dass das Leben lebenswert bleibt. Viele Klienten fragen sich: Was ist eigentlich wirklich wichtig? Das führt oft zu einer Werteverschiebung: Gute Gespräche, Freunde, authentische Beziehungen. ... Denn Aids-Kranke werden immer noch stigmatisiert. So haben sie nicht selten das Gefühl, sich verstecken zu müssen.

Einmal hat ein junger Mann mitbekommen, wie seine Tante, die in einem Kiosk arbeitet, ihren Kunden gesagt hat: „Dort, der junge Mann, der hat Aids", und dann haben ihm zwei Kioskbesucher hinterher gebrüllt, er soll bloß wegbleiben und nicht zu nahe kommen. Es kommt auch immer noch vor, dass Eltern immer wieder die Klobrille mit Desinfektionsspray besprühen aus Angst, sich bei ihrem Sohn mit HIV anzustecken. So lange solche Dinge passieren, so lange bleibt auch die Aufklärung der Aids-Hilfe wichtig.

D.K. In Aids kristallisiert sich die Bosheit unter Verwandten, ganz viel Bosheit, die generell in der Welt ist, aber auch ganz viel Hilfsbereitschaft, die generell in der Welt ist, ganz viel besondere Liebe auch.

Letzte Frage noch einmal: Wo sind Sie mit der Verpflichtung zu schweigen je in Berührung gekommen?

S.C. Ich komme bei jeder Schulveranstaltung damit in Berührung. Die Lehrer werden nämlich rausgeschickt, und wir sagen den Schülern zu Beginn, dass wir schweigen, dass nichts von dem, was in diesem Raum besprochen wird, nach außen dringt. Und das ist die Basis für den Vormittag, das ist auch die Basis für Vertrauen, für Offenheit, für Themen, die sonst nicht zur Sprache kommen würden. Ich biete eine regelmäßige Beratung an einer Schule in E. an: Zuerst führen wir Projekttage mit den Schulklassen durch und dann bieten wir alle vierzehn Tage zusätzlich eine Sprechstunde für Schüler, die noch Fragen haben, an.

Die Schweigepflicht ist da ein richtiger Türöffner. Mit dem Wissen, dass nichts ausgeplaudert wird, fangen die Schüler viel schneller an Vertrauen zu fassen und zu erzählen.

D.K. Aber es hat auch noch nie jemand von Ihnen verlangt, das Schweigegebot zu brechen? Dass ein Lehrer gekommen wäre und gesagt hätte: Ich habe so Probleme hier mit dem Olav und Sie haben doch auch gerade mit dem Olav gesprochen, was denken Sie ...

S.C. Doch natürlich passiert das. Aber dann halte ich mich natürlich zurück, es sei denn es ginge um Fragen von Leben und Tod.

Wenn zum Beispiel eine Schülerin zu mir kommen würde und sagte, sie sei schwanger und möchte das Kind abtreiben, dann würde ich sie fragen, ob sie sich vorstellen kann, darüber noch mit jemand anderem zu sprechen. ...

Ich hatte innerhalb einer Beratung außerhalb der Schule einmal den Fall eines drogenabhängigen Positiven, der gedroht hat, den Richter, der ihn wegen Drogendelikten verurteilt hatte, umzubringen. Er hatte eine Bewährungsstrafe – aber aufgrund eines neuen Delikts sollte er jetzt für ein Jahr ins Gefängnis. Da habe ich den Richter n i c h t informiert. Ich habe dem Klienten Gelegenheit gegeben, erst einmal Dampf abzulassen.

In Bezug auf meinen Konflikt, ob ich mich an das Schweigegebot halte, gingen mir verschiedene Fragen durch den Kopf: Ist sein Wille stark genug den Richter zu töten? Sind seine Motive überzeugend genug oder ist es nur heiße Luft? Muss ich mir Sorgen machen, dass der Klient sich und anderen weiteren Schaden zufügt? Ich habe mich damals entschieden zu schweigen und dafür auch die Verantwortung übernommen. Der Klient hatte zwar schon Pläne geäußert, letztendlich hatte ich allerdings Zweifel daran, dass er sie in die Tat umsetzt.

Für eine kurze Zeit befand ich mich allerdings in der Klemme: Wenn der Klient davon spricht, jemanden „kalt zu machen", muss ich dann solche Informationen nicht grundsätzlich weitergeben? Versuche ich mich persönlich zu entlasten, wenn ich meine Informationen weitergebe oder werde ich gerade damit meiner beruflichen Verantwortung gegenüber einem anderen Menschen gerecht? Spricht der Klient nur im Affekt oder meint er es ernst? Halte ich das aus, nichts zu sagen, das Risiko einzugehen und dem Klienten nicht noch zusätzliche Schwierigkeiten einzuhandeln? Wie wichtig ist mir der Vertrauensschutz? Ein Klient soll eigentlich zu mir kommen können, ohne dass er Angst haben muss, deswegen ins Gefängnis zu müssen. Mein persönliches rechtliches Risiko hielt sich dabei in Grenzen. Natürlich könnte mir im nachhinein kaum jemand nachweisen, dass ich vom Haftbefehl gewusst habe. Ich hätte immer sagen können: Ich war da nicht eingeweiht.

Letztendlich hat sich die Situation schon Tage später geklärt. Der Klient ist am Szene-Treffpunkt Bahnhof verhaftet worden und hat seine Bewährungsstrafe abgesessen. Nach einigen Monaten kam er direkt vom Knast in die Beratungsstelle. Von seinem ursprünglichen Plan war keine Rede mehr. Ich hatte also richtig gelegen.

D.K. Ein Anliegen meines Buches ist, die angebliche Wertfreiheit in der Sozialen Arbeit zu hinterfragen. Die mögen die Studenten ja auch sehr, sehr gerne, sie bestehen auch drauf. Aber wenn Sie zu Anfang unseres Gesprächs sagten: Die Gruppe der Methadon-Patienten würde den Michael verurteilen, weil er das Leben seiner Freundin riskiert: Ist das nicht eine Serie von Werturteilen: „Verurteilen, Leben gefährden ...“?

S.C. Ja ...! Das sind Werturteile, die Schaden verhindern sollen. Das Problem der Wertung oder gar Verurteilung liegt ja eher darin, dass es sich oft eher um einen Reflex als um Reflexion handelt! Viele Menschen werten, ohne sich den Kontext genau anzuschauen. Meine Haltung als Sozialarbeiter ist zwar nicht wertfrei, aber sie ist auch nicht wertend. Der Unterschied ist, dass es für mich sehr wichtig ist, genügend Geduld und Zeit darauf zu verwenden, den Kontext des Klienten zu hinterfragen und das Problem so differenziert wie möglich zu betrachten. Absolute Wertfreiheit gibt es in menschlichen Bezügen gar nicht. Aber bevor ich anfange, meine Werte einzubringen, nehme ich mir Zeit die Situation und die daran beteiligten Menschen zu verstehen.

Ich stehe auf, um mich zu verabschieden. Ich frage nach einer Zusammenfassung. Das Gespräch war lang und ich habe Einiges gelernt. Er sagt:

S.C. Was immer Monika macht, kann richtig sein. Wenn sie Michaels Freundin aufsucht und sie über seine HIV-Infektion informiert, handelt sie verantwortungsbewusst und damit richtig. Sie bricht zwar das Schweigeversprechen ihrem Arbeitgeber gegenüber. Aber sie schützt das höhere Gut, das Leben der Frau. Bei einem Prozess in Deutschland käme der § 34 StGB (Rechfertigender Notstand) zum Tragen.

Wenn sie die Freundin nicht informiert, sondern sich ganz auf Michael konzentriert und ihn ermutigt, sich der Freundin zu offenbaren, handelt sie auch richtig. Sie lässt die Verantwortung beim Klienten, sie schafft nicht Tatsachen hinter seinem Rücken. Sie macht ernst damit, dass jeder für sein eigenes Handeln selbst verantwortlich ist.

Fünf Prinzipien der Berufsethik in der Sozialen Arbeit

eins
nützen und schützen

zwei
nicht schaden

drei
nichts ausplaudern

vier
den anderen als Person achten

fünf
integer sein

vier
den anderen als Person achten

4.1 Der Konflikt: Achtung vor der Person des anderen gegen „Garantenstellung" für den Klienten

Grethe Unselbogen hatte ihre Diplomarbeit als Sozialarbeiterin über Soziale Arbeit mit alten Menschen im Heim geschrieben. Die Arbeit war sehr gut: 1,0. Nun arbeitet sie schon seit sechs Jahren in der Betreuungsbehörde des Landratsamtes einer niedersächsischen Kreisstadt. Sie hat selbst die Betreuung übernommen für 12 geistig verwirrte und/oder psychisch kranke Menschen, für die sich keine anderen Betreuer fanden. Ansonsten ist es eher ihre Aufgabe, Berufsbetreuer zu finden und ihre gerichtliche Zulassung vorzubereiten, eng mit dem Vormundschaftsgericht zusammenzuarbeiten, über Vorsorgevollmachten zu informieren, auch Betreute unter Anwendung von Gewalt mit Hilfe der Polizei zum Arzt oder zu einem Gutachter zu bringen, falls es vom Gericht angeordnet wird. Zuweilen ist das dramatisch:

> G.U. Vor zwei Jahren habe ich einen Mann betreut, damals war er 33, der war recht klug, SPIEGEL-Leser. Überhaupt ein süßer Typ, aber geplagt von Wahnvorstellungen ohne Ende. Zum Beispiel beklagte er sich, er bekäme keine Arbeit, weil ich ihn betreute. Er wohnte bei seiner Mutter. Für den hatte ich die Vermögenssorge. Ich habe mit ihm gemeinsam für ihn ein Sparbuch angelegt. Aber einmal hat er sein Girokonto so weit es ging überzogen und verschwand mit einigem Geld. Ich sprach dann mit der Bank, ließ ohne sein Einverständnis den Betrag zum Überziehen vom Girokonto auf 0,00 DM stellen, so dass er nicht mehr überziehen kann. Er war außer sich. Er drohte, mich umzubringen.

Seine Mutter rief plötzlich morgens hier an: „Der Matthias ist jetzt mit einem Brotmesser auf dem Weg zu Ihnen." Ich hatte Angst.
Inzwischen hat er sich gefangen. Die Betreuung ist gegen meinen Wunsch bzw. gegen meine Bitte im letzten Jahr aufgehoben worden.

Ich interviewe Grethe im Januar in ihrem Büro. Sie hat einen sicheren Arbeitsplatz. Draußen fällt Schnee. Sie ist wirklich zufrieden, mit ihrer Arbeit und mit sich selbst. Diese Arbeit enthält nur ausnahmsweise dramatische Konflikte, vielmehr die täglichen kleinen Konflikte: Wie weit darf ich gehen? Und da hat sie sich eben entschieden, möglichst alles auszuschöpfen, was für den Betreuten an Freiheit möglich ist. Obwohl er mit dem Brotmesser kam, sagt sie:

Dem Matthias habe ich kein Unrecht getan, sondern ihn eher an eigenen „Selbstverletzungen" gehindert.

Wieweit ist die Achtung vor der Autonomie eines Klienten möglich, wenn der andere nicht mehr als rationale Person gilt, sondern man vor der Gesellschaft für ihn, sein Wohl, aber auch sein vernünftiges Verhalten in Garantenstellung eingetreten ist?
Hätte sie nicht doch mit ihm sprechen müssen, zum etwa 23. Mal, bevor sie zur Bank ging?

Achtung vor der Autonomie, der Person des Klienten. Keine Verletzungen, keine Übergriffe, keine Vergewaltigungen, versprach der Arzt Hippokrates. Keine der oben genannten fünf berufsethischen Forderungen klingt so gut wie diese, und keine ist so schwer zu erfüllen. Kaum vorstellbar, alle, wirklich alle Personen zu akzeptieren, zu denen der Sozialarbeiter in eine professionelle Beziehung eintritt. Der Zeitgeist favorisiert ja im Moment gerade das Ausleben des persönlichen Geschmacks: Alles Abwägen, alles Kritisieren, das Beste kaufen. Wie viele Alltagsgespräche kreisen um „mögen" und „nicht mögen" und „nicht ausstehen können".

4.2   Achtung gegenüber Nicht-mehr-Personen

Dass Grethe sich wirklich bemüht, den Raum auszunutzen, der für die Freiheit der Klienten bleibt, zeigt das nächste Telefongespräch, das zu ihr durchgestellt wurde. Grethes Sätze konnte ich hören, die Worte der Gegenseite hat sie mir etwa wie folgt berichtet:

„Guten Tag – soll das denn immer so weitergehen?", schreit eine Frauenstimme am anderen Ende ins Telefon hinein. „Unsere Melanie kam heute aus der Schule und erzählte: ,Die alte Frau stand wieder am Gartentor und rief uns was zu. Mama, die war ganz nackt. Mama, es ist doch kalt.' Können Sie denn nicht dafür sorgen, dass die Frau wegkommt?" – „Ehrlich gesagt wollen wir das der Frau Wenger nicht antun!", sagt Grethe. „Sie gingen ja auch nicht gerne aus Ihrem Haus raus!" – „Das ist was anderes!" – die Stimme am Telefon wird schriller: „Ich stelle mich ja auch nicht nackt zur Schau!" – „Zur Schau stellt sich die Frau Wenger auch nicht. Können Sie ihrer Tochter nicht erklären, dass die gar nicht weiß, dass sie nichts anhat? Sie ist 89, sie ist total verkalkt." – „Ja, hat die denn keine Verwandten?" – „Nein. Einmal am Tag bringt ihr der Pflegedienst das Essen. Um alles andere kümmere ich mich hier bei der Betreuungsbehörde des Landratsamtes. Ich habe 12 solcher schwierigen Fälle." – „Sie meinen, Sie wollen nicht einschreiten? Soll ich denn die Polizei dorthin schicken?" –
„Nein, ich möchte den Willen der Frau nicht brechen. Sprechen Sie doch mal in Ruhe mit ihrer Tochter. Gibt es für sie keinen anderen Weg zur Schule?" –
„Nein."

Hörer aufgeknallt.

Grethe fürchtet selbst, dass es nicht mehr lange so weitergehen kann. Sie will Unrecht verhindern. Frau Wenger soll so lange in ihrem Haus wohnen bleiben dürfen, wie sie will! Auch die Amtsärztin bescheinigte ihr, dass sie dort wohnen darf. Grethe besucht sie alle zwei bis drei Monate, überprüft den Ölstand im Heizungstank, hält den Gestank in der Wohnung aus. Sie ist fast die einzige, außer dem Pflegedienst, die noch von Frau Wenger im Haus geduldet wird. Aber jetzt im Winter, denkt sie, holt sich die alte Frau den Tod, wenn sie draußen nackt herumspaziert. 89!

Und in der Tat: Fünf Wochen später ist ein Umzug in ein Pflegeheim nicht mehr zu verhindern. Frau Wenger ist in ihrem Haus die Treppe heruntergefallen. Sie hat Stunden gelegen, bis die Mitarbeiterin von „Essen auf Rädern" sie fand. Sie kam ins Krankenhaus und nach drei Tagen schon in ein Altenpflegeheim.

Es war ja nichts gebrochen. Grethe hatte ununterbrochen nach einem Heimplatz telefonieren müssen. Mit Frau Wenger zu sprechen, war die ganze Zeit nicht möglich. Sie schien Grethe nicht zu hören, obwohl die langsam sprach, deutlich sprach, eindringlich mehrmals dasselbe sagte.

Grethe, die so lange Frau Wengers Autonomie verteidigt hatte, erlebt nun die Kränkung, dass Frau Wenger nicht mehr mit ihr sprechen will. Sie macht Grethe für die Heim-Einweisung verantwortlich und nimmt ihr übel, dass sie es übernommen hatte, ihr Haus zu verkaufen. Was nicht einfach gewesen war. Wann immer Grethe sie im Pflegeheim besucht, wendet sie stumm den Kopf ab.

Sie leidet selber darunter, dass sie sich mit Frau Wenger nicht gleichberechtigt verständigen kann, dass kein Gespräch zu viert mit der Heimleitung, der Ärztin, Frau Wenger und ihr möglich sind.

> G.U. Ich hab doch immer so viel gehalten von der „herrschaftsfreien Kommuni-
> kation". Und von den „diskursethisch erzeugten Normen". Und jetzt muss ich
> ganz anders handeln.

Soweit der Bericht von Grethe, die sich auf zwei Seminarsitzungen über Jürgen Habermas bezieht.

„Herrschaftsfreie Kommunikation" wäre freilich ein idealer Weg, dem anderen zu zeigen, dass man ihn als Person ernst nimmt. Wäre da nicht die Verpflichtung durch das Amtsgericht, dass Grethe die Belange der dementen, verkalkten Frau Wenger auch gegen ihren Willen und ohne ihre Zustimmung für sie regeln muss. Kann sie sich da wirklich ausgerechnet an Habermas orientieren?

4.3   Jürgen Habermas: Die ideale Sprechsituation

Er entwarf in „Moralbewusstsein und kommunikatives Handeln" (1983) ein Monumentalgemälde, eine Utopie: Entscheidungen über falsch und richtig, nützlich und schädlich fallen als Ergebnis der Diskurse (nachdenklichen Diskussionen) aller Betroffenen. Das bessere Mit-Einander-Sprechen kommt nach Habermas nicht darum zustande, weil etwa einige Gesprächsteilnehmer besonders sensibel oder besonders rhetorisch begabt wären. Es kommt vielmehr zustande, wo die Chancen aller Beteiligten, miteinander zu kommunizieren, gleich verteilt sind. „Herrschaftsfreie Kommunikation", dieser „Entwurf" hat Grethe gefallen. Sie hatte ja eine Ausbildung als Verwaltungsfachangestellte beim Landratsamt hinter sich, wo es ziemlich hierarchisch „von oben nach unten" gegangen war. Mit dem Studium der Sozialen Arbeit an der FH wollte sie sich bessere Möglichkeiten erschließen, mit Klienten und Patienten „auf Ohrenhöhe" zu reden.

Habermas freilich schien für eine andere Welt zu schreiben.

Als Grethes Kommilitonin Esther ein Praktikum als Erzieherin in einem SOS-Kinderdorf machte, hatte sie ab und zu von den schönen Abendrunden in der großen Küche geschwärmt, wo die fünf Jugendlichen, die über zwölf Jahre alt waren, mit der Kinderdorf-Mutter und Esther in Ruhe sprechen konnten. (Die sozialpädagogische Fachkraft war in der Zeit oben bei den Kleinen.) Die Kinderdorf-Mutter hatte zwar nicht Habermas gelesen, sondern Thomas Gordons „Familienkonferenz", aber dessen Konzept hatte es ihr angetan. Sie wollte „vernünftige Lösungen" im Alltag.

Jürgen Habermas
spricht davon, „praktische Fragen rational zu entscheiden". Er analysiert, welche Kommunikationshindernisse gar nicht erst auftreten dürfen, damit nicht schon durch die ungleichen Teilnahmebedingungen das Reden sinnlos versandet.
Nur wenn alle die gleichen Chancen hätten, sich an den vier Klassen von Sprechakten zu beteiligen, könnte das Gespräch ideal genannt werden. Es könnte nämlich dann letztlich das beste Argument siegen.

Zuerst ist es wichtig, so Habermas, dass alle gleich berechtigt sind, ein Gespräch zu beginnen und zu führen. Auf der Sachebene also müssen alle Teilnehmer gleich kompetent K o m m u n i k a t i v a verwenden können: fragen, antworten, mitteilen, wiedergeben ...
In der Tat konnten alle fünf Jugendlichen, nicht nur die beiden Erwachsenen, das Bedürfnis nach einem Gespräch anmelden und am vereinbarten Termin zu reden beginnen. Da herrschte schon Gleichberechtigung.

Zweitens konnten alle das, was sie sagten, auch selbst interpretieren, erklären oder rechtfertigen. Da hatte jeder eben die gleichen Chancen, K o n s t a t i v a zu verwenden, d.h. den Wahrheitsanspruch der Rede zu erläutern. „So dass keine Vormeinung auf Dauer der Thematisierung und der Kritik entzogen bleibt".

Drittens war es für alle möglich, wie von Habermas gefordert, die emotionale Bedeutung ihrer Gesprächsbeiträge auszudrücken. R e p r ä s e n t a t i v a dürfen auf keinen Fall heruntergeschluckt werden: der Sprechende repräsentiert sich selbst mit seinen Gefühlen: er gesteht, er möchte nicht verschweigen, er ist traurig und enttäuscht ..., aber er will niemanden über seine Vorhaben täuschen.

Das ist alles schön und gut, aber viertens – und das ist die schwierigste Forderung – müssen auch alle in gleicher Weise die Angelegenheit, den Schaden, regulieren können. Sie müssen alle die gleiche Macht haben, R e g u l a t i v a zu verwenden. Die Chancen müssen symmetrisch verteilt sein, nun eine Entscheidung für eine konsequente Tat zu treffen: „zu befehlen und sich zu widersetzen, zu erlauben und zu verbieten, Rechenschaft abzulegen und Rechenschaft zu verlangen." (Habermas 1971, 136ff.)

In der Gewissheit, von Vertretern der Diskursethik als „trivialisierend" kritisiert zu werden, entwerfe ich folgendes Beispiel aus dem SOS-Kinderdorf:

Nehmen wir an, Hans, 13, findet sein Fahrrad nun schon zum zweiten Mal vorne und hinten platt. Er lädt die vier größeren Jugendlichen, seine Kinderdorf-Mutter und Esther, die Praktikantin, zu einer Abendrunde ein. (Er verwendet Kommunikativa.) Alle kommen, obwohl sie andere Pläne hatten.

Hans berichtet von den beiden kaputten Schläuchen. Er konstatiert (stellt fest), Georg habe wohl schon lange etwas gegen ihn. Er vermute, dieser wolle ihm eins auswischen. (Er verwendet Konstativa.)

Georg weiß, wie jeder im Raum, dass Ehrlichkeit in einer solchen Runde uner-lässlich ist. Er ist beleidigt durch den Vorwurf und sagt, er habe nichts zu geste-hen.(Er verwendet Repräsentativa, d.h. hier: er repräsentiert die beleidigte Unschuld.)

Aber nun muss der Schaden ja reguliert werden. Und da sich kein Schuldiger findet, schlägt der Jüngste, Mark, vor, dass alle zusammenlegen und der Hans, anstatt seine Schläuche zum zweiten Mal zu flicken, sich zwei neue kaufen wird. Etwa 14 Euro. (Mark formuliert Regulativa.) Jeder gibt sein Geld dazu, auch die Kinderdorf-Mutter, auch die Praktikantin. Alle sagen, sie wollten mit aufpassen, ob und wer sich an Hans' Fahrrad zu schaffen machen würde.

Da kann man nur noch „Amen" sagen zu so einer schönen Szene. Grenzt sie nicht schon an Sozialkitsch? Wo in der Welt wäre so etwas möglich? Eine solche Gleichverteilung an Kompetenz, gutem Willen, Aufrichtigkeit und Macht? Ausgerechnet in einer Einrichtung der Jugendhilfe? Ist es nicht viel-mehr so: Wer das Geld hat, schafft an. Wer die Verantwortung hat, bestimmt schließlich doch. Wer z.B. schon seit x Jahren immer wieder Diskussionen über das Rauchen auf den Zimmern führt, wird müde und erlaubt oder verbietet es einfach.
Habermas würde darauf bestehen, er wolle mit seiner Analyse, was eine sym-metrische Kommunikation ausmache, keine Realität abbilden, sondern sensibel machen für die real existierenden Ungleichheiten in unseren Gesprächen. Der eine redet langsam, dann muss man ihm die Chance lassen, langsam zu reden. Die andere hat gelernt, nie über ihre Gefühle zu sprechen. Dann muss sie sich davon überzeugen können, dass in dieser Abendrunde niemand für seine Gefüh-le verlacht wird.

Eins ist klar, das Ergebnis einer solchen Abendrunde im SOS-Kinderdorf würde zu einer besseren Konfliktlösung und zu mehr Vernunft führen (auch wenn die Teilnehmer allesamt aus „krummem Holz" geschnitzt wären), als ein schlichtes Abstimmen nach kurzer Diskussion. Hans würde als Person mit seinem Pech ernst genomen.

Diesen Zusammenhang zwischen Achtung der Autonomie und Würde des Gegenübers und seiner Redefreiheit hat Habermas aufgewiesen. „Schon dass wir wissen, dass es auch anders sein könnte, wirkt kontrafaktisch," sagt er. Macht sensibel für all die misslungenen „verzerrten" Sprechakte unseres Alltags, die hier nicht weiter beschrieben werden müssen, weil jeder sie schon durchlitten hat.

4.4   Micha Brumlik: Advokatorische Ethik

Grethe jedenfalls, alleingelassen mit einer beleidigten, dementen, schweigenden Frau Wenger, hätte gerne wenigstens ein Quäntchen mehr symmetrischer Kommunikation arrangiert: mit ihrem Kollegen von der Betreuungsstelle, mit Melanie und ihrer Mutter, mit der Amtsärztin und mit Frau Wenger an einem Tisch. Aber anders als bei manchen Hilfeplan-Gesprächen des Jugendamtes, wo (oft nur sekundenlang) eine ideale Sprechsituation gegeben sein mag, würde ein solches Gespräch in der Betreuungsstelle ein Fiasko. Denn Frau Wenger ist eine Nicht-mehr-Person.

Eine was, bitte?

Aus der utilitaristischen Ethik, am deutlichsten vertreten von Peter Singer, stelle ich hier die Unterscheidung zwischen „Menschen" und „Personen" vor. Was der Theologe Josef Fletscher, den Singer zitiert, als unerlässlich für einen „Menschen" definiert hat, will Singer enger fassen und nur für ein kluges Wesen gelten lassen, das er „Person" nennt.

Peter Singer:
„Eine Person hat:
Selbstbewußtsein
Selbstkontrolle
Sinn für Zukunft
Sinn für Vergangenheit
Beziehungsfähigkeit
Neugier
und ist in der Lage, sich um andere zu kümmern." (Singer 1994, 118f.)

Micha Brumlik, Professor für Pädagogik in Frankfurt, hat sich auf diese Unterscheidung in Menschen und Personen eingelassen und weiter differenziert.

In seiner Studie: „Advokatorische Ethik" spricht er von „Babies und Kleinkindern" als Noch-nicht-Personen, von „mental retardierten Erwachsenen" als „Niemals-Personen", und von „bestimmten Gruppen von Alten und Kranken" als Nicht-mehr-Personen. (Brumlik 1992, 103f., 116). Denn sie geben sich zu erkennen als „Wesen, die des kompetenten Sprechens noch nicht, nicht mehr oder niemals fähig sind".

Wer ist dann eine Person?

Vom Moment seiner Geburt an ist der ehemalige Fötus ein Mensch. Er braucht allerdings noch Pflege, um zu überleben. Er kann Schmerz und Freude empfinden. Juden, Christen und Muslime sehen in ihm ein Ebenbild Gottes. Fast alle Gesellschaften schützen sein junges Leben.

Mit wachsender Sprachfähigkeit wird der kleine Mensch zunehmend zu einer kleinen Person. Die größeren Kinder werden sich immer klarer ihrer selbst bewusst: Sie können einander nicht nur beleidigen, sondern auch Fehler verzeihen. Sie können Zukunftsträume spinnen, sie können zu ihrem eigenen Leben Stellung nehmen und für andere verantwortlich sein. All dies haben sie von Schon-Personen gelernt, sie konnten es einmal noch nicht, einige werden es vermutlich im hohen Alter auch nicht mehr können. Aus Noch-nicht-Personen sind durch Sozialisation und Erziehung Personen geworden und werden einmal Nicht-mehr-Personen geworden sein. Und dann gibt es die schwer geistig Behinderten, die – es klingt brutal – Niemals-Personen sind. Diskurse mit unvernünftigen Nichtpersonen? Hier scheint die Diskursethik zu enden.

Grethe muss Frau Wengers Würde achten, auch wenn ihr kein Habermas dabei Schützenhilfe gibt. Den hat sie auf der Fachhochschule zurückgelassen. Wie hatte er geschrieben:

> Jürgen Habermas:
> „Intuitiv wissen wir nämlich, dass wir niemanden, nicht einmal uns selbst von etwas überzeugen können, wenn wir nicht gemeinsam davon ausgehen, dass alle irgend relevanten Stimmen Gehör finden, die besten beim gegenwärtigen Wissensstand verfügbaren Argumente zur Sprache kommen und nur der zwanglose Zwang des besseren Arguments die Ja-/Nein-Stellungnahmen der Teilnehmer bestimmt." (Habermas 1991, 124)

Diskursethisch kann Grethe die Frage kaum bearbeiten, ob sie für Frau Wenger richtig gehandelt hat. Der universalistische Grundsatz, dass nur die Normen gelten dürfen, die die Zustimmung aller (möglichen) Betroffenen finden könnten, würden sie darüber kompetent sprechen, lässt sich nur unter größten Schwierigkeiten anwenden bei schwer geistig Behinderten, bei kleinen Kindern und bei alten, dementen Menschen.

Nun hat aber schon Habermas in „Moralbewußtsein und kommunikatives Handeln", einen winzigen Satz eingebaut, der zum Schlüsselbegriff für die soziale Arbeit mit „nicht-Personen" geworden ist. Sind sie selbst nicht, vielleicht noch nicht, vielleicht niemals, vielleicht nicht mehr in der Lage, sich am rationalen Diskurs zu beteiligen, so müssen „ersatzweise vorgenommene advokatorisch geführte Diskurse" durch (echte) Personen in Gang gesetzt werden. (Habermas 1983, 104).

Micha Brumlik, hat diesen Gedanken von Habermas zu einer schlüssigen Theorie ausgeformt, die ich hier sehr kurz mit eigenen Worten wiedergebe:

> Advokatorische Ethik
> Stelle dir beim Umgang mit unmündigen Menschen vor, dass sie die Entscheidungen, die du stellvertretend für sie treffen musst: – du als Vormund, als Erziehungsberechtigter, du als Pfleger, du als Richter – eines Tages selbst beurteilen werden und dich dafür dann tadeln oder loben werden, vielleicht sogar bestrafen. „Wenigstens ex post sollen sie zu den sie betreffenden Maßnahmen zustimmend oder ablehnend Stellung nehmen." Du sollst ihr gewissenhafter Advokat sein. (Vgl. Brumlik ebd. 117) Advokat heißt wörtlich: der Herbeigerufene (in einem Rechtsstreit), der Fürsprecher.

Bei Kindern ist das noch vorstellbar, so Brumlik, dass sie als erwachsene Selbst-Personen die Entscheidungen und das Verhalten ihrer Eltern beurteilen können. Bei altersdementen, verwirrten Menschen ist das nicht mehr zu erwarten. Bei den Niemals-Personen ist es noch gravierender. Advokatorische Ethik hält daher eine gedankliche Hilfskonstruktion für diese Fälle bereit:

> Stelle Dir vor, dass durch ein Wunder der Medizin dieser hilflose Krüppel, der nicht sprechen kann, plötzlich mit einem neuen Medikament schrittweise eine Person würde. Wäre er dann im Nachhinein mit den Entscheidungen, die du für ihn getroffen hast, einverstanden?

Wie so oft beantwortet die Philosophie diese Fragen nicht für uns. Aber sie rückt wenigstens das Problem ins Bewusstsein: Willst Du ein guter Advokat sein?

Auf drei Ausweglosigkeiten der advokatorischen Ethik hat Micha Brumlik selbst aufmerksam gemacht.

1 Selbst die wohlmeinendsten SozialarbeiterInnen wissen eben oft nicht, was der behinderte oder vergreiste Mensch denn gut heißen würde, wenn er verständlich sprechen könnte oder gar durch ein medizinisches Wunder (wieder) eine klar denkende Person würde.

2 In einer weiteren Ausweglosigkeit befindet sich ein Helfer, wenn er plötzlich in die Lage kommen sollte, einen Suizidanten wieder ins Leben zurückzuholen. Wir sahen, dass Frank sich hierfür in seiner Arbeit bei der Polizei als Sozialpädagoge spezialisiert hatte. Hier stehen die Prinzipien: „Unbedingter Schutz des Lebens" und „Achtung vor der Autonomie der anderen Person" im Konflikt. Das Strafgesetz lässt da allerdings keinen Spielraum.

3. In einer Kritik an den utilitaristischen Extrem-Forderungen des australischen Bio-Ethikers Peter Singer, der es den Eltern überlassen will, ein schwerstbehindertes Neugeborenes etwa bis zum 28. Tag nach der Geburt zu töten (vgl. unten S.215 f.), zeigt Brumlik ebenfalls selbst die logischen Schwächen der advokatorischen Ethik auf. Das qualifiziert ihn noch einmal mehr als ihren maßgeblichen Vertreter: „Wenn sich unter Betroffenen die Meinung herausbilden würde, dass das Töten von als irreversibel behindert geltenden Neugeborenen angemessen sei", hat die reine Diskursethik nichts mehr zu melden, denn das betroffene Baby selbst könnte nicht mitreden. Aber auch die advokatorische Ethik stößt hier an ihre Grenzen. Denn sie kann sich nie über das volle Ausmaß der Behinderung klar sein.

Advokatorische Ethik

Wird das Neugeborene vielleicht später doch ein mündiges Wesen sein oder nicht? „Dann müssen seine Interessen entweder als die Interessen der künftigen Person oder als die Interessen eines nicht personalen Menschen in den Diskurs eingebracht werden. Wie lässt sich entscheiden, welche Interessen ein solcher Mensch in den Diskurs einbringen würde? Würde die mögliche Person – gleichsam in Kenntnis des schweren Lebens, das sie vor sich hat, gleichsam abwinken oder würde sie – mutig und zuversichtlich – darauf bestehen, gleichwohl herausgebildet zu werden? Im ersten Fall würden die Interessen einer Person vertreten, die es nie geben wird, während im zweiten Fall allein schon die advokatorische Option jede Tötung delegitimiert (ungesetzlich werden lässt)." (Brumlik ebd. 179f.)

Wurde Grethe den Interessen von Frau Wenger mit einer advokatorischen Ethik gerecht? So weit sie nur eben handeln konnte, ja. Am Ende hatte sie keine Alternative mehr.

Aber inzwischen, so erfahre ich heute, ist Frau Wenger im Pflegeheim wieder bereit, mit Grethe zu reden.

4.5   Achtung gegenüber Niemals-Personen

Fragen wir uns bei dem folgenden Beispiel unter Anwendung der oben geltenden Maßstäbe, wieweit die advokatorische Ethik einer Soziapädagogin in ihrem schwierigen Berufsalltag hilft, den Dauerkonflikt zu lösen, in dem sie von der reinen Diskursethik, aber auch von Kant nicht hinreichend konkrete Antworten erwarten kann? Diese bauten ja auf den Grundsatz auf, dass eine Norm nur dann Gültigkeit beanspruchen darf, wenn alle von ihr möglicherweise Betroffenen als Teilnehmer eines praktischen Diskurses Einverständnis darüber erzielt haben, dass diese Norm gilt. Den Dauerkonflikt nämlich, dass es für geistig Behinderte leider keine andere Rationalität gibt, als die allgemein akzeptierte abendländische Vernunft zielgerichteten geordneten Handelns, dass die Behinderten diese aber nicht verstehen können. Können dann Mitgefühl und die Vernunft des Herzens stärker zu Wort kommen? Aber was verlangt diese Vernunft des Herzens jeweils gerade heute vom Sozialarbeiter oder der Heilerziehungspflegerin? Achtung vor der Person des anderen? Immer! Aber was heißt das konkret, wenn man nicht auch selber als achtenswertes Gegenüber von den Behinderten behandelt wird? Sondern gekratzt, gebissen und bestenfalls ignoriert?

Mit bewundernswertem Humor und Selbstironie beschreibt Nathalie Ingendahl, die zwischen 1997 und 1999 studentische Hilfskraft bei mir war, ihren jetzigen Arbeitsplatz: Ein Wohnheim für geistig behinderte Erwachsene in Hamm. Sieht aus wie ein „normales Wohnhaus".

Nathalie ist mit ihrer jetzigen Arbeit sehr zufrieden, weil das Team (vier Kollegen) so gut ist. Die Leute arbeiten in zwei Schichten jeweils zu zweit. Frühdienst – Spätdienst. Eine extra Nachtwache kommt viermal in der Woche von außen. Viele Pflegefälle. 24 Bewohner verteilt auf drei Etagen.

> N.I. Ich arbeite in einer Wohngruppe zur Enthospitalisierung. Es leben dort also Menschen, die teilweise Jahrzehnte lang in psychiatrischen Kliniken („totale Institution") verbracht haben. Folgen: „Hospitalisierungserscheinungen", „erlernte Hilflosigkeit" u.ä. Sie sind nicht nur geistig behindert, sie wurden auch zusätzlich noch geistig behindert, durch mangelnde Förderung, Anregung, Einbeziehung ins

normale Alltagsleben etc. Deshalb ist bei diesen Personen der Hilfebedarf auch so hoch.

Dann schildert sie ihre Konflikte mit den Bewohnern. („Also doch!", denke ich. Alle anderen Befragten haben nämlich in den Interviews gesagt: „Wir haben keine Konflikte mit den Klienten, sondern mit den Kollegen oder mit dem Chef." Als sei etwas anderes gegen die Berufsehre.)
Konflikte werden als „chronische Unsicherheiten" definiert.

> N.I. Da sind auch die Unsicherheiten. Handle ich jetzt falsch, handle ich jetzt richtig?

Und so stellt sie die einzelnen Bewohner vor:

1 Clemens

> Ein Dauerkonflikt: N.I. berichtet von einem Bewohner, der stark geistig behindert ist, 46 Jahre alt. Er hat in seiner Kindheit wohl schreckliche Sachen erlebt, die wir aber nicht mehr so ganz nachvollziehen können. Er sagt, er habe ganz starke Anfälle gehabt und sein Vater habe ihn geschlagen, hätte ihm alles weggenommen, hätte ihn an den Füßen gefesselt. Man weiß nie, was ist da vorgefallen. Er hat sich da ja ganz, ganz klein gefühlt, und das ist heute auch noch so. Man kann ihm schwer was sagen. Er ist ganz, ganz grobmotorisch. Er ist ganz orientierungslos und schaukelt nur voller Gleichgewichtsstörungen durch die Gegend. Man muss aufpassen, dass er nicht über jede Bordsteinkante fällt. Aber andererseits steht er in der Küche mit 'nem scharfen Brotmesser und will etwas ganz Kleines durchschneiden, einen kleinen Apfel. Da kann ich nicht zugucken! Dieser Bewohner überschätzt sich ständig selbst.
> Aber andererseits wage ich manchmal auch nichts zu sagen, denn er stand schon mal mit dem Brotmesser drohend vor meinem Kollegen. Und das sind ständig die Konflikte: Sagt man was? Inwieweit wartet man ab?

2. Christian

> Christian will morgens alleine aufstehen und nicht geweckt werden. Unsere Bewohner gehen ja fast alle in die Werkstatt für Behinderte. Jetzt hat er einen Wecker, den verstellt er aber immer so, dass er nicht rechtzeitig weckt. Jetzt steh ich da morgens vor der Tür – was macht man jetzt? Anfangs hat man an die Tür geklopft, dann kam der wütend raus! Wenn man nicht schnell genug weg war, konnte es sein, dass man 'nen Fausthieb abkriegt. Ich zum Glück noch nicht – aber es war kurz davor. Ich war dann schnell weg.

Und so steh ich da. Weck ich ihn jetzt? Lass ich ihn einfach verpennen? Aber dann hab ich später das Drama, dann kommt er einfach zu spät oder vielleicht ist der Bus schon weg. Er braucht diese Hilfe, aber er kann sie nicht annehmen. Und da hat man den Konflikt. Wie handelt man? Er ist morgens auch sehr schlecht drauf, vor allem wenn er nachts schlecht geträumt hat. Im Lauf des Tages kommt das dann zehnmal: „Mein Vater hat früher immer an meine Tür geklopft!!" Deshalb kann er es nicht haben, wenn man klopft. Und dann geht man eben so rein. Das klappt etwas besser. Aber es kann trotzdem sein, dass er wütend aufspringt.

Wenn er manchmal so sehr wütend ist, schaue ich beispielsweise, dass der Küchentisch, wo wir alle sitzen, in der Essecke, zwischen uns ist, weil ich mich dann sicherer fühle.

Und als wir ihn mal haben schlafen lassen, das war ganz schrecklich, wie er sich nachher beeilen musste, da hat er uns auch angeschrieen. Also die Aggressivität war genau so da.

3. Christian und Lena

Aber Christian ist jetzt mit Lena zusammen. Die beiden sind quasi „verlobt". Sie wohnen in einem Zimmer mit einem Doppelbett. Und Lena ist vor allem psychisch krank. Sie ist die einzige, die bei uns im Wohnheim schreiben kann. Sie ist eher lernbehindert. Die haben also eine Beziehung und die Beziehung sieht so aus, dass Lena immer sagt, was zu tun ist und den Christian rumkommandiert wie 'nen Hund. „Christian, komm jetzt hierher. Christian, wir gehen jetzt aufs Zimmer!"

Christian interessiert sich sehr für Motorräder, Motorrad-Ausstellungen, und wenn wir eine außerhäusliche Aktivität planen, dann freut er sich zum Beispiel auch, aber Lena sagt: „Nein, Du kannst mich nicht alleine lassen." Die hat den völlig unterm Pantoffel. Und dann haben wir anfangs mal dagegen gesteuert. Aber dann hatten wir beide gegen uns, weil Christian nicht ertragen kann, wenn man Lena was sagt, dann geht der sofort in die Luft.

D.K. Wie alt sind denn die beiden?

N. I. Lena ist Mitte fünfzig und Christian ist Mitte vierzig.

Und dann hatten wir Supervision. Und die Supervisorin hat gesagt: „Halten sie sich da raus. Wenn der Christian das braucht, dass er so behandelt wird. ... Er will die Beziehung ja auch. Auch wenn sie beide behindert sind – wie viele Beziehungen gibt es unter „normalen" Menschen, in Anführungszeichen, wo auch der eine eigentlich immer bestimmt, wo es langgeht und der andere sich das so gefallen lässt? Und wenn die beiden das so brauchen ... S i e halten sich da raus!"

Bisher haben die beiden in ihren kleinen Betten jeweils zusammen, zu zweit, geschlafen, dann haben sie sich das Doppelbett aussuchen können, Christian hat den größten Teil davon bezahlt.

Von daher hat sich die Wecksituation jetzt entschärft, denn Lena, die ist schon rechtzeitig wach und sitzt schon morgens um halb sechs angezogen am Frühstückstisch. Die sorgt jetzt fürs Wecken.

Aber das ist eine merkwürdige Situation, wenn man mit denen am Frühstückstisch sitzt und merkt: Jetzt macht der Christian das, was sie ihm sagt, aber eigentlich wollte er doch etwas ganz anderes. Da muss man sich zusammenreißen, um nicht zu sagen: „Da macht er doch schon wieder das, was sie sagt! Eigentlich wollte er doch was ganz anderes!" Das ist wirklich manchmal schwierig auszuhalten. Wir haben immer gedacht: Zu Christians Bestem wäre es, da wir ja die Beziehung nicht irgendwie auseinander bringen wollen, wenn wir aber trotzdem einen gewissen Abstand zeitweise da rein bringen. Wir möchten ihn irgendwie motivieren, doch das zu tun, worauf er sich freut, z.B. zu dieser Motorrad-Ausstellung zu gehen. ... Aber wenn Lena dann sagt: „Christian, Du kannst jetzt nicht mitgehen. Wir wollten doch zusammen Fernsehen gucken im Zimmer, Christian, komm jetzt mit!", und alles in einem Tonfall! ... Und wenn Christian sich letztendlich nicht entscheiden kann, dann denke ich: „Wenn ich jetzt nicht alles daransetze, dann wird er mit Lena aufs Zimmer gehen" – und die Supervisorin sagt: „Dann lass ihn." Die Supervisorin ist Sozialarbeiterin und Gestalttherapeutin, sie bringt völlig neue Aspekte da rein, wo man gar nicht hingedacht hatte. Neue Perspektiven, neue Anregungen. Sie fragt. „Warum machen Sie das denn nicht so?" Oder: „Sie müssen da doch gar nichts machen!" Und wir im Team haben uns ja auch schon Gedanken gemacht – und nun sagen wir plötzlich: „Ja, warum machen wir das eigentlich so? Wir müssen da doch gar nichts machen."

D.K. Ja, warum lasst Ihr den Christian nicht einfach schlafen. Geht Lena denn gerne in die Werkstatt?

N.I. Sie geht in die Werkstatt, weil es zu ihrem Lebensrhythmus gehört, aber sie haut dort auch oft ab, wenn es ihr dort zu stressig wird. Sie ist ohnehin eine Frau, die oft abhaut – früher auch des öfteren aus dem Wohnheim.

Aus der Psychiatrie ist sie auch mehrmals abgehauen und beispielsweise nach Holland getrampt.

D.K. Handeln zum Besten des Klienten – Was ist das Beste für den Klienten?

N.I. Wir denken oft, das ist zum Besten der Klienten – und dabei ist es das vielleicht gar nicht. Wann ist es notwendig oder sinnvoll einzugreifen oder zu intervenieren? Und wann sollte ich es nicht tun, weil ich die persönlichen Vorlieben beachten soll – bei jedem? Aber ist es nicht meine Aufgabe als Sozialpädagogin, neue Anreize hineinzugeben?

4. Eric

ist auch Ende 40. Der hat seine Kindheit bei seinen Eltern verbracht, aber ganz viele Jahre im Bett, denn er ist antriebsarm. Es heißt, er sei geistig behindert und wäre Autist. Und der braucht jeden Morgen so unglaublich lange, bis er aufsteht. Wir wecken ihn vor sechs, damit er um halb acht im Bus sitzt. Er duscht jeden Morgen, legt sich alles aufs sorgfältigste zurecht. Aber wenn es nicht klappt, das Hemd anzuziehen, und es dauert ihm alles zu lange, dann legt er sich wieder ins Bett. Dann nimmt man ihm die Bettdecke weg. Dann legt er sich unter das Kopfkissen. Dann nimmt man ihm das auch weg. Dann liegt er im Bett und stellt sich tot. Am Wochenende bleibt er teilweise die ganze Zeit im Bett. Zu den Mahlzeiten wecken wir ihn. Dann kommt er im Bademantel raus. Dann legt er sich wieder hin. Wir haben uns gefragt. „Geht es ihm gut? Oder macht er das vielleicht nur so, weil es seine Gewohnheit ist und er vielleicht jahrelang nichts anderes kennen gelernt hat? Würde es ihm auch gefallen, wenn man ihm einmal etwas anderes anbietet, dass er etwas anderes kennen lernt? Nicht mit Gewalt. Aber ist es nicht auch unsere Aufgabe?"

Wenn er von der Arbeit kommt, dann trinkt er seine Milch, dann zieht er sich sofort aus und geht ins Bett. Am Wochenende lassen wir ihn bis halb zehn schlafen, duschen, so lange er will, auch wenn die Dampfschwaden alles vernebeln und dann beim Mittagessen dabei sein. Aber wir diskutieren immer wieder: „Lassen wir ihn noch länger schlafen als halb zehn?" Und ein neuer Mitarbeiter sagte neulich: „Wir müssen doch etwas tun. Wir können ihn doch nicht einfach so im Bett liegen lassen."

Manchmal können wir ihn aktivieren. Er geht außer Haus zum Friseur. Wir sagen: „Wir begleiten Dich zum Friseur, hol Deine Jacke. Einverstanden?" Er geht mit und hat dann auch Spaß dabei, er lächelt dann. Oftmals möchte er solche Angebote, beispielsweise Spazieren gehen, nicht annehmen, dann lautiert er heftig, beißt sich in den Handrücken o.ä.

D.K. Was ist „lautiert"?

N.I. So dumpfe Laute ausstoßen.

Eric geht nicht ungern in die Werkstatt, aber dort sitzt er auch oft mit geschlossenen Augen da. Und es sieht so aus, als würde er schlafen. Aber wenn er wach ist, dann arbeitet er gut und die sind dort auch ziemlich begeistert von ihm.

Der Mitarbeiter in der Werkstatt hat mit ihm auch dasselbe Problem. Er fragt sich: „Wieweit kann ich ihn lassen, wieweit müsste ich versuchen ihn zu ändern?" Wir haben für ihn eine Teilnahme am Angebot der Autismusambulanz beantragt.

5. Xaver

Ein anderer Bewohner, der Xaver, der auch Autist ist, geht seit einem Jahr dorthin und hat schon enorme Fortschritte gemacht.

Die Therapeutin dort ist Klasse. Sie hat eine tanztherapeutische Zusatzausbildung – und die ist vom Typ her so Klasse! Wenn die da sitzt und uns was erzählt – dabei tanzt sie dann.

Ihr Plan war, mit Xaver herauszufinden, was er gerne machen möchte. Sie kommt dann auch zur Teamsitzung. Es findet ein Austausch statt, und wir erhalten dadurch auch Anregungen, wie man es gut machen könnte.

Eine Anregung gab sie mir für Xaver. Der ist ein großer, starker Mann. Als ich in der Wohngruppe erst wenige Tage als Anerkennungspraktikantin tätig war, hat er mich gebissen. In der folgenden Zeit hatte ich in bestimmten Situationen Angst vor Xaver. Beispielsweise benötigt er Hilfe beim Zähneputzen und Rasieren. Wenn ihm das zu lange dauert, oder er sich bedrängt fühlt, beginnt er ungehalten zu lautieren und es kann vorkommen, dass er sich wehrt, indem er versucht, mich an den Haaren zu ziehen oder zu beißen. Die Mitarbeiterin der Autismusambulanz gab mir folgende Anregung: „Wenn du in der Situation Angst bekommst, aber trotzdem einfach weiter machst, also versuchst, die Angst zu überspielen, herrscht eine unklare und angespannte Stimmung. Schaffe Klarheit, indem du die Situation ansprichst. Beispielsweise unterbrichst du das Zähneputzen, gehst einen Schritt zurück und sagst: Xaver, ich merke, dir geht es gerade nicht so gut, und ich bekomme Angst, wenn du so lautierst. Ich muss erst mal etwas Abstand nehmen und eine kleine Pause machen. Vielleicht geht es ja gleich besser."

Meine Gefühle auf diese Weise anzusprechen und dadurch auch die Situation zu klären, darauf wäre ich nicht gekommen.

Und unlängst beim Zähneputzen, er machte wieder so schreckliche Laute, hii miiiiim, und kam immer näher, da habe ich gesagt: „Weißt Du was, ich kann jetzt nicht bei Dir Zähneputzen, ich hab ein bisschen Angst, ich muss jetzt erst mal weggehen." Damit dass ich das gesagt hatte, war ich mir weder sicherer. Ich habe dann Abstand genommen, hab mich aus der Situation ein bisschen rausgezogen, und dann ging das auch: „Meinst Du, wir könnten jetzt weitermachen?" und dann ging das.

D.K. Stell Dir mal vor, Du gingest da überhaupt nicht mehr hin. Das wäre doch für die Leute ganz schlimm.

N.I. (geht auf diesen Einwurf gar nicht ein) Und diese Gedanken, die ich mir da mache – Wie viel können wir tolerieren? Wo müssen wir fördern? Was können wir ertragen? – Diese Gedanken machen sich andere im Team auch. Eine Kollegin erzählte z.B. eine Krise mit Christian: „In der Situation, wo der Christian hinter mir stand, da hätte ich ja bald zuviel gekriegt. Man stellt die Medika-

mente in einem kleinen Kämmerchen zusammen, hat quasi keine Fluchtmög-
lichkeit, und manchmal steht der dann schlechtgelaunt hinter einem. Und dann
kann man nicht weg."

Das Positive in dem Team ist, dass man offen über seine Gefühle reden kann,
beispielsweise: „Ich kann heute nicht mit dem ins Badezimmer gehen, nicht in
seine Nähe" – und dann übernehmen das die anderen aus unserem Team.

D.K. Die anderen Behinderten zur Hilfe aufzufordern, wäre das eine sozialpädagogische Illusion?

N.I. Es gibt nicht die Behinderten. In unserer Gruppe sind, wie oben beschrieben, Personen, die als schwer behindert bezeichnet werden und zusätzlich noch
psychische Probleme haben. Die BewohnerInnen in unserer Wohngruppe benö-
tigen sehr viel Unterstützung bei den alltäglichen Aufgaben. Da sie (aufgrund ihrer bisherigen Lebenssituation) niemals gelernt haben, für sich selber zu sorgen,
sich ein Brot zu schmieren, zu überlegen, was möchte ich denn trinken etc.,
müssen wir zunächst genau hier ansetzen: „Wo sind deine Bedürfnisse, was
möchtest du?" Das alltägliche Miteinander, also auch das gegenseitige Helfen, leben wir MitarbeiterInnen ihnen vor, und versuchen, die BewohnerInnen immer
wieder mit einzubeziehen. In anderen Gruppen ist das völlig anders.

Denn alle brauchen bei allen Dingen so viel Unterstützung, dass man auch nicht
Hilfe von den anderen Behinderten erwarten kann. Morgens beim Aufstehen,
dann bei der Essenssituation, wo alle um den Tisch sitzen – und wenn man da
selbst nichts machen würde, dann würde wahrscheinlich die Situation nicht wei-
terlaufen. Außer bei Lena und Christian. Ganz viele sitzen einfach so – und es
kommt nichts. Und untereinander helfen sie sich gar nicht. Wir versuchen es mit
so kleinen Dingen. „Klaus, kannst Du dem Christian mal das Brot reichen?" – Oh
– oh – bis dahin hab ich es ja zehnmal selbst gebracht. (Und es dann eben nicht
selbst zu machen, darin sehe ich einen wichtigen Aspekt meiner Arbeit). Aber
gut, das ist schließlich unser Konzept: die Leute auch selbst zum Handeln zu
bringen. Das ist ganz schwer. Eine Frau kann nicht gehen, die muss man immer
stützen. Dann ist aber oft die Türe geschlossen. Dann sagt man „Klaus, mach
uns mal die Türe auf!" – „Wer, ich? – jetzt? – Ich?" – „Ja bitte." Die Frau ist
schwer und ich kann sie nicht lange halten. Sie stützt sich doll ab. „Klaus, ich
kann sie nicht mehr lange halten, würdest Du uns mal die Tür aufmachen?" –
„Wer ich?" – „Nun mach schon!" – „N-ö-ö." Zum Schluss setze ich auf der halben Strecke die Frau irgendwo hin und mache selber die Türe auf. Dabei ist der
Klaus fast der einzige, den man überhaupt fragen kann. Die anderen verstehen
es nicht oder sind Rollstuhlfahrer. Nur vier der acht können überhaupt sprechen. Da frage ich mich manchmal: Wo bin ich hier eigentlich gelandet?

D.K. Wie viel hast Du am Monatsende auf dem Konto? Gestehe!

N.I. Jetzt, bei beinahe 30 Stunden – 1.100 Euro – wenig. Is'n Ding, nicht!

Und der Konflikt, den man mit sich selbst hat, ist: Wo zieh ich meine persönlichen Grenzen? Man ist da ja so als Person immer mit drin. Alltagsarbeit – Beziehungsarbeit ist ja auch ein Ziel – Wir essen zusammen. Wir leben zusammen den Alltag. Und teilweise wird man da ja sehr gefordert, sehr in Anspruch genommen von den Leuten. Trotz aller Nähe muss man dann Grenzen setzen, muss trotzdem Distanz haben – und auch mal sagen: Das geht jetzt über meine Grenzen hinaus – das kann ich nicht. Zum Beispiel, dass da eine immer hinter dir stehen und dir zehn Stunden am Tag über den Rücken streicheln muss – dass immer Aufmerksamkeit gewollt wird, immer, immer, immer – dass sie es nicht ertragen kann, wenn ich mit jemandem anderen spreche, trotzdem immer dazwischen muss – das muss ich ertragen und gleichzeitig möchte ich auch sagen: „Weißt du was, Ingrid, sei jetzt ruhig." Es ist ihr Bedürfnis. Aber ich – für mich ist meine Aufnahmefähigkeit beendet und ich kann das jetzt nicht mehr ertragen. Und da jetzt den richtigen Mittelweg zu finden. Ich hab ganz oft anfangs das Gefühl gehabt: Die nehmen alles von mir. Die nehmen mich als ganze Person und für deren Aggressionen und die Ängste muss ich hinhalten. Und wenn beispielsweise Klaus Angst hat und klammert, dann soll man nicht in Panik geraten, sondern dann muss ich das ertragen. Ich muss es ja aushalten! Ich muss seine Ängste praktisch aushalten. Und das finde ich ganz schön schwierig. Der ist dann so nah an mir dran und umklammert meinen Pulli. Und dann kriegt er seine Hände nicht mehr auseinander. Das einzige, was ich machen kann: So schnell wie möglich den Pulli über den Kopf streifen und im Unterhemd weggehen. Denn sonst packt er mich am Unterhemd. Er steigert sich in seine Angst hinein und kann sich besser wieder beruhigen, wenn man ihn erst einmal allein lässt. Da er sich sofort und an jeden (auch an die BewohnerInnen) anklammert, wenn man sich ihm nähert, haben wir ihn eine Zeitlang in seinem Zimmer eingeschlossen. Um ihm aber zu zeigen, dass wir seine Angst verstehen und akzeptieren, saß eine Mitarbeiterin oder ein Mitarbeiter vor seiner Tür und hat Kontakt zu ihm gehalten, so lange es notwendig war.

(Nathalie redet sehr, sehr schnell. Nathalie redet eigentlich immer schnell und ziemlich erregt, sie durchlebt die Angst machenden Situationen mit, auch die skurrilen Augenblicke, so dass ich einmal laut lachen muss. Dabei ist es nicht zum Lachen. Wird hier eine junge Frau verheizt, weil man kein Geld für wirkungsvolle Verhaltensmodifikationen ausgeben will oder kann?)

D.K. Noch einmal zu der Frage, ob und wann weißt du, dass das, was Du für die Patienten entscheidest, wirklich auch so von denen gewollt oder gutgeheißen wird (advokatorische Ethik)?

6. Cordula

N.I. Als Antwort kann ich da von Cordula erzählen. Sie ist 47. Sie galt als sehr stark geistig behindert, aber wir stellen fest, dass sie gar nicht so sehr geistig behindert ist, sondern vieles nicht kann, weil sie nie in irgendeiner Weise gefördert wurde. Sie sitzt im Rollstuhl und hat angeblich Glasknochen, aber solche Diagnosen in den Akten sagen überhaupt nichts aus. Sie kann nicht gehen, hat ganz verkrümmte Beine, weil sie damals gebrochen wurden. Sie sieht nicht schön aus, ihr Kiefer ist schief, ihr Gesicht verschwollen. Das ist die Frau, die plötzliche Schreiattacken bekommt, plötzliche Aggressionsausbrüche. Sie beschmiert alles mit Kot, den sie sich aus der eigenen Windel holt. Darin ist sie sehr flink. Trägt deswegen eigentlich spezielle Unterhosen, an die ein Top genäht ist, mit Reißverschluss, damit sie sich nicht ständig in diesen Bereich fassen kann. Sie ist dadurch nicht eingeschränkt. In der Klinik wurde sie ganz viel fixiert.

Natürlich gibt es jeden Tag kleine Konflikte wegen ihres Verhaltens, aber der wirkliche Konflikt liegt nun darin: Ihre Verwandten sagen: „Wir konnten sie in der Klinik oft nicht besuchen, weil wir ihren Anblick, total fixiert, nicht ertragen konnten. Wir wollen unbedingt, dass sie bei Ihnen im Heim bleibt." Und wir fragen uns jeden Tag: „Ist sie nicht für unsere Gruppe zu schwierig? Muss sie nicht zurück in die Klinik? In die Psychiatrie? Die kennen Cordula, sie ist dort in den Alltag integriert, aber es ist ja kein wirklicher Lebensraum. Dort passieren zwar keine schrecklichen Dinge mehr, sie geht auch dort in die Tagesförderstätte. Aber ist das für sie toll, bis an ihr Lebensende in einer so großen Klinik zu bleiben? Können wir ihr hier noch eine Chance bieten? In einem überschaubaren Rahmen? Durch ihr Schreien die Nächte lang werden die anderen Bewohner ohne Ende strapaziert – wie lange können auch wir das aushalten?

D.K. Da kommt auch keiner mit einer Spritze und dann schläft sie ein?

N.I. Nein, wir haben allerdings ausprobiert, ob es Schlafmedikamente gibt, die man ihr in den Phasen ihres extremen Schreiens, in den betreffenden Nächten, geben kann. Mit einem Neurologen zusammen wurde eine Bedarfsmedikation erstellt. Aber da sie wahrscheinlich in ihrem Leben schon endlos viele Medikamente bekommen hat, hat sie sich so schnell daran gewöhnt, dass wir nach Rücksprache mit dem Arzt alle zwei Tage die Dosis erhöhen mussten. Wir haben heute noch darüber gesprochen, ob es denn nicht vielleicht irgendein wirksames Schlafmittel gibt, was man ihr geben kann.

Es gab einen Beschluss, sie muss zurück in die Klinik. Aber wir haben gesagt: „Eigentlich mögen wir sie ja auch. Sie hat schon so viele positive Seiten gezeigt." Wenn man zum Beispiel ihr morgens erzählt: „Jetzt kannst Du dein Hemd anziehen", dann fragt sie am nächsten Morgen: „H-e-m-d?". Und was die auch alles weiß – es ist unglaublich! Was sie sich alles merkt! Sie kann auch gar nicht so stark behindert sein, denn wenn sie von der Tagesförderstätte kommt, und man zu ihr sagt: „Fahr schon mal in Dein Zimmer, leg Deine Jacke ab und dann kannst du schon mal aufs Klo, ich komme gleich!" – (Den Test hab ich einmal gemacht, was die alles mitbekommt!) – Als ich kam, wartete sie schon auf dem Klo. Also, das ist unglaublich! Sie kann sich auch im Haus frei herumbewegen. Sie ist jetzt seit Februar 2001 da. Und neuerdings guckt sie auch immer, was die anderen machen. Sie saß sonst immer am Esstisch. Immer, auch wenn die anderen auf dem Balkon waren. Sie kümmerte sich nicht. Wenn man jetzt fragt: „Cordula, willst Du auch auf den Balkon?", dann kommt sie raus. Das zeigt doch, dass sie fähig ist, bei uns zu leben. Aber das Schreckliche ist das Schreien. Weil da alle massiv von beeinträchtigt werden. Ihre Schmierereien, das ist mehr unser Problem.

Wir haben jetzt einen Antrag gestellt: Die Cordula kann bleiber, wenn das Zimmer schallisoliert wird. So etwas läuft unglaublich lange: Vorstand, Geschäftsführung, Kostenvoranschlag ..., aber es wurde jetzt bewilligt. Es wird jetzt gemacht und wir hoffen natürlich, dass das Zimmer dann einigermaßen schallisoliert ist.

Aber der Konflikt besteht weiter: Ist sie nicht vielleicht doch in der Klinik wirklich zu Hause und nur wir denken, sie kann sich da gar nicht wohlfühlen?

Wann immer wir nämlich mit ihr zur Psychiatrie fahren mussten, erkannte sie alles dort wieder, zeigte uns mit Armbewegungen die Zufahrt, guckte uns groß an und fragte: „Auto Hause? Hause?" Das ließ uns zweifeln, was das Richtige für sie wäre.

Soweit der Stand der Dinge im Dezember 2001.

Zwei Jahre später bestätigt mir Nathalie Ingendahl, dass sich die kalkulierte Unsicherheit professionellen Handelns bei der Entscheidung, Cordula in der Wohngruppe zu behalten, inzwischen in größere Sicherheit verwandelt hat:

N.I. Cordula wohnt nicht in der Psychiatrie, sondern nach wie vor bei uns in der Wohngruppe. Das Zimmer ist zwar verbessert worden, man hat die Türen gepolstert und etwas an die Wände geklebt, aber wenn sie schreit, hören wir es immer noch.

Aber in dreifacher Hinsicht hat sie sich trotz ihrer 49 Jahre noch geändert:

Die Beziehung zu ihrer Familie wurde wieder stärker. Cordula war ja in der Psychiatrie ganze Tage lang dauerfixiert. Und ich sagte schon, die Mutter und die Schwester haben sie nicht mehr besucht, weil sie den Anblick nicht ertragen konnten. Aber bei der letzten Weihnachtsfeier in unserer Wohngruppe kam die Schwester mit, die ist jetzt 39. Und da Cordula ja auch fremdaggressiv ist, und ihr immer wieder eine gescheuert hat, wagte sie sich kaum in ihre Nähe. Aber Weihnachten hatte Cordula plötzlich einen Schuh verloren, die Schwester guckte sich um, guckte ein paar Mal hin und her, dann hat sie ihn ihr angezogen. Und sank ganz glücklich auf ihren Stuhl und sagte: „Ich hab der Cordula den Schuh angezogen!" Auch ihre Mama ist schon wieder zu ihr gekommen.

Cordulas persönliche Entwicklung erkennt man auch an den Wörtern, die sie jetzt neu gebraucht.

Und schließlich: Im Blick auf ihre Zukunft im Alter hat sie besser gelernt, für sich selbst zu handeln. In der Psychiatrie hat man ihr immer die Sachen angezogen. Jetzt sagt sie: „Ich will den roten Pullover anziehen." Ganz viel rot will sie anziehen. (Gespräch mit N.I. am 14.8. 2003)

4.6   Achtung gegenüber Noch-nicht-Personen

Ärztinnen, so sahen wir oben, haben den Sozialarbeiterinnen voraus, dass sie ihren Patienten Medikamente verschreiben können, die in der Regel wirken. Aber ein gewisses Maß an Unsicherheit, ob das Medikament anschlägt oder ob es gerade umgekehrt eine unerwünschte oder schädliche Reaktion hervorruft, muss der Arzt immer einkalkulieren. Genau diese kalkulierte Unsicherheit macht auch einen Teil des Berufsrisikos und des Berufsethos des Sozialpädagogen aus. Was soll er tun, wenn der Ausgang seiner Intervention ungewiss ist? „Pecca fortiter", hat Martin Luther gesagt, der Mönch, der dem Papst in Rom widersprach. Das heißt: „Sündige feste drauf los. Wage etwas! Zögere nicht! Sei nicht zu brav und angepasst!" Und er fuhr fort: „Sed crede fortior – Aber vertraue noch fester auf Gottes Beistand!"

Wir haben oben im Zusammenhang der Nikomachischen Ethik des Aristoteles gefragt, welche Seelenkräfte eigentlich den Menschen erlauben, etwas für richtig Gehaltenes, etwas ethisch gut Durchdachtes, dann auch wirklich zu tun. Die erste Antwort lautete bei Aristoteles: Ein Erziehungsstil – durch Vater oder Lehrer (nicht durch die Mutter) – der den männlichen Jugendlichen an gute Sitten, an Bescheidenheit, Besonnenheit, Mut und Gerechtigkeit schlichtweg gewöhnte, weil in Haus und Stadt diese Sitten herrschten.

Im letzten Abschnitt dieses Kapitels kommt nun eine Sozialarbeiterin zu Wort, die als gute Advokatin tapfer für die Belange einer Noch-nicht-ganz-Person gefochten hat. Ihre menschenfreundliche Grundhaltung gab ihr die Kraft zur kalkulierten Unsicherheit, zum Wagnis.

Sie musste Entscheidungen fällen und durchsetzen mit dem Risiko, dass ihr das Kind später einmal vorwerfen würde, doch keine gute Advokatin gewesen zu sein.

Johanna Esch – inzwischen pensioniert – spricht mit mir in ihrer großen Wohnung, aus der die beiden Töchter inzwischen ausgezogen sind. Viel helles Holz, Batik und schöne Gläser. Da ich einige Stunden mit dem Zug fahren musste, um sie zu interviewen, bekomme ich nachher Eintopfsuppe und Dessert in der Küche vorgesetzt.

Zuletzt arbeitete Frau Esch in Berlin als vom Senator des Inneren festangestellte Sozialarbeiterin. Aus ihren früheren Berufsjahren erzählt sie:

J.E. Einmal konnte ich die Interessen eines Kindes gut wahrnehmen – gut, wie sich inzwischen herausgestellt hat. Das war Nora. Ein helles Mädchen war das. Nora und ihr jüngerer Bruder lebten nicht bei der Mutter, einer ehemaligen Prostituierten, sondern als Pflegekinder bei der Schwester der Mutter in deren warmherziger, aber ziemlich chaotischer Familie. Nora wurde bei guter Begabung zu wenig gefördert.

Die Kinder hatten nicht einmal Platz am Küchentisch für ihre Schulaufgaben.

Als sie 14 war, habe ich mit ihr gemeinsam einen ethischen Wertekonflikt durchgestanden, der den Namen verdiente:

Sie war nämlich damals bereit, aus der Pflegefamilie in ein Heim zu gehen. Doch sie stellte eine Bedingung: beim Jugendamt ihres Bezirkes ihre Akte einsehen zu dürfen.

Da hätte sie aber all die belastenden Informationen über ihre Mutter drin gefunden.

So stand für mich der Wert „Schutz der Privatsphäre der Mutter" gegen den Wert „Anerkennung der Mündigkeit der Tochter" und der Wert „Bindung an die Mutter" gegen den Wert „Lebenschancen für die Tochter".

Der Leiter des Jugendamtes war ‚natürlich' gegen die Akteneinsicht, aber ich habe es durchgesetzt, auch wenn es in den Augen der Bürokratie vielleicht als Sünde galt.

Nachher ist Nora selbst Erzieherin bei verwahrlosten Kindern geworden.

Was Frau Esch tat, galt ihren Vorgesetzten als Sünde. Aber „Pecca fortiter", „sündige tapfer", hatte Luther gesagt.

4.7   Wo sind die Menschen, wo sind die Personen?

Achtung vor der Person des Patienten hatte Hippokrates gefordert. Keine Verletzungen, keine Vergewaltigungen. Egal ob Frauen oder Männer, Freie oder Sklaven. Gewiss galten für ihn damals die Frauen und Sklaven nicht als Voll-

Personen wie die freien Männer. Dennoch verspricht er, keinen Unterschied zu machen.

In Habermas' Diskursethik haben wir ein Konzept gefunden, das eigentlich als größte Verbeugung vor der Gleichberechtigung und Gleichbefähigung aller Menschen gelten möchte. Doch viele Klienten der sozialen Arbeit gehören nicht unbedingt zur Gesellschaft derer, mit denen man als Personen gleichberechtigt verkehrt. Sie sind Kinder, Behinderte, Altersverwirrte. Sie können nicht mithalten beim „zwanglosen Zwang des besseren Arguments". Aber Micha Brumlik hat eine auf den Gedanken der Diskursethik fußende Ethik gerade für diese ‚besonderen Menschen' entworfen. Er spannt Erzieherinnen, Pfleger und Sozialpädagoginnen für sie ein. Wir haben sein Konzept als „advokatorische Ethik" kennen gelernt.

Streiten möchte ich mit ihm und mit Peter Singer (vgl. im nächsten Kapitel S.185), ob dabei die Unterscheidung in Personen und Menschen anthropologisch wirklich durchzuhalten ist.
Ich würde argumentieren: Sie widerspricht der Intuition der Lebenserfahrung. Ein wichtiges Instrument philosophischen Denkens ist die Frage nach den Grenzen: Bis wann? Immer? Ab wann nicht mehr?
Haben meine Freundin und ich als kleine vierjährige Mädchen einander „nur" als Menschen wahrgenommen, oder als Personen mit vielen Kompetenzen und altklugen Weisheiten? Wann ist ein Mann oder ein Frau eindrucksvoll genug, um als Person erlebt zu werden? Wo verliert man sich in den Grauzonen der Nicht-mehr-Person? Erkennt ein alter Mensch selbst seine Defizite überdeutlich, dann qualifiziert ihn das – so Brumlik – gerade als Person, während er für die Altenpflegerin schon als „Nicht-mehr-Person" abgemeldet sein könnte. Kurz: Sind die Maßstäbe, mit denen es einer wagt, zwischen Menschen und Personen zu unterscheiden, nicht ausschließlich großhirn-orientiert? Wie viele Minuten am Tage leitet denn dieses Großhirn eigentlich eine Person? Und wie viele Minuten am Tage lebt diese in eiligem Biertrinken, in blinder Wut, in spontanem Neid, in ekstatischer Andacht, in selbstvergessenem Sonnenbaden? Oder schlafend und träumend?

Andererseits haben Richter das Recht, möglicherweise sogar die Pflicht, einem Verwirrten, der heute als Napoleon in Paris einreitet und einen schweren Verkehrsunfall verursacht, nach psychiatrischer Untersuchung bestimmte Persönlichkeitsrechte abzusprechen. Aber ist die Unterscheidung: hier „Mündiger", dort „Unmündiger", nicht taktvoller als die Unterscheidung der Menschen in

Noch-nicht-Personen, Personen, Nicht-mehr-Personen oder gar Niemals-Personen? Hippokrates würde sich im Grabe umdrehen.

Im Hörsaal

Die Studierenden freilich, als ein Referat über Brumlik gehalten wurde, zeigten sich über seine Kategorisierung nicht so ungehalten, wie ich es erwartet hatte. Vielmehr herrschte, nach meinem Empfinden, ein stiller Stolz, dass sie selbst sich so problemlos zu den „Personen" zählen durften.
Sie können sich einfach nicht vorstellen, jemals selbst „Nicht-mehr-Personen" zu sein, jetzt, in der „Blüte ihrer Jugend".

*****

Um das „Bewahren von Geheimnissen" ging es im Hippokratischen Eid, und um Verschwiegenheit im beruflichen Kontext ging es im dritten Kapitel über richtiges Arbeiten im Sozialen Bereich. Beispiele aus der Praxis haben gezeigt, dass SozialarbeiterInnen in den Konflikt geraten können: „Achtung des Schweigegebotes" gegen = „Abwendung von Gefahr für Leib und Leben" anderer Menschen. Das Strafrecht spricht hier vom „übergesetzlichen Notstand". Bei Kant, den Utilitaristen und einem Kollegen vor Ort haben wir nach Lösungen gefragt.

Im vierten Kapitel haben wir Hippokrates Formulierung „Frauen und Männern, Freien und Sklaven soll in gleicher Weise genützt werden" etwas überstrapaziert. Im Sinne einer modernen Ethik der „Achtung der Menschenwürde" berichteten Sozialpädagogen und Sozialarbeiterinnen von Klienten, die im vorigen Jahrhundert noch weggeschlossen oder gar umgebracht wurden: Behinderte und Demente. Hier kam besonders Brumliks Konzept der advokatorischen Ethik zu Hilfe.

Das letzte Kapitel wird – wie die ersten beiden – wieder grundsätzlicher fragen, nämlich: Wie lässt sich Hippokrates Versprechen, „heilig und rein zu handeln" und sein Verweis auf die Götter für eine moderne Berufsethik sozialer Arbeit interpretieren? Bedeutet „heilig" heute „religiös"? Deckt das moderne Wort „integer" das alte Wort „rein" ab? Ich habe mich für diese Übertragung entschieden.

Fünf Prinzipien der Berufsethik in der Sozialen Arbeit

eins

nützen und schützen

zwei

nicht schaden

drei

nichts ausplaudern

vier

den anderen als Person achten

fünf

integer sein

fünf
integer sein

5.1   Die Adressaten des Eides

Hippokrates lässt den Arzt geloben Folgendes zu unterlassen:
- Eine Patientin oder einen Patienten sexuell auszubeuten. –
- Einer schwangeren Frau ein fruchtabtreibendes Zäpfchen zu geben. –
- Gift zum Selbstmord zur Verfügung zu stellen.
- Zur Herstellung von Gift ein Rezept zu verraten. Selbst dann nicht, wenn er darum gebeten wird.

Kein Arzt soll sich damit die Hände schmutzig machen.
„Heilig und rein werde ich mein Leben bewahren und meine Kunst" – so lautet der Schwur.

Aber wem schwört Hippokrates dies? Nicht den Göttern. Die sind die hohen Helfer und Zeugen für die Aufrichtigkeit des Versprechens, nicht aber die Adressaten. Er schwört es den Hausherren, den Familienvätern.
Ohnehin sei davor gewarnt, aus heutiger Sicht den Hippokratischen Eid allzu feierlich-religiös zu interpretieren. Es ist durchaus wahrscheinlich, dass das

Versprechen „heilig und rein" zu bleiben vor allem eine vertrauensbildende Floskel war. Es ging dem Hippokrates, nach allem, was wir von antiker Medizin wissen, wohl nicht um seine eigene Integrität als Tugend. Er wollte den Arzt auch nicht eine besondere Heiligkeit, eine besondere Nähe zu den Göttern versprechen lassen.

Axel Bauer lehrt Geschichte, Theorie und Ethik der Medizin an der Uni Heidelberg. Er betont: „Für den Hippokratischen Arzt kam es nicht nur aus ethischen Gründen darauf an, jeglichen Schaden von den Patienten abzuwenden, ...es ging dabei auch um seine berufliche Existenz." (Bauer 2004, 5)

„Heilig und rein" – dieses Versprechen hatte nicht primär den Patienten im Blick. Denn Frauen, Kinder und Sklaven gelten nur etwas als Besitz ihres Herren, des Familienoberhauptes. Er war der Adressat des Gelöbnisses. Er musste wissen: Wenn ich den Arzt jetzt mit meiner Frau oder Tochter alleine lasse, dann vergreift er sich nicht an ihr, dann entwertet er meinen Besitz nicht. Auch um meinen kostbaren langjährigen Sklaven brauche ich im Rahmen der Behandlung keine Sorge zu haben. Das ist es, was der Arzt im Eid versprochen hat.

> „Na, prima, dann braucht uns ja beim Hippokratischen Eid nicht immer so ein frommer Schauder den Rücken runterzulaufen, als sei da etwas unerreicht Heiliges und Großes versprochen worden. Diese Interpretation finde ich ganz entlastend", kommentiert Dorit Xanten, Sozialarbeiterin in der Psychiatrie.

2.400 Jahre trennen uns von diesem Text. 2.400 Jahre, in denen nicht zuletzt durch das Christentum, durch die Aufklärung und durch die Romantik jede Einzelpersönlichkeit an Wert gewann. Auch die Frau, auch der fremde Sklave. (Freilich immer wieder mit furchtbaren Rückschlägen.)

So lässt der DBSH, ein Berufsverband für Sozialarbeiterinnen und Sozialpädagogen, seine Mitglieder Reinheit und Selbstlosigkeit versprechen: „3.7 … Sie gehen unter keinen Umständen sexuelle Beziehungen zu ihren Klienten/innen ein, so lange der berufliche Kontakt besteht." (DBSH 1996) – „3.4 Die Mitglieder des DBSH nutzen ihre Beziehungen zur Klientel nicht zum ungerechtfertigten Vorteil. Sie gestalten ihre Beziehungen zur Klientel ausschließlich berufsbezogen." (Berufsethische Prinzipien des DBSH 1997)

Wem wird dies versprochen? Den Klienten selber! Da liegt vermutlich ein Unterschied zu Hippokrates' Blickrichtung.

Schauen wir also, inwieweit es den Sozialpädagogen, den Sozialarbeiterinnen, den Fürsorgerinnen, die ich nach Konflikten in ihrem Beruf befragte, gelungen ist, auch bei intimen und hautnahen Problemen von Leben und Tod ein Stück Reinheit zu bewahren. Nur wenige waren überhaupt betroffen und in ihrer Integrität bedroht.

Und schauen wir am Ende sogar, wieweit sie sich in ihrer Praxis „vor den Göttern" verstehen. Nicht als „heilig und rein", denn das ist ein zu hoher Anspruch. Aber als „vor Gott" handelnd.

5.1.1   Die Praktikantin als Objekt

Christa Maurer, heute angestellt, um die ambulanten Pflegedienste des Arbeiter-Samariter-Bundes neu zu organisieren, erinnert sich ungern. Sie hatte es schon halb verdrängt. Aber dann erzählt sie doch mit vier knappen Sätzen das, was vielen Frauen am Arbeitsplatz passiert. Hier war ein Sozialarbeiter nicht „heilig und rein" mit ihr umgegangen.

> C.M. Als ich noch sehr jung war, noch vor dem Studium, bei einem Praktikum in der Drogenberatungsstelle, fing der Chef an, mit mir rumzukmutschen. Ich war einfach zu jung, um das abzuwehren. Ich konnte da nicht NEIN sagen. Ich war zwar 18 oder 19, fühlte mich damals sehr erwachsen, er war 40, aber ich war dieser Situation nicht gewachsen. Mir hat das zwar einerseits ein bisschen geschmeichelt, aber andererseits war mir das sehr unangenehm. Es war ein Problem, ich wusste nicht, wie ich damit umgehen soll."

„Nur" zwei der 32 Befragten hatten Erfahrungen mit sexueller Belästigung durch Kollegen zu berichten. Da das Image der Sozialarbeiterin eher forsch und selbstbewusst ist und nicht verschüchtert, traue ich jeder Sozialarbeiterin zu, sich da schon zur Wehr zu setzen. Aber offenbar funktioniert das nicht immer:

> Jetzt hat sich schon die dritte Kollegin über den Jan beschwert, erzählt mir Daniela Lohmar, Sozialarbeiterin in einem großen Chemie-Werk am Mittelrhein. Du kennst ihn nicht und seinen Nachnamen sage ich nicht. Er ist auch Sozialarbeiter bei uns. Vor einem Jahr steuerte er auf Melanie los. Vom Sozialen Dienst. Die ging erst zur Frauenbeauftragten, dann zu seiner Chefin. Dann machte er sich an die zweite ran, eine Jahrespraktikantin. Jetzt wieder die Vierteljahres-Praktikantin. Als sie bei mir damit rausrückte, sagte sie: „Ich habe ihn zum Beispiel gefragt: Wo ist der Schlüssel zum Erste-Hilfe-Raum?" Da grinste er und sagte: „In meiner Hosentasche, komm, hol ihn Dir da raus!" Und das war noch das Harmloseste.

Daniela weiter: Nun ist der völlig fertig. Sagt: Kann man denn nicht mal einen harmlosen Scherz machen? – Sagt: Ich quäle mich Tag und Nacht damit: Wie kann mir so etwas angehängt werden? –Kurz: Er macht in Ahnungslosigkeit und in Zerknirschung. ER will unser Mitleid. ER will bedauert werden. Die Praktikantin ist ja auch schon wieder weg. Aber ich denke, diesmal wird es nicht ohne Abmahnung abgehen.

Das alte Lied! Zwar nicht mit einer Klientin intoniert, aber doch mit einer „Schutzbefohlenen", nämlich einer Praktikantin. Es ging in der Tat nicht ohne Abmahnung ab. Jan wurde in eine andere Abteilung versetzt.

5.1.2   Sexuelle Belästigungen als Traumata

Unter der Überschrift „Zu lange" wurde oben im Kapitel „Nicht schaden" ein Sachverhalt vorgestellt, der ebenfalls nicht selten ist. Sozialpädagoginnen oder Sozialarbeiter beuten zwar nicht selbst ihre Klientinnen sexuell aus. Aber sie können diese, nachdem es durch andere geschehen war, nicht aktiv genug unterstützen. Birgit Cirebon zum Beispiel war nicht in der Lage, die sexuellen Verletzungen einer „hübschen, reichen Patientin" durch ihren Vater mit dieser ausreichend aufzuarbeiten (vgl. oben S.107).

Ein weiteres Beispiel:
Auf einer offenen Station des Landeskrankenhauses interviewe ich die Sozialarbeiterin Helga Breittfeld. Sie betreut vor allem depressive Suizidantinnen. Sie hat in Düsseldorf Sozialarbeit studiert, ihr Mann ist Programmierer, ihre beiden Mädchen gehen in die Grundschule. Sie hat deshalb nur eine halbe Stelle. Sie sieht dennoch blass und überarbeitet aus:

H.B. Meine Patienten sind Menschen, die nicht gelernt haben, zu kämpfen, sich für Ziele einzusetzen. Die Therapie ist sehr schwierig. Wenig Einsicht, wenig Introspektionsfähigkeit, mehr Schuldzuweisungen an andere. Mir fehlt manchmal Geduld und Empathie.
Bei der Hälfte der Patientinnen leiden die Kinder ungeheuer durch die Krankheit der Mütter. Immer wieder möchte ich die Erlaubnis meines Teams (zwei Ärztinnen, eine Psychologin) erbitten, beim Jugendamt anzurufen, man müsse das Kind aus der Familie nehmen. Aber Heimplätze sind teuer und das Jugendamt kümmert sich ohnehin nicht ausreichend, geht höchstens mal vorbei zu einem Gespräch. Darum sagt mir mein Team auch: „Was soll denn das Jugendamt tun?"

Zum Beispiel unlängst war hier eine schwer depressive Patientin, die wusste, deutete an, sagte es auch: dass ihr Freund mit ihrer achtjährigen Tochter Missbrauch treibt, besonders jetzt während sie im Krankenhaus ist. Aber mir waren die Hände gebunden. Man kann das doch nicht tolerieren, ich kann das nicht tolerieren. Aber mein Team erlaubte mir nicht, erste Schritte gegen den Freund zu unternehmen.

Ich sage oft: Wir sorgen schon dafür, dass wir nicht arbeitslos werden. Die Kinder der Patienten werden schon kommen.

Lena Leysen-Hof erlebte es ähnlich. Sie war aber eher über sich selbst deprimiert. Sie arbeitete als Diplom-Pädagogin in einer evangelischen Kirchengemeinde. Sie schrieb mir:

L.L.-H. Das Verhalten eines 12-jährigen Mädchens auf einer Kinderfreizeit führte bei mir zu dem Verdacht, dass ein sexueller Missbrauch stattgefunden haben könnte. Dem spontanen Drängen nach einer Unterbreitung von Hilfsangeboten unterschiedlichster Art und Weise schlossen sich folgende Fragen an: Inwieweit nähere ich mich dem Mädchen und demonstriere Offenheit und Schutz? Inwieweit interessiere ich mich?

Habe ich die Zeit und Kraft, mich auf der Freizeit, und auch danach, um das Mädchen zu kümmern – sprich Gespräche mit der Schule, dem Jugendamt, mit Bekannten zu führen, um dem Verdacht nachzugehen und dann auch das Mädchen zu schützen?

Kann ich das leisten? Oder ist da professionelle Distanz besser?

Immerhin mussten die anderen 25 Kinder ja auch betreut werden.

Jetzt, drei Jahre später, habe ich das Mädchen an der Bahnhaltestelle wieder gesehen. Ich bin traurig darüber, dass die erwartete Entwicklung stattgefunden hat und enttäuscht von mir, dass ich damals nichts unternommen habe."

Dieses Urteil von Frau Leysen-Hof fand ich unbefriedigend. So rief ich sie im August 2004 noch einmal an. Sie arbeitet als Gestalttherapeutin. Was meinte sie mit „erwartete Entwicklung? Woran wollte sie das bei einem flüchtigen Treffen erkannt haben? Sie antwortete:

L.L.-H. Ich habe sie wieder getroffen. Beide schauten wir uns an und wussten nicht, sollten wir uns kennen? Sie saß auf dem Schoß eines deutlich älteren Mannes, Zigarette in der Hand, bauchfreies Top, sehr grell geschminkt. Sie ist fünfzehn ... Ich erinnerte mich an sie auf der Freizeit, das machte mich einfach traurig.

Beherzter ging damals Katharina Erxleben vor, damals, vor 30 Jahren, als sexuelle Gewalt an Kindern noch als die Katastrophe ernst genommen wurde, die sie ist. (Inzwischen haben vielleicht zu viele Wohlmeinende daran ihre Schnäbel

gewetzt, wie Katharina Rutschky in ihrer Streitschrift „Erregte Aufklärung",
1998, argwöhnt. Und viele haben erfahren, dass das Herausnehmen der Kinder
aus der Familie auch eine Katastrophe sein kann.)

Frau Erxleben, 65, frisch pensioniert, war bereit zu einem Gespräch in ihrer
Wohnung unterm Dach, im Grünen. Sie war gerade hierher eingezogen, alles
voller Umzugskisten, aber sie hatte doch nichts dagegen, sich interviewen zu
lassen. Hier wollte sie nun das Leben ohne Beruf genießen, nachdem sie ihren
Beruf ein Leben lang so gerne ausgeübt hatte. Unverheiratet, tatkräftig, eine
„Fürsorgerin". Sie hatte an einer katholischen Höheren Fachschule Sozialarbeit
studiert, dann in B. die erste Beratungsstelle für Eltern mit behinderten Kindern
und für erwachsene Behinderte aufgebaut. Ich fragte sie, ob sexuelle Gewalt als
Problem in ihren langen Dienstjahren aufgetaucht sei.

D.K. Frau Erxleben, ich darf Sie nach Konflikten in Ihrem Berufsleben fragen.
Mussten Sie z.B. auch schon den „modernen" Konflikt erleben, dass die Heim-
aufenthalte von Kindern mit problematischen Erfahrungen nicht mehr finanziert
werden. So kommen die Kinder nach einiger Zeit wieder nach Hause, dann
wieder ins Heim, hin und her – nicht nach fachlichen Kriterien, sondern nach
solchen, die eigentlich nur die Armut der Kommune bzw. die Sicht des Stadt-
kämmerers spiegeln?
Ich kenne zum Beispiel einen Fall, wo sich der Stiefvater an einem behinderten
Kind wirklich vergangen hatte ... die Richter sind ja sonst nicht mehr so schnell
bereit, eine Heimeinweisung anzuordnen, aber in diesem Fall war es rasch klar.
Das Kind kam in eine Außenwohngruppe. Und dann, nach zwei Jahren hieß es:
„Die Familie hat sich stabilisiert und das Kind muss zurück."
    K.E. Ist der Vater denn wirklich in einer Therapie gewesen?
D.K. Nein, soweit ich weiß. Es war zu früh, dass das Kind zurückging. Ist Ihnen
etwas in der Art denn auch einmal begegnet?
    K.E. Doch, sexueller Missbrauch im Geistig-Behinderten-Bereich taucht auf,
    auch Verdächtigungen, die wir hatten. Oft sind es ja die Mädchen, manchmal
    auch die Jungen – und in Familien, wo man es überhaupt nicht erwartet – wo
    wir den Verdacht hatten. Und wir hatten auch ein paar Mal Beweise dafür.
    Durch psychologische Untersuchungen abgesichert. Man muss da sehr, sehr
    vorsichtig sein.
    Aber wir haben dann mit dem Jugendamt zusammengearbeitet. Mit den Kinder-
    gärten, mit den Schulen ... und wirklich auch überlegt: „Was können wir tun?
    Was müssen wir tun?" Und dann versucht, den Richter zu überzeugen, wenn die
    Eltern nicht freiwillig zu einer Maßnahme bereit waren.

D.K. Ihr Zugang zu diesen Familien war ja nie direkt, denn die Eltern kamen ja nicht als erstes zu Ihnen in die Beratungsstelle.

K.E. Nein, aber wir haben damals die Pflegegeld-Anträge bearbeitet. Wir haben die gutachterlichen Stellungnahmen fürs Pflegegeld nach dem BSHG gemacht, und das war auch eine positive Zugangsmöglichkeit zu Familien, die sonst nicht zu uns gekommen wären. Aber das mussten die dann. Und dann haben wir bei Familien, bei denen es uns wichtig schien, öfter mal hinzugehen, die Wieder-Vorlage-Frist verkürzt und gesagt: „Ach, das müsste man doch spätestens nach einem halben Jahr oder spätestens nach einem Jahr wieder überprüfen." Wir haben auf diese Weise unsere Beobachtungen gemacht. Manchmal führten wir auch Schulgespräche, nur in Ausnahmefällen ohne Wissen der Eltern.

Frau Erxleben bietet mir nichts weiter zum Thema sexuelle Gewalt in der Familie an, und ich hake auch nicht nach. Mich interessierte allerdings noch, woher sie das Recht nahm, damals auf so massive Weise zu intervenieren. Hinter dem Rücken der Eltern mit der Lehrerin eines Kindes zu sprechen, mit dem Jugendamt, mit dem Familienrichter? Sie antwortet:

Es war doch unsere Aufgabe. Es war eine ganz andere Art von Sozialarbeit, als sie heute gemacht wird. Sehr nah am Menschen.

Heute sind die interessanten und guten Dinge der Sozialarbeit genommen worden – mehr und mehr. Wie viele Stellungsnahmen haben wir beispielsweise fürs Familiengericht gemacht! Aber heute werden die Kinder in die Diagnose-Abteilung geschickt, z.B. hier ins große Kinderheim. Das darf der Sozialarbeiter gerade noch vermitteln. Es sind immer mehr die Rechtsanwälte, Psychologen, Ärzte, die Beurteilungen abgeben dürfen. Die akademischen Berufe drängeln sich in unsere Nähe und haben im Sozialen auch ein Feld für sich entdeckt. Das ist eine Verarmung unseres Berufes, obwohl wir methodisch heute viel mehr können als vor dreißig Jahren.

Freilich hat sie nicht allen Opfern sexueller Gewalt helfen können. Wie denn auch?

K.E. Wenn ich zurückdenke, frage ich mich natürlich auch: „Hast du immer genug getan?" Oder: Hast du dich immer genug eingesetzt für die Leute? Aber irgendwo (leise) ist man ja auch selber Mensch. Und dann beruhigt mich auch wieder, dass ich das mir Mögliche getan habe und dass ich durch unsere regelmäßigen Teamgespräche kontrolliert worden bin von meinen Kollegen und Kolleginnen. Teamarbeit erleichtert ja auch. Aber das ist ein anderes Feld.

5.2   Einer Schwangeren kein Abtreibungsmittel geben

5.2.1   Ein schwerbehindertes Baby nicht töten

Knüpfen wir an das dritte Kapitel an, in dem Peter Singer vorgestellt wurde. Sein Vorschlag, schwerstmehrfach behinderte Kinder, die von den Eltern entsetzt und weinend abgelehnt werden, nach der Geburt nicht einfach im Krankenhaus liegen zu lassen, sondern aktiv zu töten, sollte dazu dienen, den Kindern Schmerzen zu ersparen. Das gesamte Leid in der gesamten Welt, so argumentiert er in seinem Hauptwerk „Praktische Ethik", würde sich dadurch ein wenig verringern. Dies geschieht in der Tat heute, wenn Ärzte und Eltern entscheiden, dass das Leben eines solchen Kindes (früher sprach man von „Missgeburt") nicht mehr weiter künstlich verlängert werden soll.

Im Hörsaal
> *Eine Säuglingsschwester unter den Studentinnen hat es einmal im Seminar beschrieben: „Dann nimmt der Arzt das Kind auf den Schoß und hält es im Arm, während wir die Maschinen oder den Respirator abstellen und die Zugänge (Infusionsnadeln) rausziehen. In den Minuten wagt keiner so recht zu atmen. Keiner. Auch in den nächsten Minuten nicht."*

Im Frühjahr 1989 veröffentlichten Peter Singer und seine deutsche Kollegin Helga Kuhse das Buch „Should this Baby Live?", in dem eine Anzahl Fälle über das Schicksal von todkrank geborenen Kindern zusammengestellt waren. Die Komplikationen, Gerichtsverfahren, Versuche, das Sterben hinauszuzögern, bis die Eltern völlig demoralisiert waren, werden hier genau dokumentiert.

Peter Singer:
„Wenn die Ärzte dem Kind nicht ein dauerhaft qualvolles Leben voraussagen, dann wird allerdings zuerst der Staat, falls die Eltern das Kind ablehnen, einspringen und für das Baby sorgen. Jeder annähernd wohlhabende Staat ist dazu verpflichtet. Tut er das aber nicht, müssen die Eltern – gemeinsam mit dem Arzt – die Entscheidung darüber haben, ob ihr Kind am Leben bleiben soll." (Singer 1996/2000, 77)

Singers Anliegen, diese Kinder legal töten zu dürfen, habe ich im 3. Kapitel anhand eines Beispiels bereits zitiert und – hoffentlich – gerecht gewürdigt. Ich komme hier noch einmal darauf zurück, weil ich auch dazu die gerade pensionierte Katharina Erxleben befragen konnte.

D.K. Frau Erxleben, sie haben jahrlang für und mit Behinderten gearbeitet. Können Sie die Forderungen Peter Singers nachvollziehen, Schwerstmehrfach-behinderte nicht passiv sterben zu lassen, sondern aktiv auf der Intensivstation zu töten, wenn die Eltern sie nicht nehmen wollen oder können?

K.E. Nein! Ich bin – Gott sei dank – nie mit einer solchen Situation konfrontiert worden!

D.K. Haben Sie einmal Eltern erlebt, wo Sie gedacht haben: „Das strapaziert die aber doch, dieses Kind"? –

K.E. Ja, viele. Oder einige.

D.K. Oder: „Wenn die dieses Kind nicht hätten, wären sie glücklicher"?

K.E. Ja, das ist so eine schwierige Sache, Glück. Es gibt ja Menschen, die reifer und intensiver ihr eigenes Leben leben, wenn sie mit solch einer schweren Problematik konfrontiert sind. Die ihre Ehe intensiver leben. Was ich immer gesagt habe: „Eltern behinderter Kinder sind wesentlicher". Ich könnte nie in einer schulpsychologischen Beratungsstelle arbeiten, wo sich die Eltern wegen 'ner Fünf aufregen.

Die Eltern behinderter Kinder wissen wirklich, was wichtig ist für's Leben und worauf es ankommt. Und die Noten oder äußere Dinge spielen nicht so 'ne Rolle.

Ich habe aber auch erlebt, dass Ehen daran zerbrochen sind. Aber das war nicht die Schwere der Behinderung, sondern die Behinderung als solche, dass da der Mann sich schwerer tat und einfach flüchtete.

Ich hab auch erlebt, dass Eltern ein Down-Syndrom-Kind nicht annehmen konnten. Und offen dazu standen. Ich hatte damit große Schwierigkeiten, diese Eltern zu verstehen und zu akzeptieren. Und da musste ich Supervision nehmen, um diesen Eltern auch nur annähernd gerecht zu werden. – Das Kind ist in ein Heim gekommen und hat sich gut entwickelt, ist in die Schule gegangen.

Die Eltern besuchen es ein- oder zweimal im Jahr. Und das muss für sie, die auch nicht hier in B. wohnen, ganz furchtbar sein, zu wissen: „Wir haben da ein Kind und das lebt so weit weg von uns." Es gibt zumindest Konflikte für die Eltern.

D.K. Ewig sich mit sich selbst auseinandersetzen zu müssen. Selbstzweifel ...

K.E. Da haben sie ja in der Pflegerin jemanden vor Augen, die praktisch ihre Aufgabe übernommen hat, sogar gerne. Weil auch eine größere seelische Distanz da war. Die Erzieher haben es sicherlich leichter, das Kind anzunehmen, als die leiblichen Eltern.

Und ich hab auch später schon Eltern erlebt, die ihr behindertes Kind nicht annehmen konnten. Wo ich wirklich sofort mit ihnen gemeinsam nach einer guten Alternative gesucht habe. Dass die Eltern sich nicht selber zu sehr belasteten. Wie ich überhaupt bei diesen Schwerstmehrfach-Behinderten oft für eine Heim-

Unterbringung plädiert habe, und das auch in der Regel gut gelaufen ist. Die Schwerstbehinderten erkennen ihre Eltern oft nicht mehr und deshalb bleiben die Eltern dann auch oft weg.

5.2.2   Ein gesundes Baby nicht töten

Aber auch gesunde Kinder werden von den Eltern zuweilen nicht gewünscht. Singer argumentiert: Mit medizinischem Gutachten darf ein Abbruch der Schwangerschaft beinahe bis zum Tag der Geburt durchgeführt werden. Warum dann nicht auch den Eltern und dem Arzt das Recht geben, ein Neugeborenes bis, sagen wir, vier Wochen n a c h seiner Geburt zu töten? Denn es hat noch kein Selbstbewusstsein, hat keine eigenen Interessen, kann also den Tod nicht fürchten. Kurz: Es ist eine Noch-Nicht-Person, die laut Singer „kein eigenes Recht auf Leben hat". „Das Postulat, dass alles menschliche Leben heilig ist, gilt nicht mehr." (Singer 2001, 236ff.)

Ob Singers Empfehlung, dass menschliches Leben noch vier Wochen nach der Geburt ungeschützt bleiben soll, letztlich auch Abtreibungen verhindern will? Seine Argumente könnten dies vermuten lassen. Denn eine Reihe von Ergebnissen der pränatalen Diagnostik haben sich im Nachhinein als falsch erwiesen. Besonders ältere Schwangere lassen sich von den Frauenärzten Angst einjagen. Viele berichten, dass sie zu einem Abbruch überredet wurden, weil ein unklarer Verdacht bestand, dass ein behindertes Kind geboren würde.

„Schwangerschaft in Deutschland ist heute sorgenvolle Zeit: Amniozentese, Chorionzottenbiopsie, Alpha-Feto-Protein-Bestimmung, Triple-Test, Fish-Technik, Nackenfalten-Untersuchung beim Fötus. Viele Ärzte sind nur zu bereit, einem Abbruch zuzustimmen. Denn sie sind selbst ängstlich. Entgeht dem Arzt bei einer Vorsorgeuntersuchung ein sichtbarer Defekt beim Kind, kann er in Deutschland auf Zahlung von Unterhalt verklagt werden. Doch sind die Methoden der pränatalen Diagnostik nicht unfehlbar. Beinahe jeder zweite Triple-Test, der offenen Rücken und Down-Syndrom nachweisen soll, schlägt falschen Alarm", fasst die Medizin-Journalistin Silke Pfersdorf zusammen (Pfersdorf 2004, 175ff.).

Wäre es erlaubt, ein Kind noch vier Wochen nach der Geburt zu töten, wären viele Untersuchungen, die die Schwangere sehr beunruhigen, überflüssig. Sie könnte abwarten, ob ihr Kind wirklich behindert zur Welt kommt. (Vgl. Singer 1994, 243)

Aber so human gedacht und utilitaristisch begründet Singers Ausführungen auch sein mögen, irgendwie wecken sie auch in mir Empörung.

Als ich kürzlich einmal ein Neugeborenes im Arm hielt, knapp einen Tag alt, ein schlafendes Wunder, dachte ich selbst voll Befremden an Peter Singer: „Der Mann spinnt ja. Der weiß ja gar nicht, was ein Neugeborenes ist! Wie soll es denn erlaubt sein, diesen Schatz zu töten!"

Aber Singer würde diesen emotionalen Einwand nicht als Argument gelten lassen. Nur ungewollten Babies gilt sein Nachdenken. „Man muss schon berücksichtigen, dass Menschen Babies starke Gefühle entgegenbringen. Diese Gefühle könne Sie nicht einfach beiseite werfen. Die meisten Eltern wollen gute Eltern sein, Beschützer ihrer Kinder." (Singer 2001, 241) Aber eben nicht alle. Die Alternativen zu seinem Vorschlag der legalen Tötung bis zum 28. Tag nach der Geburt (– seines Erachtens könnte es auch noch ein paar Wochen länger sein –) wären wie gehabt: Zur Adoption freigeben oder illegale Kindestötung. Hofft er also heimlich, dass dann viele Mütter ihr Kind doch behalten werden? Im Interesse des größtmöglichen Glücks der größten Zahl von Menschen wäre es in Deutschland gewiss, wenn möglichst viele Kinder am Leben blieben. Doch das Problembewusstsein bezüglich des Bevölkerungsrückgangs darf an dieser Stelle wohl vorausgesetzt werden.

5.2.3 Einem Embryo das Weiterleben ermöglichen

Im Hörsaal

Dass ich die Argumente Peter Singers im Seminar mit Sympathie wiedergebe, ist unüberhörbar. Bei den Studierenden findet er dies Verständnis in der Regel nicht. Da wird getobt, geschimpft, verurteilt. Endlich wieder Streit im Gemäuer! „Wenn dies möglich sein soll, dann brechen alle Dämme", heißt es. „Euthanasie! Das hatten wir schon mal!" Man nimmt das ganze komplizierte und sorgfältige philosophische System nicht zur Kenntnis, sondern stürzt sich auf missverständliche und in der Tat ärgerliche Passagen in der „Praktischen Ethik", wo Singer pauschal von behinderten Kleinkindern spricht. Sobald ich aber darauf hinweise, dass Singer den Eltern hier – auf dem Papier – nach der Geburt eines Kindes eine Entscheidung zum Töten einräumt, die jede Mutter in den ersten Monaten vor der Geburt ohnehin hatte, verschließen sich alle schlagartig. Die Mienen werden starr. „Wie viele Frauen haben die Möglichkeit, ihr Kind zu töten, nicht schon wahrgenommen! Wo ist eigentlich der Unterschied?", frage ich. Aber ich erreiche sie nicht mehr. Sie wollen nichts mehr hören. Die jungen Frauen und Männer sehen den straffreien Schwangerschaftsabbruch ausschließlich als riesige Errungenschaft, als selbstverständliche Chance der Lebensgestaltung. Mit Recht. Aber wehe, eine wagt es, hier von Töten zu sprechen! Die wird gleich neben den Bischof in die katholische Ecke gestellt.

Im Sinne des Hippokrates heute zu argumentieren, kann also nicht heißen, das Rad der Gesetzesreformen des § 218 und der sozialpolitischen Reformen der Familienpolitik der letzten dreißig Jahre zurückzudrehen. Ein Arzt, der seinem Gewissen folgt und Schwangerschaftsabbrüche nicht durchführt, weiß genau, dass er der Betroffenen noch ein paar überflüssige Tage an Hetze und Unsicherheit zumutet, ehe ein anderer Arzt den Eingriff dann doch vornimmt. Und zwar in einer Selbstverständlichkeit und technischen Perfektion, die Hippokrates nicht ahnen konnte.

Sein Verbot entsprang in erster Linie der Sorge um die werdende Mutter. Es gab in der Antike keine Abtreibungsmittel, die nicht grausam und riskant waren. Praktisch gibt es sie erst seit 40 Jahren.

Was kann aber heute eine Sozialarbeiterin tun, die eine Schwangere dennoch vor dem Abbruch bewahren will? Warum könnte sie das wollen?

Vielleicht freut sie sich immer neu über Gottes Schöpfung.

Aber die Betroffene teilt diese Freude nicht, sonst säße sie nicht vor ihr in der Beratung.

Vielleicht ist sie eine „Grüne", die „Ehrfurcht vor dem Leben" hat, wie Albert Schweitzer so überzeugend formulierte.

Aber die Ehrfurcht vor dem Leben der Mutter hat in dieser Beratung für sie an erster Stelle zu stehen.

Vielleicht hat sie schon oft erfahren, wie sehr Menschen später im Alter auf ihre Kinder emotional und praktisch angewiesen sind.

Aber die Frau vor ihr hat entweder schon Kinder oder sie denkt, später könne sie ja unter besseren Bedingungen welche bekommen.

Die Sozialarbeiterin wird ein ruhiges, klientenzentriertes Gespräch führen. Oft kommen dann Gründe für den Abbruch ans Licht, wo sie helfen kann.

Sie wird der Schwangeren möglicherweise raten, nicht zu Pro Familia oder zur Arbeiterwohlfahrt zu gehen, sondern in eine Beratungsstelle der Inneren Mission oder des Sozialdienstes Katholischer Frauen.

Und sie wird schließlich mit ihr überlegen, ob sie das Kind nicht zur Adoption freigeben könnte.

„Manchmal gelingt es eben doch", sagt Jolanda Imhoff, 59. „dass so ein Kleines geboren wird."

Sie kam (oben S. 111f.) schon zu Wort, als sie im Konflikt mit ihrem Bischof zu bestehen suchte, der von ihr das Lügen erwartet hatte.

Sie arbeitet bei Esperanza, dem katholischen „Beratungs- und Hilfenetz vor, während und nach einer Schwangerschaft". Wer zu ihr kommt, hat sich letztlich bereits für das Kind entschieden, denn Esperanza stellt keine Scheine über erfolgte Beratung aus.

J.I. Wir haben hohe Fallzahlen. Wir tun eine interessante, ergebnisoffene soziale Arbeit. Mit guten Bedingungen im kirchlichen Raum. Wir können wirklich helfen, vor allem mit Rat und Klärungen, aber auch mit Geld- und Sachleistungen.

Gegenstand der Beratungsgespräche ist oft: Wer sorgt für das Baby, wenn eine Alleinstehende arbeitet oder studiert?

Frau Imhoff weist sie auf die Möglichkeit hin, vom Jugendamt eine Tagesmutter finanziert zu bekommen, kennt Adressen von kleinen altersgemischten Gruppen in der Umgebung, die schon Babies aufnehmen, oder von Elterninitiativen. (Aber es sind immer zu wenige Plätze!)

Sie ist übrigens nicht nur glücklich in ihrer Arbeit. Sie gehört zu den ganz wenigen, die sich von ihren Klientinnen ausgetrickst und zuweilen geschädigt fühlt. Die sich über diese beklagt:

J.I. Aber ich lerne mit kleineren Verletzungen im Verlauf der Beratung besser fertig zu werden.

Einmal merkte ich plötzlich, dass ich in bestimmten Gesprächssituationen keine Stimme mehr hatte. Es verschlug mir buchstäblich die Sprache. Da habe ich das analysiert. Wann genau passierte es? Und es war so, es war immer dann, wenn ich mich unwohl fühlte. Wenn nämlich junge Frauen vor mir saßen, die um den heißen Brei herumredeten: „Eigentlich kann ich das Kind jetzt gar nicht gebrauchen. Meine Mutter hat auch gesagt, ich solle es doch wegmachen lassen. Wir hätten zu wenig Geld, um ein Kind leben zu lassen. Mein Freund will es auch nicht." Oder ähnlich, aber verschlüsselt.

Da sage ich dann nach kurzer Zeit zu der Schwangeren ganz freundlich: „Wissen Sie, ich kann mit diesen Sätzen sehr schlecht umgehen. Ich habe den Eindruck, Sie wollen mir sagen, Frau Imhoff, ich brauche ganz dringend Geld. Und wenn ich das Geld von Ihnen nicht bekomme, dann bleibt nichts anderes übrig als abzutreiben. Aber die Art und Weise, wie Sie mir das im Augenblick sagen, das macht mich ganz betroffen, da kann ich ganz schlecht mit umgehen. Ich würde

besser damit umgehen können, wenn Sie mir das direkt sagten. Sie wollen mir doch sagen, dass Sie Geld ganz gut gebrauchen können. Wie viel, glauben Sie denn, ist nötig?"
Und dann ist das vom Tisch und wir können uns ganz gut weiter unterhalten. Ich habe gemerkt, dass ich diese Kröte nicht runterschlucken muss. Die andere ist dann in der Regel perplex, wehrt ab, die Offenheit ist ihr peinlich.

D.K. Wie viel können Sie denn vergeben?

J.I. Viel. 1.800 Euro und mehr. Dazu Kinderzimmer-Möbel, eine Baby-Ausstattung, noch andere Sachleistungen – da brauche ich keinen zu fragen.

Frau Imhoff betrachtet ihre Arbeit mit ebensoviel Engagement wie professioneller Distanz und relativiert auch die eigene Position:

J.I. Ich muss ebenfalls die Schwangere wertschätzen, die dann am Schluss doch die Adresse einer anderen Stelle erfragt, die Scheine ausstellt. Und das tue ich auch. Jeder Mensch ist wert und wichtig und hat ein Anrecht darauf, dass ich ihn wert und wichtig nehme. Diese Wertschätzung jedes einzelnen muss eine Grundvoraussetzung sein. Ich bin inzwischen der Überzeugung, dass es eine wertfreie Beratung nicht gibt. Das heißt nicht, dass ich meine Werte den anderen überstülpen möchte.

Zwei Sozialarbeiterinnen haben hier aus ihren langjährigen Erfahrungen in Beratungsstellen berichtet. Sie helfen Schwangeren, die sich noch nicht klar gegen das zukünftige Kind entschieden haben, Wege zu finden. Entweder ein Kind selbst aufzuziehen oder einen Platz in einem guten Heim zu finden. Ideal ist ein solches Leben im Heim nicht. Die Fach-Frauen werden auch nicht zitiert, um das sozial-ethische Gedankengebäude Peter Singers zu zertrümmern. Es lässt sich nicht rational sprengen. Es sollte nur nicht allzu selbstverständlich plausibel klingen, was er in der „Praktischen Ethik" ausführt. Denn dann sind wir vielleicht doch bald wieder bei Überlegungen wie: Heime für behinderte Kleinkinder sind zu teuer. Heime sind überhaupt zu teuer. Sind nicht Kinder überhaupt zu teuer ...?

Im Hörsaal

Zum ersten Mal habe ich im vergangenen Semester an dieser Stelle den Studierenden eine Idee von mir vorgestellt und ihre Reaktionen abgewartet. Ich möchte eine Initiative gründen zur gesellschaftlichen Aufwertung und Ehrung von Müttern, die ihr Kind zur Adoption freigeben. Ich kam auf diese Idee schon Ende der 1970er Jahre. Damals reisten junge Frauen zum Schwangerschaftsabbruch noch oft nach Holland. Wie freundlich, fast liebevoll sie dort von den Ärzten und Schwestern behandelt würden vor, bei und nach dem Eingriff, lobten sie anschließend. Keine Verurteilung, keine Diskriminierung, keine Heimlichtuerei.

Ab 1979 lebte ich in Indien. Wir hatten selbst ein indisches Kind adoptiert und ich half privat drei, vier deutschen Familien bei der Adoption indischer Kinder. Ich arbeitete aber auch ehrenamtlich für eine holländische Organisation, die Kinder aus einem bestimmten Waisenhaus in Delhi zur Adoption nach Holland holte.

Die Hoffnung der holländischen Eltern, ihre fast verzweifelte Sehnsucht nach einem winzigen indischen Kind, dann ihre Vorfreude, das schnitt mir ins Herz. Welche Verschwendung, diese moderne Industriegesellschaft mit all ihren extrem individualistischen Lebensgestaltungen, dachte ich. Dort verschwinden Tausende von Embryos in den Edelstahl-Schalen. Und eben dort wären sie als Babies zur Adoption hoch willkommen. Warum ist Adoption im eigenen Land so schwer möglich?

„Es soll kein Leid mehr geben in unserer Gesellschaft!", antwortet eine Studentin. „Frau will sich keinen Schmerz antun. Keiner mehr will sich einen Schmerz antun. Und es ist ein großer Schmerz. Mütter, die ihr Kind freigegeben haben, sagen, sie dächten immer mit Wehmut daran, vor allem bei den Geburtstagen." – „Sie verheimlichen auch, wenn sie ein Kind freigegeben haben", sagt eine andere, die ein Praktikum auf dem Jugendamt hinter sich hat: „Keine will vor den Nachbarn als Rabenmutter da stehen, die ihr Kind weggibt." – „Ja", sage ich, „wenn es aber gelänge, diesen Schritt als besondere menschliche Größe hinzustellen. Und zu belohnen. Warum eigentlich nicht mit Geld? Warum?" – „Nein, das geht nicht", sagen die Nachdenklichen, „einen Menschen kaufen, das wäre gegen die Würde" – „Wer sagt das?", frage ich. „Na, dann vielleicht honorieren mit einer Freifahrkarte für die Bahn und die Straßenbahn lebenslang. Und mit einem Orden. Und mit einer Feierstunde im Fernsehen, wo sie geehrt werden ... Vielleicht im Schloss Bellevue beim Bundespräsidenten. Ich möchte das jedenfalls vorantreiben."

Meine Ideen sprudeln nur so. Die Studierenden hören sich das etwas hilflos an. Was sollen sie sagen? Sie werden von meinen Plänen überrumpelt. Sie sind auch nicht, wie ich, auf der „Nehmerseite". Ich bin ja selbst glückliche Mutter eines Adoptivkindes, eines geistig behinderten noch dazu. Das Freude macht und Sorgen, gerade wie's sein muss.

Nach Semesterende schreibt mir eine Studentin, sie wünsche mir alles Gute zu meinem Vorhaben.

Peter Singer würde mir dasselbe wünschen.

5.3 Keine Beihilfe zum Suizid

Diesen Teil des hippokratischen Eides habe ich mit keinem der Sozialarbeiter und Sozialpädagoginnen, die ich interviewte, besprochen. Das Problem tauchte nirgendwo auf, wo ich nach Krisen und ethischen Dilemmata im Beruf fragte. Also muss es auch an dieser Stelle nicht bedacht werden.

5.4 „Heilig" oder: spirituelle Ressourcen in der Sozialen Arbeit

5.4.1 Der antike Arzt als Priester

Hippokrates war Arzt, weil er aus einer Arzt-Familie stammte. Und diese Familie betete im Tempel auch ihren Arzt-Gott an: Apollon, den Gott der Heilkunst, Sohn des Zeus, Bruder der Göttin der Weisheit, Athene. Hippokrates' Leute wohnten in der Nähe eines Apollon-Heiligtums auf der Insel Kos. Darum waren sie Apollon-Verehrer, vielleicht sogar seine Priester. Auch die Göttin Hygieia wurde dort verehrt, sie symbolisierte Reinheit, Sauberkeit und ermöglichte diese gleichzeitig durch ihre göttliche Kraft. Der Zusammenhang zwischen Gesundheit und Hygiene war damals schon entdeckt.
Wenn Hippokrates die Mediziner „im Namen des Apollon, des Asklepios, der Hygieia und Panakeia" schwören lässt, dann bestärkt er sie nur in einer religiösen Verankerung, in der sie ohnehin meist selbstverständlich leben.

Vom ersten Philosophen des Abendlandes, Sokrates, wird berichtet, er habe kurz vor seiner Hinrichtung seine Schüler als letztes ermahnt, dem Gotte Äskulap einen Hahn zu opfern, den er ihm noch schuldig sei. Wollte Sokrates, der fälschlich der Gotteslästerung angeklagt war, damit noch einmal seine Rechtgläubigkeit betonen? Oder war ihm nun, wo er in wenigen Minuten sterben würde, bange und er verlangte nach dem Schutz des Gottes der Heilkunst? Oder war es gar überlegener Spott? Es gibt keine Interpretation dieses Satzes aus jenem Jahr 399 v. Chr., alle Erklärungsversuche sind späteren Datums.

Zwei Funktionen hat die Beschwörung der Götter zu Beginn des Hippokratischen Eides:

- Die Ärzte können sie um Hilfe anflehen, wenn sie nicht mehr weiter wissen. Sie vertrauen auf diese Hilfe.
- Die Ärzte handeln sozusagen unter den Augen, unter der Aufsicht der Götter. Machen sie Fehler, können diese sie strafen.

Wenn ich nun am Ende des Berichts über meine Befragung Umschau halte, wo in den Antworten der SozialarbeiterInnen ein Bezug zum Heiligen aufleuchtete, so lässt sich dieser Bezug nicht auf explizit Christliches beschränken.

5.4.2 Der barmherzige Samariter

Warum auch? Geht es um eine weltanschauliche Begründung der sozialen Arbeit, so wird ohnehin weniger an die Funktion des Arztes gedacht. Diese Verbindung wird erst in diesem Buch so deutlich herausgestellt. Stärker ist immer noch, selbst in der Abgrenzung, der Bezug zu den Traditionen des Christentums. Nicht Hippokrates, sondern der barmherzige Samariter!

Lange Zeit galt Jesu Gleichnis vom barmherzigen Mann aus dem verachteten Nachbarstaat Samaria als „Gründungsdokument" jeder Hilfe an Fremden. Der Evangelist Lukas hat es überliefert.

Lukas 10, 25–37

Da trat ein Gesetzeslehrer auf, um Jesus auf die Probe zu stellen: „Verehrter Lehrer, was muss ich getan haben, um das ewige Leben zu bekommen?" Jesus fragte zurück: „Was sagt das Gesetz zu dieser Frage? Was liest man da?" Der Gesetzeslehrer erwiderte: „Liebe deinen Gott von ganzem Herzen, mit allem, was in dir ist an Leben, an Verstand und an Kraft. Und liebe deinen Nächsten wie dich selbst." Jesus bestätigte: „Du hast richtig geantwortet. Tu so, und du wirst leben." Der Gesetzeslehrer wollte seine Frage ins rechte Licht rücken und bat um eine weitere Erklärung: „Wer ist denn mein Nächster?" Daraufhin holte Jesus etwas weiter aus und sagte:

„Ein Mann, der von Jerusalem nach Jericho hinunterging, fiel unter die Räuber. Die nahmen ihm alles weg, was er anhatte, verprügelten ihn, ließen ihn halbtot liegen und machten sich davon. Zufällig wanderte ein Priester denselben Weg hinunter. Er sah den Mann liegen und ging vorbei. Auch ein Levite (Tempeldiener) kam an denselben Ort, sah den Mann und ging vorbei. Da kam ein Samariter des Wegs zu der Stelle, wo der Mann lag, sah ihn und wurde von Mitleid ergriffen. Er ging zu ihm, behandelte seine Wunden mit Öl und Wein und verband sie. Dann setzte er ihn auf seinen eigenen Esel, brachte ihn in ein Gasthaus und versorgte ihn.

Am nächsten Morgen nahm er zwei Silbermünzen aus seinem Geldbeutel und gab sie dem Gastwirt mit dem Auftrag: ‚Versorge ihn! Solltest du noch mehr brauchen, so will ich es dir erstatten, wenn ich wieder vorbeikomme.' Wer von den dreien ist deiner Ansicht nach der Nächste dessen geworden, der unter die Räuber gefallen war?" Der Gesetzeslehrer antwortete: „Der sich seiner erbarmt hat." Jesus antwortete: „Gehe hin und handle ebenso."

(Übersetzung von Klaus Berger und Christiane Nord)

Dieses Gleichnis hat viele Menschen, nicht nur Christen, dazu inspiriert, nicht sehenden Auges an den Schmerzen anderer vorbeizugehen: Henri Dunant, der

Gründer des Roten Kreuzes, oder Ruth Pfau, Lepra-Ärztin in Afghanistan, oder die Organisatoren der „Tafeln" in Großstädten, die Bedürftige zu kostenlosen Mahlzeiten einladen – um nur drei Beispiele zu nennen.

Ein Gründungsdokument moderner sozialer Arbeit aber ist dies nicht. Nur ein Teil davon. Denn der barmherzige Samariter war nicht der erste aller professionellen Sozialarbeiter – das haben Burkhardt Müller und C. Wolfgang Müller gezeigt. Ich gebe die Kontroverse kurz wieder: Der barmherzige Samariter handelte spontan, er tat es nur einmal, er bekam dafür kein Geld und er tat nichts, damit es für die Räuber dort an der Straße überflüssig werden würde, den nächsten Reisenden auch zu überfallen. Er besserte also nichts an den Gewalt erzeugenden Strukturen.

Er handelte „nur" aufmerksam, mitleidig und klug, indem er die weitere Hilfe an einen Fachmann delegierte und gab dafür sogar noch sein eigenes Geld aus.

Versteht sich ein Sozialarbeiter heute als barmherziger Samariter, und nur als das, ist er „unehrlich in seiner Motivation", denn er verdient damit Geld, er macht sein Gegenüber von seiner Hilfsbereitschaft abhängig und er „immunisiert sich selbst gegen alle berechtigte Kritik an seinem Tun." Wer so edel und barmherzig ist wie er, dem darf man keine Kunstfehler nachweisen. (B. Müller 1995, 99ff.; C.W. Müller 1999, 9–17; vgl. dazu die Kritik von Lob-Hüdepohl 2003, 71ff.)

Zwischen dem Sozialarbeiter als Profi heute und dem Klienten wird stattdessen ausgehandelt, welche fachmännische Leistung für wie lange im Interesse des Klienten erbracht wird, bis der Klient selber wieder auf den Beinen ist. „Hilfe zur Selbsthilfe", die Zauberformel.

Meine Einwände:

Mit dieser Zauberformel hätte man allerdings das Tun des barmherzigen Samariters selbst schon würdigen können. Hilfe zur Selbsthilfe stand ebenfalls hinter den Plänen der Pfarrer, die die großen kirchlichen Werke aufbauten. Hier wurden sehr wohl eindrucksvolle Vorformen von sozialer Arbeit getan: Jugendbildungsarbeit im Rauhen Haus, Integration von Behinderten und chronisch Kranken in den Dorfalltag in Bethel, Emanzipation junger Frauen durch eine Ausbildung als Krankenschwestern in Kaiserswerth und anderswo, Gründung von christlichen Kooperativen, Bauvereinen usw. Aber alle ließen sich zuerst von diesem und anderen Gleichnissen Jesu inspirieren.

Die härteste Kritik, dass der barmherzige Samariter die Notlagen, die die Räuber zum Überfall bringen, nicht durch systematische politische Arbeit entschärft hat (C.W. Müller 1999, 12), trifft leider auf die meisten der heute überforderten und unterbezahlten Mitarbeiter in der Sozialen Arbeit auch zu. Vor allem auf die Frauen. Woher Zeit nehmen für Kampf und politische Arbeit? Für sozialpolitische Forderungen?

Jesus wollte mit dem Gleichnis sagen: Möglichkeiten zu Engagement und Hilfe liegen gleich in deiner Nähe. Was das Gleichnis aber so sensationell und ärgerlich in den Ohren seiner frommen Hörer machte, war die Gegenüberstellung: Ein Priester schaut weg, einem Levit (Küster) ist es egal. Aber ein andersgläubiger, verachteter Ausländer steigt vom Esel und kümmert sich um den Ausgeraubten. Der historische Streit zwischen Juden und Samaritanern – fast wie heute zwischen Israelis und Palästinensern – bildet die Folie für dieses Gleichnis. Da ist sich einer nicht zu schade zum Helfen. Und der war nicht fromm! Und stand nicht auf der richtigen Seite.

Es gibt, trotz aller Unterschiede eine nicht aufgebbare Parallele zwischen dem Tun des Samariters und den Projekten der Sozialpädagogik und Sozialarbeit: Die sich dem Leidenden zuwendende Anteil nehmende Sorgfalt.

Um diese Parallele kreist auch der folgende Bericht eines jungen Studenten, der heute ein alter Mann ist:
Heiko Rohrbach kam als Theologiestudent 1949 in die Vereinigten Staaten, um bei Gisela Konopka, der jüdischen Emigrantin aus Deutschland, soziale Gruppenarbeit zu studieren. Besser als mit seinen Sätzen, in denen das religiöse Wort „bekehrt" vorkommt, kann ich „Menschenfreundlichkeit als spirituelle Ressource" nicht beschreiben:

H.R. Gisa hat viel für ein menschlicheres Deutschland getan. Denn das akademische Niveau, auf dem sie neben Amerikanern immer auch einige Deutsche wie Heiner und mich ausbildete, gab es seit den Nazis in der Sozialarbeit nicht mehr in Deutschland. Sie und meine Mitstudenten haben mich, ohne dass sie es ahnten, bekehrt, d.h. befreit. Einfach, indem sie so erzählten: Von ihren Kindern in den Slums von Minneapolis, von den Jugendlichen auf der Straße, den Müttern, deren Männer abgehauen waren, und die ihre Wohnung nicht mehr bezahlen konnten. Von Schwarzen und Puertoricanern, verarmten Weißen und gestrandeten Indianern.

Ich sehe sie und meine Kommilitonen noch vor mir: ...keiner von ihnen religiös oder gar kirchlich. Viele säkularisierte Juden. Außer einem lutherischen Diakoniepfarrer war ich der einzige Christ. Und diese unreligiösen, lebenserfahrenen Mitstudenten haben mir gezeigt, was Nächstenliebe ist: Wie sie sich leidenschaftlich und aus ganzem Herzen um Menschen kümmerten, die sie brauchten, sich ihnen aber nie aufdrängten, stets diejenigen, denen sie halfen, respektierten. Ihnen zuhörten, sich in sie hinein versetzten und dadurch lernten, sich selbst und die eigenen Maßstäbe kritisch zu sehen, ihren spontanen Urteilen zu misstrauen, stattdessen zu begreifen, was Menschen eines ganz anderen Milieus wirklich ausdrückten, wenn sie sich so erschreckend benahmen: sich z.B. rumflätzten, obszöne Reden führten, heulten oder mit Messern drohten. Es tat weh, mich zu verabschieden von meiner ahnungslosen deutsch-protestantisch-bürgerlichen Überheblichkeit. Ich hatte gemeint, meine Moralvorstellungen gälten für alle Menschen. Ich begann zu begreifen, dass die Liebe, von der Paulus sagt, sie sei die größte Tugend, offenbar nur sehr bedingt mit Religion zu tun hatte und dass Gott offenbar sehr viel umfassender war, als ich gedacht hatte. Befragt bezüglich ihres Glaubens, hätten diese Freunde vermutlich nur irgend etwas gemurmelt. Auch das große Wort Liebe hätten sie wohl nicht gebraucht. Sie hätten schlicht gesagt „I care".

Vera Mosel, 72, die älteste Sozialarbeiterin, die ich befragte, denkt ähnlich. Sie, die nicht nur aus Gewohnheit der katholischen Kirche angehört, bringt es auf die Formel:

V.M. Nein, der barmherzige Samariter allein, das reicht nicht als Berufsbild. Wunden verbinden heute andere. Mitleid allein reicht nicht. Aber ohne Mitleid geht es auch nicht. Empathie, das ist unaufgebbar.

5.5 Spiritualität in der Praxis der sozialen Arbeit

Wie im Alltag sozialer Arbeit Spiritualität gelebt werden kann mit und für Menschen, die der Kirche in der Regel nicht nahe stehen, erfahre ich von dem Sozialarbeiter Sven Claasen, angestellt bei der Aids-Hilfe in E.
Er macht mich aufmerksam auf die Zeremonien beim Einpflastern von Namenssteinen unmittelbar um die Stefanskirche herum. Namenssteine?

S.C. Regelmäßig zum Welt-Aids-Tag machen wir einen Gottesdienst hier in E. Der Pfarrer hat das immer sehr wohlwollend und engagiert unterstützt. Ehrenamtliche der Aids-Hilfe haben die Messe mit vorbereitet und Fürbitten formuliert. Wir hatten außerdem einen kleinen Infostand mit Spendendosen aufgestellt. Außerdem findet rund um den Welt-Aids-Tag regelmäßig das Eröffnungskonzert in der Stefanskirche statt. In der Nähe der Kirche sind Namenssteine eingelassen von Menschen, die an Aids verstorben sind. Das hatte die für die

Betreuung und Begleitung der Erkrankten zuständige Kollegin mit dem Pfarrer damals so vereinbart. Inzwischen befinden sich über dreißig Gedenksteine in Form eines kleinen Sterns auf dem Vorplatz der Kirche. Und dort findet zum Welt-Aids-Tag auch eine kleine Gedenkfeier mit einem Konzert und anschließendem Treffen im Gemeindehaus statt.

D.K. Wenn man Gedenksteine hat von Opfern des Naziregimes zum Beispiel. dann weiß man ziemlich klar, wer die waren, die schuldlos gelitten haben, und wer die Täter waren. Aber Gedenksteine neben der Stefanskirche für Menschen die an Aids gestorben sind ... da frage ich dann auch mal naiv: Warum bekommt jemand der an chronischem Asthma stirbt denn keinen Gedenkstein? Kann man denn dieser Männer und Frauen gedenken als Opfer?

S.C. Die Krankheit Aids wird immer noch tabuisiert und viele Infizierte verheimlichen aus Angst vor Ausgrenzung und Diskriminierung ihre Erkrankung. Es herrscht noch immer in vielen Köpfen das Bild, dass Aidskranke selbst schuld sind, weil sie Drogen nehmen oder ein ausschweifendes Sexualleben führen. Wir gedenken der an Aids Verstorbenen auch, weil sie sonst sehr leicht aus dem öffentlichen Blickfeld verschwinden würden. Dann besteht zusätzlich die Gefahr, dass Menschen sich dann weniger vor HIV-Neuinfektionen schützen. Mit den Gedenksteinen setzen wir außerdem ein Zeichen: Dass Menschen auch in E. an Aids sterben oder darunter leiden und Menschen mit HIV sich nicht vor anderen Menschen verstecken.

Wie im Alltag sozialer Arbeit Spiritualität gelebt werden kann mit Menschen. die der Kirche in der Regel nicht nahe stehen, erfahre ich auch von Lotta Schorn, 42, Diplomsozialarbeiterin und Heilpraktikerin für Psychotherapie. Sie arbeitet seit sechs Jahren in einem Sozialpsychiatrischen Zentrum für psychisch Kranke. Oben S. 124 f. habe ich protokolliert, wie betroffen (ja das Wort muss hier einmal sein!) sie vom Tod eines Heimbewohners im Krankenhaus war. Hätte sie nicht aufmerksamer auf sein Stöhnen vorher hören müssen?

L. Sch. Einigermaßen tröstlich war dann die Gedenkstunde, die wir in unserer Einrichtung immer machen, wenn jemand verstirbt. Das hat schon fast Tradition. Wir sind ein Dauerwohnheim und bisher sind drei Bewohner verstorben. Die Klienten, die dort leben, haben ja wenig Bereitschaft, in die Kirche zu gehen, möchten aber auch eine Form von Abschied nehmen.

Wir machen dann aus schönen Fotos, die auch eine angenehme Erinnerung an den Bewohner sind, eine große Collage und suchen entsprechende Verse oder Sprüche aus. Jeder Bewohner wird dann gefragt, ob ihm etwas einfällt, das er dem Bewohner gerne sagen möchte, der verstorben ist. Und im Anschluss findet noch ein gemeinsames Kaffeetrinken statt. Das war so etwas wie Ausgleich für das, was vielleicht vorher im Leben versäumt worden ist. Noch einmal so ein

Abrunden und einen zufriedenstellenden Abschluss mit dem Verstorbenen zu finden.

Lebt hier eine Sozialarbeiterin heilig und rein? Das tröstliche Kaffeetrinken, die Spiritualität, als Opium in einer trostlosen Welt?, würde Karl Marx fragen. Denn Lotta hat ja nicht aus Bosheit, sondern aus Überforderung nicht auf die Schmerzlaute des Mannes eingehen können. Einfach keine Zeit. Gerade hatte eine Kollegin gekündigt und eine war im Mutterschutz. Hier stellt sich also ein weiteres Mal das große ethische Problem: Wieweit darf eine Arbeit auch dann noch getan werden, wenn sie schlecht getan werden muss aus Überarbeitung? Erhoffen und ersehnen die Beteiligten an der Feierstunde einen „Ausgleich" für all die Defizite, die sie spüren. Einen Ausgleich dort, wohin der Verstorbene vielleicht schon vorausgegangen ist? Ohne dies christlich ausdrücken zu können?

5.6   Die Erinnerung an Jesus

Am Ende dieses Buches will ich den ausdrücklichen Bezug auf Jesus und auf das christliche Menschenbild in den Zusammenhängen zitieren, in denen drei der Befragten dies von sich aus nannten. Was leistet der Glaube an einen als Gegenüber verstandenen Gott?

Befreiung vom schlechten Gewissen

Mein christliches Menschenbild, sagt Jolanda Imhoff, bewahrt mich nicht immer vor Fehlern. Gar nicht. Aber es hilft mir, nicht daran zu verzweifeln. Sonst könnte ich mich an nichts mehr wagen.

Einmal habe ich mich sehr geschämt: In einer Zweigstelle unserer Beratungsstelle erschien eines Morgens eine etwa 35-jährige sehr verhärmt und unglücklich aussehende Frau bei mir. Eine Aussiedlerin aus Kasachstan. Sie war schwanger. Sie war sehr wortkarg.

Mit allen Tricks, die ich ja kann, zirkuläres Fragen und so, brachte ich sie zum Reden. Sie brach völlig zusammen, weinte, erzählte von ihrer unglücklichen Ehe, schüttete mir ihr Herz aus.

Nach einigen Wochen saß ich wieder dort in der Zweigstelle, hatte aber keine Fall-Akten vorliegen, denen ich Informationen über die zu Beratenden hätte entnehmen können. Sie kam wieder in die Beratung. Ich erkannte sie überhaupt nicht. Sie war wie versteinert, stand dann auf, nein, sie brauche keine Hilfe. Erst zu Hause fiel es mir wieder ein. Ich habe sie angerufen, mich entschuldigt. Sie kam dann gemeinsam mit ihrem Mann, nahm eine Wiege mit und andere Sachen. Das war mein schwärzester Tag.

Freundlichkeit

Mein christliches Denken, sagt Katharina Erxleben, hilft mir durchzuhalten. Aber die Eltern behinderter Kinder leisten tagtäglich mehr als ich mit meinem Glauben.

Ich habe eine 43-jährige geistig behinderte Frau als „Schützling' in einem Heim. Ich verstehe mich gut mit ihr und besuche sie öfter für 2–3 Stunden Anschließend bin ich geschafft!

Und dann sagt sie mit Nachdruck:

Ob ich mein hochgepriesenes christliches Menschenbild aber 24 Stunden voll durchhalten könnte, ist von mir noch nie verlangt worden. Nach diesem Nachmittag: Wir machen Spaziergänge, wir gehen zusammen Kaffeetrinken, wir gucken mal 'n paar Schaufenster an, ich bin mit auf ihrem Zimmer. Sie löchert mich furchtbar. „Frau Erxleben, hast du'n Hals?" – „Ja, ich hab'nen Hals." So eine Art Echolalie kommt dann auch. Sie wiederholt: „Und was heißt Kontrolle? Und wie heißt das ‚kontrolliert'?" – Und das kommt dann hundertmal. Ich sag dann zwischendurch: „Uschi, du nervst mich. Jetzt ist es gut." Aber es kommt dann doch immer wieder. Aber, wie gesagt, es ist von mir noch nicht verlangt worden, das 24 Stunden lang und an 30 Tagen im Monat durchzuhalten. Sondern ich brauchte das immer nur begrenzt. Und dann konnte ich immer wieder Luft holen. Aber die Eltern leisten unvergleichlich viel mehr als das, was wir von der beruflichen Seite her leisten müssen.

Kraft zum Durchhalten

Auch als ich im Winter 2001 Sophia Herzog besuche, erfahre ich, was sie meint, wenn sie von „Kraft zum Durchhalten" spricht. Wir kannten uns vorher nicht und sitzen uns ein wenig steif in ihrem kleinen Sprechzimmer im Landeskrankenhaus gegenüber. Sehr viel sprechen können wir auch nicht, denn buchstäblich alle 8 Minuten klopft es an ihre Tür: „Könnte ich jetzt...?" – „Haben Sie jetzt wohl...?" – „Wann hätten Sie denn...?" – „Ich möchte gerne" – „Entschuldigen Sie die Störung, aber..." – Eine kommt dreimal mit der gleichen Frage: „Wann ist endlich Zeit für unser nächstes Gespräch?"

Ich bekomme aber doch Informationen über ihre Arbeit. Sie ist jetzt 44 Jahre alt, verheiratet, war vorher als Verwaltungsangestellte ausgebildet worden. Sie arbeitet auf einer neuropsychiatrischen Station des Landeskrankenhauses.

D.K. Frau Herzog, was charakterisiert Ihren Arbeitsalltag – außer dem vielen Klopfen an der Tür?

S.H. Ja, das charakterisiert ihn eben auch. Unsere Patienten hier sind durch Gehirnerkrankungen und psychische Wesensveränderungen besonders fordernd.

Ursache: Unfälle, Korsakow-Syndrom durch Alkoholismus, psychische Veränderungen unklarer Genese, Epilepsie.

Diese Patienten fordern ohne Ende, weil ihr Kurzzeit-Gedächtnis nicht mehr funktioniert und/oder aufgrund ihrer psychischen Wesensveränderung.

D.K. Was ist das Wichtigste, das Sie tun?

S.H. Na, das kennen Sie ja. Erschließung finanzieller und materieller Hilfen: Sozialhilfe, Krankengeld, Wohngeld, Bekleidungshilfe, Hilfe bei der Wohnungssuche, Beantragung von Anschlussmaßnahmen und Reha-Maßnahmen, Zusammenarbeit mit Angehörigen, Betreuern, sozialpsychiatrischen Diensten, Schuldnerberatungsstellen etc.

Nach ihrer Entlassung hier müssen die Patienten oft in therapeutische Wohngemeinschaften und Wohnheime vermittelt werden – da gerate ich oft unter enormen Zeitdruck.

Wenn sich nämlich der Patient nicht so rasch erholt und die Behandlung noch fortgesetzt werden müsste, beantragen wir bei der Krankenversicherung Verlängerung. Diese wird ein-, zweimal gewährt, dann nicht mehr. Der Patient wäre aber noch behandlungsbedürftig. Er ist eigentlich nur „anbehandelt". Aber jetzt heißt es „raus", und ich muss sehr schnell einen Heimplatz organisieren, mitunter nicht den besten. Ein Patient zum Beispiel wünschte sich eine heimatnahe Unterbringung. Ich konnte ihm dort aber auf die Schnelle nichts besorgen. Jetzt lebt er in einem Heim 100 km von zu Hause weg. Die dortige Heimleitung weiß, dass sie einen Heimplatz im Westerwald versuchen soll zu finden. Ich begegne ihm nun manchmal bei Gartenarbeiten. Ich bin mir nicht sicher, ob seine Angelegenheit aktiv verfolgt wird. Aber ich kann mich auch selbst nicht mehr darum kümmern. Das bedrückt mich.

Frau Herzog erscheint mir außerordentlich kompetent. Vielleicht durch ihre selbstverständliche Vertrautheit mit bürokratischen Abläufen.

Inzwischen haben die Klopf-Arien an der Tür auch etwas nachgelassen, vielleicht sind die Patienten beim Tee. Dafür klingelt öfter das Telefon, aber sie nickt mir zu, bitte den Raum nicht zu verlassen, wenn sie Dienstgespräche führt. Am Schluss frage ich sie:

D.K. Frau Herzog, haben Sie eigentlich für Ihr Handeln ein Vorbild? Vielleicht eine Ärztin, eine Lehrerin, eine Sozialarbeiterin, ihre Mutter, eine Gemeindeschwester ... was weiß ich?

Die Antwort kommt völlig überraschend:

S.H. Jesus. Weil der sich der Ärmsten annahm. Aber er konnte sich auch immer wieder gut abgrenzen, um bei seinem Vater zu sein.

(Dieser Begriff der Abgrenzung ist mir im Kontext des Lebens Jesu ungewohnt, obwohl sie natürlich Recht hat, ihn so zu sehen. Ich sage etwas ironisch):

D.K. Ja, immer wieder verschwand er plötzlich für Tage in der Wüste. Aber auch wenn er gut für sich sorgen konnte – am Schluss gab er doch am Kreuz sein Leben hin.

S.H. Das klingt mir zu negativ. Das ist schade, dass Sie das so sagen: Jesus gab freiwillig sein Leben aus Liebe zu seinem Vater und zu uns. Uns Menschen konnte nichts Besseres passieren.

*****

5.7 Schluss: Soziale Arbeit als Kultur

Zum Abschluss des 5. Kapitels, gleichzeitig zum Ende der „Einführung in die Berufsethik" beantworte ich die Titel-Frage „War das o.k.?" zögernd mit „Ja". Niemals ist auszuschließen, dass einem Menschen, von dem Kollegen und Klienten sagen: „Der ist persönlich total o.k.", Kunstfehler unterlaufen. Aber jeder der Interviewten stand in den Gesprächen zu seiner individuellen Verantwortung. Keiner versuchte sich herauszureden. Freilich wurden Schwächen in der Organisation, finanzielle Zwänge, eisenharte Bürokratie-Vorschriften beklagt. Auch Hoffnungslosigkeit klang durch. Aber es wurde deutlich: Der einzelne Sozialpädagoge, die einzelne Sozialarbeiterin stehen im Berufsalltag vor Konflikten, die sie letztlich alleine lösen müssen. Nicht immer kooperieren Klienten oder zu Schützende. Das Team kann beraten, die Supervisorin kann auf neue Ideen bringen, der Träger kann fordern. Aber die Entscheidung bleibt ihm und ihr in vielen Situationen schließlich allein überlassen. Und sie fällen sie.

Ich selbst – vom Institut für Christliche Gesellschaftswissenschaften in Münster und von der evangelischen Sozialethik geprägt – war bei den Interviews erstaunt über das hohe Maß an Individualethos, an „Haltung" des Einzelnen, die sich im Sozialarbeiter-Alltag bewährt.

Was Praktikern hilft, ihre Konflikte zu bestehen und der systembedingten Überforderung in ihrem Beruf nicht zu erliegen, danach hatte ich gefragt. War es Erfahrung, war es das „geteilte Wissen" ihrer Institution, das sich in Dienstvorschriften, in „Liebe durch Strukturen" dokumentiert (z.B. in den Lebenserleichterungen für Behinderte)? Waren es Vorbilder in ihrer Biographie, oder ihr eigenes Werte-Wissen, basierend auf überzeugenden ethischen Richtungen oder philosophischen Schulen? Welche Ressourcen hat der einzelne, woran orientiert er sich bei Konflikten?

Die Antworten fielen nicht allzu wortreich aus: einmal Nell-Breuning, zweidreimal Jesus. Grethe bezog sich ausdrücklich auf „herrschaftsfreie Kommunikation". Sven zitierte „den kategorischen Imperativ und so". Frank W., Jolanda Imhoff, Volker S. und andere hörten auf „das Gewissen", das ihnen keine Ruhe ließ.

Ein direkter Rückbezug auf meine Seminare war schon darum selten, weil über die Hälfte der Befragten gar nicht an unserer Fachhochschule in Münster studiert hat. Vielleicht können die Ethik-Modelle, die ich im vorliegenden Buch vorstelle, können Hippokrates, Kant und Singer, Platon, Brumlik und vielleicht sogar Marx bei den „Praktikern" an der Front trotz Arbeitsüberlastung Interesse wecken. Die Studierenden sollten mit diesen Namen ohnehin am Ende des Semesters etwas verbinden.

Indirekt freilich verrieten manche Interviews doch etwas von dem, was sich im Laufe der Jahrhunderte an den Flussläufen unserer Zivilisation abgelagert hat an fruchtbarem Boden: als Engagement für leidende Fremde und als Solidarität mit anderen. Eine Kultur des Helfens kam zum Vorschein. Nicht nur in Museen und in Bibliotheken, sondern auch in vielen Bemühungen der Sozialen Arbeit verkörpert sich heute ein Stück Kultur. Wir interpretierten den Hippokratischen Eid als Erbe der Antike. Wir beriefen uns auf Gerechtigkeit im Alten und Humanität im Neuen Testament. Wir erinnerten an die enthusiastische Kompromisslosigkeit der Aufklärung ebenso wie an die Opferbereitschaft der Arbeiterbewegungen. Ein Stück Kultur der Empathie, der Anerkennung, des Respekts und der Solidarität wird hier lebendig gehalten!

Freilich klingt diese Behauptung heute – wo unter dem Stichwort „Helfen als Geschäft" vor allem der wirtschaftliche Aspekt der Sozialen Arbeit als Dienstleistungsgewerbe diskutiert wird – etwas hochgestochen.

Und da es die KollegInnen mit ihren Klienten in ihrem Berufsalltag manchmal sehr schwer haben in einer Gesellschaft, die vor allem die fitten, konsumierenden Fröhlichen achtet, zitiere ich für sie hier zum Schluss einen Gedanken von 1658 als Antwort auf die Frage „War das o.k.?":

Blaise Pascal
„Ich tadele die, die den Menschen preisen,
ebenso wie die, die ihn tadeln,
und wie die, die ihn zu zerstreuen trachten;
nur die kann ich anerkennen,
die stöhnend suchen." (Blaise Pascal, Fr. 157)

---

6 Anhang: Drei berufsethische Codes

6.1 Selbstverpflichtung amerikanischer Verwaltungsbeamter

Wir, die Angestellten von Pinellas County als diejenigen, die öffentliche Dienstleitungen bereitstellen, und um Vertrauen und Zuverlässigkeit anzuregen, sind den höchsten Maßstäben persönlicher Integrität, Ehrlichkeit und Kompetenz verpflichtet.

Um dies zu erreichen, stellen wir offenes und zugängliches Regieren zur Verfügung, indem wir höflichen responsiven Service für alle Bürger in gleicher Weise gewähren.

Akzeptieren wir ausschließlich genehmigte Zuwendungen für die Ausübung unserer Pflichten und lehnen respektvoll alle Angebote von Geschenken oder Vergünstigungen von denjenigen, mit denen wir dienstlich zu tun haben, ab.

Wir legen jeglichen tatsächlichen oder so empfundenen Interessenkonflikt offen und berichten über ihn.

Wir halten uns an alle Gesetze und Regeln, die für Pinellas County gelten und wenden diese unparteilich auf jedermann an.

Weder erwarten wir noch nehmen wir an jegliche unangemessenen Einflüsse, Begünstigung noch persönliche Bevorzugung.

Wir nutzen die Finanzmittel des Verwaltungsbezirks effizient.

Dazu gehören Materialien, Ausrüstung, und unsere Arbeitszeit.

Wir respektieren und schützen die privilegierten Informationen, zu denen wir Zugang haben, im Rahmen unserer Aufgaben, nutzen sie niemals um Kontroversen anzustacheln, anderen zu schaden oder zum privaten Nutzen.

Indem wir anerkennen, dass die Regierung den besten Interessen aller Bürger dienen soll, verstehen wir uns als Repräsentanten einer verantwortungsvollen Regierung, die zu jeder Zeit handeln, um das öffentliche Vertrauen in uns und in den Verwaltungsbezirk Pinellas zu rechtfertigen.

(Aus: Cooper, Terry L.: Handbook of Administrative Ethics, New York 1994, 221f. Deutsch von Walter Reese-Schäfer)

6.2 Hartmut von Hentig: Ein sokratischer Eid für Pädagogen

Als Pädagoge/in, Lehrer/in und Erzieher/in verpflichte ich mich, die Eigenheiten eines jeden Kindes zu achten und gegen jedermann zu verteidigen;

für seine körperliche und seelische Unversehrtheit einzustehen;

auf seine Regung zu achten, ihm zuzuhören, es ernst zu nehmen;

zu allem, was ich seiner Person antue, seine Zustimmung zu suchen,
wie ich es bei einer/m Erwachsenen täte;

das Gesetz seiner Entwicklung, soweit es erkennbar ist, zum Guten auszulegen
und dem Kind zu ermöglichen, dieses Gesetz anzunehmen;

seine Anlagen herauszufinden und zu fördern;

es zu schützen, wo es schwach ist, ihm bei der Überwindung von Angst und
Schuld, Bosheit und Lüge, Zweifel und Misstrauen,
Wehleidigkeit und Selbstsucht beizustehen, wo es das bracht;

seinen Willen nicht zu brechen – auch nicht, wo er unsinnig erscheint;

ihm vielmehr dabei zu helfen, seinen Willen in die Herrschaft
seiner Vernunft zu nehmen;

es also den mündigen Verstandesgebrauch zu lehren und die Kunst
der Verständigung und des Verstehens;

es bereit zu machen, die Verantwortung in der Gemeinschaft
zu übernehmen und für diese;

es die Welt erfahren zu lassen, wie sie ist, ohne es der Welt
zu unterwerfen, wie sie ist;

es erfahren zu lassen, was und wie das gemeinte gute Leben ist;

ihm eine Vision von der besseren Welt zu geben und die Zuversicht,
dass sie erreichbar ist;

es Wahrhaftigkeit zu lehren, nicht die Wahrheit, denn „die ist bei Gott allein".

Damit verpflichte ich mich auch,

so gut ich kann, selber vorzuleben, wie man mit den Schwierigkeiten, den An-
fechtungen und Chancen unserer Welt und mit den eigenen immer
begrenzten Gaben, mit der eigenen immer gegebenen Schuld zurechtkommt;

nach meinen Kräften dafür sorgen, dass die kommende Generation eine Welt
vorfindet, in der es sich zu leben lohnt und in der die ererbten Lasten und
Schwierigkeiten nicht deren Ideen, Hoffnungen und Kräften erdrücken;

meine Überzeugungen und Taten öffentlich zu begründen, mich der Kritik –
insbesondere der Betroffenen und Sachkundigen –
auszusetzen, meine Urteile gewissenhaft zu prüfen;

mich dann jedoch allen Personen und Verhältnissen zu widersetzen, dem Druck
der öffentlichen Meinung, dem Verbandsinteresse, dem Beamtenstatus,
der Dienstvorschrift, wenn sie meine hier bekundeten Vorsätze behindern.

Ich bekräftige die Verpflichtung durch die Bereitschaft, mich jederzeit an den in
ihr enthaltenen Maßstäben, messen zu lassen.

Hartmut von Hentig, Die Schule neu denken, München/Wien 1993, S. 258f.

6.3 Der Hippokratische Eid in einer modernen Version/ Das Genfer Gelöbnis

Diese Fassung wurde 1948 vom Weltärztebund in Genf formuliert und bildet seit 1950 die Präambel für die Berufsordnungen der einzelnen deutschen Ärztekammern.

Genfer Ärztegelöbnis

„Bei meiner Aufnahme in den ärztlichen Berufsstand gelobe ich feierlich mein Leben in den Dienst der Menschlichkeit zu stellen.

Ich werde meinen Beruf mit Gewissenhaftigkeit und Würde ausüben.

Die Erhaltung und Wiederherstellung der Gesundheit meiner Patienten soll oberstes Gebot meines Handelns sein.

Ich werde alle mir anvertrauten Geheimnisse auch über den Tod des Patienten hinaus wahren.

Ich werde mit allen meinen Kräften die Ehre und die edle Überlieferung des ärztlichen Berufes aufrecht erhalten und bei der Ausübung meiner ärztlichen Pflichten keinen Unterschied machen, weder nach Religion, Nationalität, Rasse noch nach Parteizugehörigkeit oder sozialer Stellung.

Ich werde jedem Menschenleben von der Empfängnis an Ehrfurcht entgegenbringen und selbst unter Bedrohung meine ärztliche Kunst nicht in Widerspruch zu den Geboten der Menschlichkeit anwenden.

Ich werde meinen Lehrern und Kollegen die schuldige Achtung erweisen.

Dies alles verspreche ich feierlich auf meine Ehre.“

Literatur

Bauer, Axel (1986): Leitlinien des Hippokratisches Arztes, in: Ärzteblatt Baden-Württemberg 41 (1986), S. 676–688.

Bauer, Axel (2004): Der Hippokratische Eid, vgl.Internetseite Uni Heidelberg.

Bentham, Jeremy (1789/1977): Einführung in die Prinzipien der Moral und Gesetzgebung, in: Bensch, Rudolf / Trutwin, Werner (Hrsg.) (1977): Ethik, in: Philosophisches Kolleg Bd. 3, Patmos-Verlag, Düsseldorf.

Bonhoeffer, Dietrich (1943–1944/1966): Was heißt: Die Wahrheit sagen?, in Ethik, Chr. Kaiser-Verlag, München.

Brecht, Bertolt (1933–38/1973): Was nützt die Güte?, in: Gedichte 1933–38, in: Gedichte Bd. 2, Gesammelte Werke, werkausgabe edition, Suhrkamp-Verlag 1973, S. 156ff.

Brumlik, Micha (1992): Advokatorische Ethik. Zur Legitimation pädagogischer Eingriffe, Böllert-KT-Verlag, Bielefeld.

Creveld, Martin van (1998): Die Zukunft des Krieges, zit. bei Nink, a.a.O., S. 311f.

DBSH (1997): Professionell handeln auf ethischen Grundlagen. Berufsethische Prinzipien des Deutschen Berufsverbandes für Sozialarbeit, Sozialpädagogik und Heilpädagogik e.V., Geschäftsstelle, 45127 Essen.

Dietzsch, Steffen (2003): Immanuel Kant. Eine Biographie, Reclam-Verlag, Leipzig.

Gaulke, Jürgen (1996): John Stuart Mill, rororo-Bildmonographie 546, Rowohlt-Taschenbuch-Verlag, Reinbek.

Gordon, Thomas (1974[3]): Die Lösung von Konflikten zwischen Eltern und Kind, Hoffmann und Campe-Verlag, Hamburg.

Gowdy, Barbara (1999): Der weiße Knochen, Kunstmann-Verlag, München.

Habermas, Jürgen (1971): Vorbereitende Bemerkungen zu einer Theorie der kommunikativen Kompetenz, in: Habermas, Jürgen / Luhmann, Niklas: Theorie der Gesellschaft oder Sozialtechnologie, Suhrkamp-Verlag, Frankfurt/Main.

Habermas, Jürgen (1983): Moralbewußtsein und kommunikatives Handeln, Suhrkamp-Verlag, Frankfurt/Main.

Habermas, Jürgen (1991): Zu Max Horkheimers Satz „Einen unbedingten Sinn zu retten ohne Gott, ist eitel", in ders.: Texte und Kontexte, Suhrkamp-Verlag, Frankfurt/Main.

Hentig, Hartmut von (1993): Die Schule neu denken. Eine Übung in praktischer Vernunft, Hanser-Verlag, München und Wien.

Hollstein, Walter / Meinhold, Marianne (1976): Sozialarbeit unter kapitalistischen Produktionsbedingungen, Fischer-Taschenbuch-Verlag, Frankfurt/Main.

Hippokrates (zugeschrieben um 420 v. Chr.): Der Hippokratische Eid/Genfer Ärztegelöbnis http://www.uni-heidelberg.de/institute/fak5/igm/g47/bauer.gnf.pdf

Heidegger, Martin (1954[2]): Platons Lehre von der Wahrheit. Mit einem Brief über den „Humanismus", Verlag A. Francke AG, Bern.

Juchacz, Marie, siehe Roehl, Fritzmichael.

Kant, Immanuel (1777): Über ein vermeintes Recht, aus Menschenliebe zu lügen, in: ders.: Werke, in 6 Bänden, hrsg. v. Wilhelm Weischedel, Bd. IV, S. 637–643, Insel-Verlag, Zweigstelle Wiesbaden 1956.

Kant, Immanuel (1780): Eine Vorlesung über Ethik, siehe Menzer, Paul.

Kant, Immanuel (1784): Idee zu einer allgemeinen Geschichte in weltbürgerlicher Absicht, Weischedel-Ausgabe, Bd. VI, S. 33–50.

Kant, Immanuel (1785): Grundlegung zur Metaphysik der Sitten, Weischedel-Ausgabe, Bd. IV, S. 11–102.

Kerber, Walter (1993): Art. Katholische Soziallehre, in: Enderle, Georges (Hrsg.): Lexikon der Wirtschaftsethik, Herder-Verlag, Freiburg/Br., Sp. 484ff.

Krug, Antje (1995): Hippokrates, in: Patzer, Andreas (Hrsg.): Streifzüge durch die antike Welt. Ein historisches Lesebuch, C.H. Beck-Verlag, München.

Kuhse, Helga / Singer, Peter (1993): Muss dieses Kind am Leben bleiben? Das Problem schwerstgeschädigter Neugeborener, Harald Fischer-Verlag, Erlangen.

Kuhlmann, Carola (2000): Alice Salomon. Ihr Lebenswerk als Beitrag zur Entwicklung der Theorie und Praxis Sozialer Arbeit, Beltz Deutscher Studien-Verlag, Weinheim.

Lewkowicz, Marina / Lob-Hüdepohl, Andreas (2003): Spiritualität in der sozialen Arbeit, Lambertus-Verlag, Freiburg/Br.

Lorenz, Konrad (1963): Das sogenannte Böse. Zur Naturgeschichte der Aggression, Schoeler-Verlag, Wien.

Lowy, Louis (1983): Sozialarbeit/Sozialpädagogik als Wissenschaft im angloamerikanischen und deutschsprachigen Raum, Lambertus-Verlag, Freiburg/Br.

Luhmann, Niklas (1988): Das verlorene Paradigma. Über die ethische Reflexion der Moral, in: Frankfurter Allgemeine Zeitung 28.12.1988.

Marx, Karl (1844/1973): Ökonomisch-philosophische Manuskripte, Marx-Engels-Werke (MEW), Erg. Bd.1, Dietz-Verlag, Berlin.

Marx, Karl (?/1966): Aus den Exzerptheften: die entfremdete und die unentfremdete Gesellschaft, Geld, Kredit und Menschlichkeit, in: Marx/Engels Studienausgabe Bd. II, Fischer TaBu 765, Fischer Bücherei, Frankfurt/Main und Hamburg.

Marx, Karl (1845–46/1968): Die Deutsche Ideologie, in: Landshut, Siegfried (Hrsg.): Die Frühschriften, Alfred Kröner Verlag, Stuttgart.

Mbiti, John S. (1995): Christusbekenntnis in einem multireligiösen Kontext – mit zwei Beispielen aus Afrika, 7. Veröffentlichung des Lutherischen Weltbundes (LWB), November 1995, Kreuz-Verlag Zeitschriften GmbH, Stuttgart, S. 159–173.

Menzer, Paul (Hrsg.) (1924): Eine Vorlesung Kants über Ethik, 1780, Pan Verlag Rolf Heise, Berlin.

Merkel, Reinhard (1996): Ärztliche Entscheidungen in der Neonatalmedizin. Ethische und strafrechtliche Probleme, in: Juristen-Zeitung 23 (1996), S. 1145ff.

Mill, John Stuart (1863/2002): Der Utilitarismus, Reclam-Verlag, Stuttgart.

Müller, Burkhardt (1993): Sozialpädagogisches Können. Ein Lehrbuch zur multiperspektivischen Fallarbeit, Lambertus-Verlag, Freiburg/Br.

Müller, Burkhardt (1995): Außensicht-Innensicht, Lambertus-Verlag, Freiburg/Br.

Müller, C. Wolfgang (1982/1988): Wie Helfen zum Beruf wurde. Eine Methodengeschichte der Sozialarbeit, Bd.1, 1883–1945, Beltz-Verlag, Weinheim und Basel.

Nair, Anita (2003): Ein besserer Mann, dtv-Verlag, München.

Neimann, Susan (2004): Das Böse denken. Eine andere Geschichte der Philosophie, Suhrkamp-Verlag, Frankfurt/Main.

Nell-Breuning, Oswald von (1969): Auseinandersetzung mit Karl Marx, Max Hueber Verlag, München.

Nink, Hermann (Hrsg.) (2000): Standpunkte der Ethik. Lehrbuch für die Oberstufe, Verlag Ferdinand Schönigh, Paderborn.

Pascal, Blaise (1657 – etwa 1660/1973): Gedanken (Pensées). Übersetzt, herausgegeben und eingeleitet von Ewald Wasmuth, Reclam Verlag Stuttgart.

Pfersdorf, Silke (2004): Schwanger – na und!, in: BRIGITTE, Heft 6, 2004, S. 175ff.

Pieper, Annemarie (1997): Gut und Böse, Verlag C.H. Beck, München.

Plant, Jeremy F. (1994): Codes of Ethics, in: Cooper, Terry L.: Handbook of Administrative Ethics, Verlag Marcel Dekker Inc., New York und Basel.

Roehl, Fritzmichael: Marie Juchacz und die Arbeiterwohlfahrt, überarbeitet von Hedwig Wachenheim, Hannover 1961.

Schepp, Matthias (2003): Reportage über die MOSO, in:, DER STERN, Heft 35/2003, S. 134–137.

Schlüter, Wolfgang (1995^3): Sozialphilosophie für helfende Berufe. Der Anspruch der Intervention, UTB 1240, Ernst-Reinhard-Verlag, München und Basel.

Schneider, Johann (1999): Gut und Böse – Falsch und Richtig. Zu Ethik und Moral der sozialen Berufe, Fachhochschulverlag, Frankfurt/Main.

Singer, Peter (1991): Arm und Reich, in: Nunner-Winkler, Gertrud (Hrsg): Weibliche Moral. Die Kontroverse um eine geschlechsspezifische Ethik, Campus-Verlag, Frankfurt/Main und New York

Singer, Peter (1994): Praktische Ethik. Neuausgabe, Reclam-Verlag, Stuttgart.

Singer, Peter (1996/2000): Eine nicht gehaltene Rede, in: Die Woche, 3.5.1996, in: Nink, Hermann (2000): Standpunkte der Ethik, Schöningh-Schulbuch-Verlag, Paderborn.

Singer, Peter / Traufetter, Gerald / Grolle, Johann (2001): „Nicht alles Leben ist heilig". Spiegel-Gespräch, in: DER SPIEGEL, Nr. 48, 2001, S. 236–242.

Spiegel, Hiltrud von (2004): Methodisches Handeln in der Sozialen Arbeit, Reinhardt-Verlag (UTB), München.

Straub-Bernasconi, Silvia (1998): Soziale Arbeit als Menschenrechtsprofession, in: Wöhrle, Adolf (Hrsg.): Profession und Wissenschaft Sozialer Arbeit, Centaurus-Verlag, Pfaffenweiler.

Volz, Fritz Rüdiger (2003): Gelingen und Gerechtigkeit – Bausteine zu einer Ethik professioneller Sozialer Arbeit, in: Zeitschrift für Sozialpädagogik, Heft 1/ , März 2003, S. 45–59.

Weber, Max (1919/1992): Gesinnungsethik und Verantwortungsethik, in: Politik als Beruf, Reclam-Verlag, Stuttgart.

Weischedel, Wilhelm (1966): Die philosophische Hintertreppe. 34 große Philosophen in Alltag und Denken, Nymphenburger Verlagshandlung GmbH, München.

Wieler, Joachim / Zeller, Susanne (Hrsg.) (1995): Emigrierte Sozialarbeit. Portraits vertriebener SozialarbeiterInnen, Lambertus-Verlag, Freiburg/Br.

Wilken, Udo (Hrsg.) (2000): Soziale Arbeit zwischen Ethik und Ökonomie, Lambertus-Verlag, Weinheim.

Bildnachweis

S. 60 „Platons Höhlengleichnis" von Prof. Dr. phil. Ulrich Martini, Münster

Register

227

Forschung, Studium und Praxis

Schriften des Fachbereichs Sozialwesen der
Fachhochschule Münster

Waxmann

MÜNSTER · NEW YORK · MÜNCHEN · BERLIN

■ Band 1

Norbert Erlemeier

Alternspsychologie

Grundlagen für Sozial- und
Pflegeberufe

2002, 288 Seiten, br., 2. erw. Auflage
19,50 €, ISBN 3-8309-1185-8

Diese Einführung in die Alternspsychologie vermittelt nicht nur Erkennt-
nisse heutiger Alternspsychologie, die
für die Soziale Arbeit mit alten Menschen fundierend sind, sondern sie
greift in die Diskussion über angemes-
sene Methoden der Altenarbeit und
Altenpflege ein.

■ Band 2

Günter Witzsch

Von Rio nach Kyoto

Die großen Umweltkonferenzen
der Vereinten Nationen in den
90er Jahren

1999, 151 Seiten, br., 15,30 €
ISBN 3-89325-766-7

Die Frage der Überlebensfähigkeit der
Menschen angesichts dramatischer
Umweltkrisen war Gegenstand der
drei wichtigsten umweltpolitischen
Konferenzen der Vereinten Nationen –
in Rio de Janeiro 1992, Kairo 1994
und Kyoto 1997. Der Autor hat an den
Konferenzen teilgenommen und kom-
mentiert hier ihre Ergebnisse.

■ Band 4

Luise Hartwig,
Joachim Merchel (Hrsg.)

Parteilichkeit in der
Sozialen Arbeit

2000, 232 Seiten, br., 19,50 €
ISBN 3-89325-822-1

Dieser Band möchte die Diskussion
zum Parteilichkeitsbegriff aus unterschiedlichen Perspektiven anstoßen.
Zu diesem Zweck nehmen die Autorinnen und Autoren begriffliche Diffe-
renzierungen vor und fragen nach der
Tragfähigkeit des Parteilichkeitsbe-
griffs im Rahmen einer professionell
gestalteten Sozialen Arbeit. Damit
werden Impulse gegeben für die weitere – auch kontroverse – Verständigung
über den konzeptionellen und metho-
dischen Gehalt des Parteilichkeitsbe-
griffs in den verschiedenen Feldern der
Sozialen Arbeit.

■ Band 5

Horst Blatt, Karl-Heinz Grohall,
Friedhelm Höfener (Hrsg.)

Weiterbildung für
Sozialberufe an
Hochschulen

Perspektiven und Beispiele

2002, 248 Seiten, br., 19,00 €
ISBN 3-8309-1172-6

Diese Beiträge sind unmittelbar aus
dem Umfeld des Bereichs Weiterbildung am Fachbereich Sozialwesen der
Fachhochschule Münster entstanden.
Die Autorinnen und Autoren waren
auf unterschiedliche Weise an seiner
Entwicklung beteiligt und bringen in
ihren Beiträgen die dabei gewonnenen
Erfahrungen sowohl der konzeptionellen Arbeit als auch der praktischen
Durchführung ein.

Waxmann

Forschung, Studium und Praxis

Schriften des Fachbereichs Sozialwesen der
Fachhochschule Münster

■ Band 6

Martin Doehlemann

Die Kreativität der Kinder

Anregungen für Erwachsene. Mit
einem Beitrag von
Norbert Rath

2001, 220 Seiten, br., 15,30 €
ISBN 3-8309-1032-0

Kinder sind schöpferisch – eher unbeab-
sichtigt und spielerisch planlos. Sie haben nicht selten wundersame poetische
oder philosophische Einfälle, Geistes-
blitze, Gemütsregungen und Handlungs-
bedürfnisse. In diesem Band sind viel-
fältige *merk*würdige Lebensäußerungen
von Kindern zusammengetragen, die
zum Mitdenken und Miterleben einladen. Ein Buch für alle, die im Beruf, in
der Freizeit und Familie einen für beide
Seiten ›lohnenden‹ Umgang mit Kindern suchen.

■ Band 8

Martin Doehlemann (Hrsg.)

LebensWandel

Streifzüge durch spätmoderne
Beziehungslandschaften

2003, 280 Seiten, br., zahlr. Abb., 16,90 €
ISBN 3-8309-1207-2

Nicht um „große" Abhandlungen zu
verfassen, fanden sich zehn Sozial-
und Geisteswissenschaftler/innen zusammen. In „kleiner" Form wollen sie
sich dem Thema nähern, in Skizzen,
Miniaturen, Streiflichtern – eher locker
aufgesetzt, leicht lesbar und dennoch
nicht ungenau oder inhaltsarm. Sie
wollen aus vielfarbigen Splittern ein
Mosaik zusammensetzen, ein buntes,
nicht unbedingt widerspruchsfreies
Bild der Vielfalt im Wandel geben.

■ Band 7

Gregor Sauerwald, Brigitte
Bauer, Sven Kluge (Hrsg.)

Kampf um Anerkennung

Zur Grundlegung von Sozialer
Arbeit als Anerkennnungsarbeit

2002, 146 Seiten, br., 16,90 €
ISBN 3-8309-1156-4

Der Fachbereich Sozialwesen an der
Fachhochschule Münster stellt in einem interdisziplinären Kolloquium das
Anerkennungstheorem in seiner An-
schlussfähigkeit an die Soziale Arbeit
zur Diskussion. Das Ergebnis liegt hier
vor: Soziale Arbeit als Anerkennungs-
arbeit. Damit wird das Konzept der
internationalen Berufsverbände von
Sozialer Arbeit als Menschenrechtsar-
beit auf den Punkt gebracht.

■ Band 9

Stefanie Ernst (Hrsg.)

Auf der Klaviatur der
sozialen Wirklichkeit

Studien – Erfahrungen –
Kontroversen

2004, 248 Seiten, br., 29,90 €
ISBN 3-8309-1290-0

Von der Entwicklung der Sozialen
Arbeit über den Bestand und Wandel
von Organisationen bis zu Musik und
Alter, von Armut über Drogenhilfepo-
litik bis zu Wohnungslosigkeit sowie
vom Sozialwesen und Gesetzen bis zur
fürsorglichen Kritik utopischer Rheto-
rik – erfährt der Leser einiges über das
breite Spektrum sozialberuflichen Inte-
resses.

Waxmann

MÜNSTER · NEW YORK · MÜNCHEN · BERLIN

Forschung, Studium und Praxis

Schriften des Fachbereichs Sozialwesen der Fachhochschule Münster

■ Band 10
Wigbert Flock, Hans-Joachim Jungblut, Agustín Lapetina, Bernarda Monestier, Gregor Sauerwald (Hrsg.)

Kinder- und Jugendhilfe in Deutschland und Uruguay auf der Suche nach neuen Formen methodischen Handelns

2004, 366 Seiten, br., spanisch und deutsch, 25,50 €, ISBN 3-8309-1391-5

Dieser Sammelband – Ergebnis eines gemeinsamen Forschungsprojektes der Fachhochschule Münster und der Universidad Católica del Uruguay – analysiert die sozialen Folgen der Globalisierung für Kinder und Jugendliche. Deutsche und uruguayische Autorinnen und Autoren fragen aus erziehungswissenschaftlicher, soziologischer und sozialarbeiterischer Sicht nach neuen Konzeptionen der Kinder- und Jugendhilfe.

Katalog im Internet
http://www.waxmann.com
E-Mail
info@waxmann.com

WAXMANN
VERLAG GMBH
Münster · New York · München · Berlin